Unsern Kindern helfen

Bittere Pillen Patientenreihe
Herausgeber: K. Langbein, H.-P. Martin, H. Weiss

Bisher erschienene Bände:

Krista Federspiel
ZAHN UM ZAHN
Vom Umgang mit Zahnproblemen und Zahnärzten

Kurt Langbein
SCHLAFLOS
Vom Umgang mit Schlafproblemen

Hans Weiss
MIT HOCHDRUCK LEBEN
Was tun bei Bluthochdruck?

Michael Adam / Renate Daimler / Volker Korbei
KINDER KRIEGEN
Schwangerschaft, Geburt und Stillen ohne Angst und Zwang

Lisa Langbein / Erika Trappl
KOPFWEH
Was tun bei Kopfschmerz und Migräne?

Verena Corazza / Andrea Ernst
IN DER REGEL
Wenn die Menstruation Probleme macht

Krista Federspiel
DER KRAMPF MIT DEM MAGEN
Was tun bei Gastritis und Geschwüren?

Krista Federspiel / Vera Herbst / Mathias Zirm
MIT ANDEREN AUGEN
Vom Umgang mit Augenproblemen

Barbara Huemer-Drobil / Gerhard Kletter / Lisa Langbein
LEBEN NACH DEM SCHLAGANFALL
Ein Ratgeber für Kranke, ihre Familien und Betreuer

Renate Daimler / Gerd Glaeske
ALTERN IST KEINE KRANKHEIT
Ein Ratgeber für die zweite Lebenshälfte

Vera Herbst

Unsern Kindern helfen

Was tun, wenn Kinder krank werden?

Kiepenheuer & Witsch

Meinen Kindern
Annika und Gesa

Umschlag Manfred Schulz, Köln,
nach einer Konzeption von Hannes Jähn
Gesamtherstellung Clausen & Bosse, Leck
ISBN 3 462 01779 9

Wissenschaftliche Beratung

Dr. Jeanette Berger, Wien, Kinderärztin und Psychotherapeutin
Dr. Frieso Krumme, Braunschweig, praktischer Arzt und Kinderarzt
Dr. Susanne Matthes-Martin, Hamburg, Kinderärztin
Dr. Ferdinand Sator, Wien, Kinderarzt

Mitarbeit

Verena Corazza

Inhalt

Einleitung 11

1. **Kind und Arzt** 14
1.1. Krankheiten sind notwendig 14
1.2. Ein Dreiecksverhältnis: Arzt-Kind-Eltern 15
1.3. Kind zum Arzt oder Arzt zum Kind? 17
1.4. Mit dem Kind zum Arzt 18
1.5. Das kranke Kind 19
1.5.1. Berufstätigkeit und kranke Kinder 21

2. **. . . und gab ihm bittre Arzeney** 22
2.1. Süße Säfte für Kinder? 23
2.2. Pillen, Saft und Zäpfchen 24
2.3. Antibiotika – ja oder nein? 25
2.4. Mittel zur Infektabwehr 27
2.5. Bravmacher und Klugmacher – Psychopillen für Kinder . 28
2.5.1. Die sogenannten »Phosphat-Kinder« 30
2.6. Homöopathie 30

3. **Auch Kinder haben eine Psyche** 32
3.1. Die ersten Jahre prägen den Menschen 32
3.2. Seele und Körper 37
3.3. Hilfe bei Seelenweh 38

4. **Vorbeugen ist besser** 42
4.1. Um uns herum 42
4.2. Man ist, was man ißt 47
4.3. Vitamine sind gesund 55

4.4. Rachitisvorbeugung 56
4.5. Kariesvorbeugung 58
4.6. Impfungen 60
4.6.1. Tuberkulose 65
4.6.2. Tetanus (Wundstarrkrampf) 65
4.6.3. Diphtherie 66
4.6.4. Pertussis (Keuchhusten) 66
4.6.5. Polio (Kinderlähmung) 68
4.6.6. Masern 68
4.6.7. Mumps 69
4.6.8. Röteln 69
4.6.9. FSME (Frühsommer-Meningoenzephalitis) 70
4.7. Vorsorgeuntersuchungen 71
4.7.1. Was wird untersucht? 72

5. Das erste Jahr 81
5.1. Schreien 82
5.2. Schlafen 83
5.3. Liegen oder Tragen 83
5.4. Ernährung 85
5.4.1. Stillen 85
5.4.2. Flaschennahrung 90
5.4.3. Beikost 94
5.4.4. Die Teeflasche 96
5.5. Pflege 97
5.6. Häufige Krankheiten des ersten Lebensjahres 98
5.6.1. Gelbsucht 98
5.6.2. Drei-Monats-Koliken 98
5.6.3. Zahnungsbeschwerden 100
5.6.4. Milchschorf 101
5.6.5. Mundsoor 101
5.6.6. Der wunde Po 103

6. Krankheitszeichen und Krankheiten 105
6.1. Erkältung (Grippaler Infekt) 105
6.2. Fieber 108
6.2.1. Fieberkrampf 113
6.3. Schnupfen 114
6.4. Husten 118

6.4.1. Pseudokrupp 122
6.4.2. Asthma 125
6.5. Halsschmerzen 130
6.6. Ohrenschmerzen (Laufendes Ohr) 132
6.7. Kopfschmerzen 134
6.8. Zahnschmerzen 136
6.9. Gliederschmerzen 138
6.10. Geschwollene Drüsen 139
6.11. Nasenbluten 140
6.12. Rote Augen (Bindehautentzündung) 141
6.13. Bauchschmerzen 144
6.14. Blähungen 147
6.15. Übelkeit und Erbrechen 148
6.15.1. Reisekrankheit 152
6.16. Durchfall 153
6.17. Verstopfung 157
6.18. Appetitmangel 159
6.19. Übergewicht 161
6.20. Schmerzen / Schwierigkeiten beim Wasserlassen 164
6.21. Bettnässen 166
6.22. Ausschläge und andere Krankheitszeichen auf der Haut . 168
6.23. Allergien 170
6.23.1. Heuschnupfen 172
6.23.2. Die schuppende Haut (Neurodermitis) 174
6.24. Schlafstörungen 177
6.25. Kopfläuse 179
6.26. Würmer 181

7. Kinderkrankheiten 183
7.1. Masern 183
7.2. Windpocken (Feuchtblattern) 185
7.3. Röteln 187
7.4. Scharlach 188
7.5. Keuchhusten 190
7.6. Mumps 193

8. Notfälle 195
8.1. Atemnot 196
8.2. Krämpfe 197

8.3. Vergiftungen 198
8.4. Verbrennungen 200
8.5. Kopfverletzungen 201
8.6. Offene Wunden 202
8.7. Knochenbrüche 202
8.8. Insektenstiche 203

9. Operationen – Das Kind im Krankenhaus 205
9.1. Trennung macht krank 205
9.2. Gaumenmandeln 210
9.3. Rachenmandeln (Polypen) 211
9.4. Brüche (Hernien) 212
9.4.1. Leistenbruch 212
9.4.2. Nabelbruch 213
9.5. Vorhautverengung (Phimose) 214

Anmerkungen 215
Stichwortverzeichnis 225
Die Autorin 235
Vergiftungszentren in der BRD 240

Einleitung

Eltern haben viele »Berater«: Verwandte, Freunde, Bekannte, Ärzte, Nachbarn, Zeitungen, Bücher. Betreuer von kranken Kindern werden oft von Ratschlägen erschlagen. Wenn ein kleines Kind mit hochrotem, fiebrigem Gesicht im Bett liegt, wenn ein kleiner Körper von bellendem Husten geschüttelt wird, dann möchte wohl jeder dem Kind so schnell wie möglich helfen und den ganzen Spuk hinwegzaubern.
Da ist es schon verführerisch, die vermeintlichen »Zaubermittel« der Pharmaindustrie zu benutzen, die von Ärzten auf Rezept verteilt werden. Doch manche Krankheiten haben auch ihren Sinn für den Körper. Sie mit Chemikalien »wegzuzaubern« ist nicht immer sinnvoll und kann andererseits schwere Schäden nach sich ziehen. Wenn es auch kaum beweisbar ist, so gilt es doch als sicher, daß die ständig steigende Zahl von Erkrankungen, bei denen der Körper seine Abwehrkräfte gegen sich selber richtet (Autoimmunkrankheiten), auch auf die große Zahl von Medikamenten-Unverträglichkeiten zurückzuführen ist[1]. So kann der kurzfristig erzielte Erfolg langfristig zum Schaden werden. Leider handeln viele Verantwortliche nicht danach. Eltern meinen manchmal, mit Medikamenten die lästige Zeit der Pflege eines kranken Kindes verkürzen zu können oder ihre Kinder mittels Pillen zu klügeren, braveren oder gesünderen Wesen machen zu können. Ärzte wiederum behandeln oftmals alles, was sie als Abweichung vom »Normalen« feststellen. Kaum einer vertraut noch auf die Selbstheilungskräfte des Körpers. Und das, obwohl Fachleute sehr wohl wissen, daß diese Kräfte die Hälfte all jener Heilungen bewirken, die den Medikamenten zugeschrieben werden. So kommen dann jene 50 Millionen Medikamente zusammen, die neun Millionen Kindern in Deutschland jährlich verschrieben werden.
Die Pharmaindustrie ist emsig bemüht, dafür zu sorgen, daß sich diese

Verordnungszahlen auch nicht verringern. Man bietet den Kinderärzten nicht nur Reisen zu attraktiven Orten inklusive Aufenthalt an, sondern stellt ihnen manchmal auch noch ein Honorar für die Teilnahme an Treffen und Kongressen in Aussicht[2].

Wenn Sie Ihrem Kind unnötige Arzneimittelgaben ersparen wollen, müssen Sie zunächst einmal ein wacher und selbstkritischer Beobachter Ihres Schützlings werden. Vielfach läßt sich einschätzen, ob es sich um eine leichte Beeinträchtigung handelt, die man mit Hausmitteln bekämpfen kann, oder ob ärztliche Hilfe notwendig ist. Sie müssen aufmerksam dafür sein, ob sich Ihr Kind altersgemäß entwickelt und verhält. Im Zweifelsfall sollten Sie sich mit Fachleuten wie Ärzten oder Therapeuten beraten. Wenn etwas Auffälliges besprechenswert ist, heißt das jedoch nicht schon, daß das Kind krank ist.

Wichtig ist auch die sorgfältige Auswahl des Kinderarztes. Wo allerdings ein niedergelassener Kinderarzt 3000 Kinder unter 12 Jahren betreuen muß, bedeutet das manchmal: langes Suchen[3]. Diese Zahlen gelten für die BRD. In Österreich gab es Anfang 1988 für alle Kinder 388 Kinderärzte mit eigener Praxis.

Doch die Mühe des Suchens lohnt sich, wenn man bedenkt, daß der Kinderarzt im Idealfall das Kind von der Geburt bis zum Ende der Pubertät betreut. Es ist nicht sinnvoll, den Heranwachsenden mit verschiedenen Beschwerden zu verschiedenen Fachärzten zu schicken, die ihn dann als kleinen Erwachsenen behandeln. Auch bei einer Klinikeinweisung sollte zunächst die Kinderabteilung angesteuert werden.

Eltern werden zwischen den Ratschlägen von Wissenschaftlern und Großeltern, Ärzten und Nachbarn hin- und hergerissen. Da bei vielen Eltern die innere Stimme immer leiser wird, die ihnen bei der Behandlung ihres kranken Kindes den richtigen Weg weist, soll dieses Buch bei der Antwort helfen, wenn Eltern fragen: »Was soll ich nur tun?« Das Kapitel 6, in dem die Krankheiten behandelt werden, ist so aufgebaut, daß Sie dort die Symptome nachschlagen können, die Sie bei Ihrem Kind bemerken. Dort finden Sie Hinweise, wie Sie Ihrem Schützling selbst helfen können, wie dringend der Arztbesuch ist und was der Arzt tun sollte. Sie erfahren aber auch etwas über die möglichen Ursachen der Erkrankung und ob und wie Sie verändernd eingreifen können.

Wenn im Folgenden von »Eltern« die Rede ist, dann sind damit nicht nur die leiblichen Eltern eines Kindes gemeint, sondern all jene Menschen, die mit Kindern leben und an ihrer Entwicklung teilnehmen.

In das Kapitel »Krankheitszeichen und Krankheiten« sind nur jene aufgenommen, bei denen man selbst helfend eingreifen kann. Lebensbedrohliche oder besonders schwere Erkrankungen, die der dauernden ärztlichen Überwachung bedürfen, wurden nicht behandelt. Ebenso wurden von den vielen chronischen, langdauernden Erkrankungen nur einige wenige erwähnt. Aus Platzgründen waren diese Beschränkungen notwendig.

Ebenfalls aus Platzgründen, aber auch wegen der leichteren, weil gewohnteren Lesbarkeit ist im Folgenden nur von Ärzten, Therapeuten usw. die Rede. Wie immer schließt das natürlich auch hier die Frauen ein, die gerade in diesen Berufen zahlenmäßig stark vertreten sind.

1. Kind und Arzt

1.1. Krankheiten sind notwendig

In der Entwicklung eines Kindes stellen die Krankheitsphasen einen wichtigen Abschnitt dar. Manche Menschen, z. B. die Anthroposophen, sind sogar der Überzeugung, daß besonders das Überwinden von Kinderkrankheiten wie z. B. Masern für das Kind mit einem Reifungsprozeß verbunden ist. Während der Krankheiten kann sich der Körper darin üben, »fremd« und »eigen« zu unterscheiden. Fremde Stoffe werden angegriffen und ausgeschieden. An manche dieser Eindringlinge erinnert sich der Körper sein Leben lang: Er ist dagegen »immun« geworden. So lernt der Körper mit Hilfe von Krankheiten allmählich, sich gegen eine feindliche Umwelt zu wehren.
Erwachsene schauen auf die Zeit ihrer eigenen Kinderkrankheiten mit unterschiedlichen Gefühlen zurück: Die einen erinnern sich an besondere Zuwendung und sorgsame Pflege; die anderen fühlten sich allein und im Stich gelassen, weil sie genau diese Hinwendung vermißten.
Vielfach sind Krankheiten »Verschnaufpausen« im Leben eines Kindes. Wenn es viele, rasch wechselnde Veränderungen in seiner Umgebung erleben muß; wenn es Konfliktsituationen aus eigener Kraft nicht mehr lösen kann; wenn es sich Anforderungen nicht mehr gewachsen fühlt, dann flüchtet sich der Körper manchmal in eine Krankheit. Je jünger und abhängiger ein Kind ist, desto hilfloser ist es einer Krankheit ausgeliefert und desto mehr liebevolle Unterstützung braucht es, um wieder gesund zu werden. Älteren Kindern ist Kranksein oft eher lästig, weil es sie daran hindert, mit anderen gemeinsam »die Welt zu erobern«.
Für die Eltern ist es notwendig, rechtzeitig zu erspüren, ob häufige Krankheiten den Wunsch des Kindes nach mehr Zuneigung ausdrücken.

Gerade kranke Kinder sind eine Herausforderung, den Weg zwischen Verzärtelung und Vernachlässigung zu finden. Chronische Krankheiten, die lange andauern und bei denen es keine oder nur sehr vage Hoffnung auf Besserung gibt, belasten das betroffene Kind und seine Familie gleichermaßen. Die Behandlung solcher Krankheiten erfordert einen Arzt, der der Familiensituation mindestens ebensolche Aufmerksamkeit schenkt wie der medikamentösen Therapie.
Für alle gleichermaßen gilt, daß Angst krank macht oder das Gesundwerden behindert. Kinder spüren sehr wohl, wenn die Eltern sich sorgen, das aber nicht zugeben wollen. Auch Heimlichkeiten zwischen Arzt und Eltern machen dem Kind angst. Durch Offenheit ist Angst leicht zu verhindern. Es gibt für jedes Alter eine Sprache oder andere Ausdrucksformen, die das erklären, was das Kind wissen möchte.

1.2. Ein Dreiecksverhältnis: Arzt-Kind-Eltern

Im Idealfall betreut der Kinderarzt ein Kind von der Geburt bis zum Ende der Pubertät. »Spezialisten« sind nur zur Behandlung besonders schwieriger oder seltener Krankheiten erforderlich. In dieser Zeit sollte der Arzt das Kind so gut kennenlernen, daß er individuelle Veränderungen erkennen und einschätzen kann. Damit sich aber zwischen Arzt, Kind und Familie ein solches Vertrauensverhältnis entwickeln kann, ist es notwendig, einige Fragen zu klären, bevor Sie sich für »Ihren« Kinderarzt entscheiden:

- Haben Sie besondere Neigungen oder Abneigungen bezüglich Ihrer Lebensführung (z. B. Anthroposophen, Vegetarier, Religion), und wie steht der Arzt dazu?
- Wie stehen Sie/wie steht der Arzt zu sogenannten »alternativen« Behandlungsmethoden?
- Sind Sie mit der Art und Weise zufrieden, wie der Arzt mit Ihrem Kind und Ihnen umgeht?
- Sind Sie mit der Praxisorganisation zufrieden (siehe Seite 18)?
- Macht der Arzt – wenn nötig – auch Hausbesuche?
- An welches (Kinder-)Krankenhaus sollen Sie sich in Notfällen wenden?

Es geschieht immer wieder, daß jemand von einem Arztbesuch zurückkehrt und sich ärgert, vieles nicht gefragt, vieles nicht verstanden zu haben. Ihrem Kind zuliebe sollten Sie jedoch so mutig sein und sich nicht von der Autorität des weißen Kittels einschüchtern lassen. Einen guten Arzt erkennen Sie auch daran, daß er Ihnen in verständlichen Worten das erklärt, was Sie wissen müssen[1]. Fragen Sie, wenn etwas unklar geblieben ist.

Sie haben das Recht, über die Behandlung Ihres Kindes zu entscheiden. Dazu brauchen Sie Informationen, die Ihnen nur der Arzt geben kann:

- Um was für eine Krankheit handelt es sich?
- Wie entwickelt sie sich normalerweise, und welche Komplikationen kann es geben?
- Kann diese Krankheit Auswirkungen bis ins Erwachsenenalter haben?
- Wie soll behandelt werden?
- Gibt es auch andere Behandlungsmöglichkeiten, und warum entscheidet sich der Arzt gerade für die eine?
- Was kann geschehen, wenn diese Behandlung abgelehnt wird?
- Wenn aufwendigere Untersuchungen notwendig sind (z. B. Röntgen, Anwendung von radioaktiven Stoffen): Was soll mit diesen Methoden erreicht werden?
- Was folgt aus den erhaltenen Untersuchungsergebnissen?

Mit modernen Untersuchungsmethoden läßt sich vieles feststellen. Aber dieses Wissen mündet bei weitem nicht immer in eine Behandlung. Die Eltern sollten sich also überlegen, ob sie ein Kind mit aufwendigen Untersuchungen belasten wollen, um dann etwas zu wissen, aber nicht handeln zu können.

Ein Kinderarzt hat eigentlich zwei Patienten: das Kind und seine Eltern. Er sollte in jedem Fall dem Kind zunächst die Gelegenheit geben, sich mit der fremden Umgebung vertraut zu machen. Er sollte aber auch das Gespräch mit dem Kind suchen. Wie heißt du? Wie alt bist du? Wo tut es dir weh? Diese Fragen können auch kleine Kinder bereits selbst beantworten. Die Eltern sollten sich so weit wie möglich mit eigenen Äußerungen zurückhalten. Auch wenn es etwas Zeit braucht: Arzt und Kind müssen lernen, ohne Vermittler miteinander zu reden. Die Eltern können dem Kind dabei helfen, indem sie sich dem Arzt gegenüber nicht anders verhalten als jedem anderen Menschen auch. Wer seinem Kind im Wartezimmer droht »Wenn du nicht gleich ruhig bist, kommt der Onkel Doktor und schimpft«, der macht dem Kind angst und erschwert dem Arzt seine Arbeit. Vom Arzt können Sie andererseits Geduld, aber auch Zurückhaltung erwarten. Wer auf ein fremdelndes, ängstliches Kind mit ausgestreckter Hand zugeht, kann dessen »Sicherheitsgrenze« verletzen. Weinende Kinder können auch auf dem Schoß der Betreuer untersucht werden[2].

Wenn Sie sich mit dem Arzt auf eine Art der Behandlung geeinigt haben, dann sollten Sie wissen:
- Woran erkennt man, ob sich die Krankheit verschlimmert?
- Was ist dann zu tun?
- Bei ansteckenden Krankheiten: Wann darf das Kind wieder mit anderen Kindern Kontakt haben?
- Ist eine erneute Kontrolle durch den Arzt notwendig? Wenn ja, wann?

1.3. Kind zum Arzt oder Arzt zum Kind?

Hausbesuche sind zwischen Arzt und Eltern ein schwieriges Thema. Ihnen erspart ein Hausbesuch viel Zeit und Mühe, den Arzt kostet er genau das. Kaum ein Kind ist so krank, daß es nicht mehr transportiert werden könnte. Bei Säuglingen ist das mit Hilfe der Tragetaschen noch am einfachsten. Aber auch ein größeres Kind kann warm angezogen und ins Auto gesetzt werden. Muß das Kind liegend transportiert werden, so kann man den Hohlraum zwischen Hinter- und Vordersitzen ausstopfen und erhält so eine Liegefläche. Wer kein eigenes Auto hat oder selbst nicht fahren kann, sollte in der Arztpraxis fragen, ob ein Krankentransport mit dem Taxi zu Lasten der Krankenkasse möglich ist.
Ein Besuch in der Praxis des Arztes hat den Vorteil, daß dort bessere und umfangreichere Untersuchungsmöglichkeiten zur Verfügung stehen, aber den Nachteil, daß sich das Kind dort mit anderen Krankheiten infizieren kann und unter Umständen länger warten muß. Hausbesuche wird der Arzt meistens frühmorgens oder in den späteren Abendstunden machen. Vielleicht schläft ihr krankes Kind dann aber gerade.

1.4. Mit dem Kind zum Arzt

Wenn Sie sich mit Ihrem kranken Kind beim Arzt anmelden oder in seine Praxis fahren, werden Sie nach Einzelheiten über Ihr Kind und sein Befinden gefragt werden. Auf die Beantwortung folgender Fragen sollten Sie sich einstellen:

- Welches sind die hauptsächlichen Beschwerden?
- Seit wann bemerken Sie diese Beschwerden?
- Bei Durchfall und Erbrechen: Wie oft in welcher Zeit? Wie sah der Durchfall/das Erbrochene aus?
- Eine genauere Beschreibung des Zustandes des Kindes:
- Spielt es noch? Wieviel ißt und trinkt es? Wieviel schläft es?
- Hat das Kind Fieber? Wieviel Grad? Seit wann?
- Was haben Sie bisher gegen die Beschwerden unternommen?
- Hat das Kind schon Medikamente bekommen?
- Nimmt es regelmäßig Medikamente ein?
- Wenn ja, welche?
- Gibt es in Ihrer Umgebung Menschen mit ähnlichen Krankheitszeichen?

Nicht jeder Mensch hat jederzeit alles in seinem Gedächtnis abrufbereit. Scheuen Sie sich nicht, einen »Spickzettel« aus der Tasche zu ziehen, auf dem Sie sich notiert haben, was Sie den Arzt noch alles fragen wollten. Auch die ungewohnten Namen von Medikamenten können Sie zu Hause auf einem Zettel aufschreiben. Bringen Sie außerdem das Untersuchungsheft für Kinder (in Österreich den Mutter-Kind-Paß) und den Impfpaß mit.

Wenn ein Kind Ausschlag und Fieber hat, besteht der Verdacht, daß es eine ansteckende Krankheit haben könnte. Sie sollten den Arzt in jedem Fall anrufen, bevor Sie zu ihm fahren. Er kann Ihr Kind dann entweder sofort behandeln oder – nachdem sein geschulter Blick Ihren Verdacht bestätigt hat – in das Wartezimmer für Kinder mit ansteckenden Krankheiten schicken.

An vielen Kleinigkeiten in der Organisation der Praxis können Sie bereits erkennen, ob der Arzt bereit ist, sich auf seine kleinen Patienten und deren Begleiter einzustellen:

- Garderobe und Spiegel in Kinderhöhe
- Kindertoilette

- Spielzeug in Wartezimmer und Untersuchungsraum: Bauklötze, Bilderbücher, Malzeug, eine Wandtafel mit Kreide verkürzen die Wartezeit.
- Ein Wickeltisch, auf dem Säuglinge aus- und nach der Untersuchung auch wieder in Ruhe (!) angezogen werden können.
- Ein Eimer für gebrauchte Windeln.
- Der Wickeltisch sollte möglichst nah am Untersuchungsort sein, um das nackte Kind nicht über längere Strecken tragen zu müssen.
- Eine Möglichkeit für ältere Kinder, sich von anderen unbeobachtet aus- und anziehen zu können.

1.5. Das kranke Kind

Ein Kind drückt sich durch Worte, Mimik und Verhalten aus. Solche Veränderungen werden von den Eltern am ehesten wahrgenommen. Aufmerksame Eltern merken sehr schnell, wenn mit ihrem Schützling etwas nicht stimmt. Wer sich allerdings immer selbst zurechtweist (»es wird schon nichts sein«) oder andererseits alles dramatisiert, der verliert leicht das Gespür für die feinen Unterschiede.
Ein krankes Kind ist nörgelig, leiser, schläfrig oder auffallend schlaflos. Fiebernde Kinder haben ein gerötetes Gesicht und feuchte Haut.
Die Haut des Kindes verrät manches über seinen Gesundheitszustand: Ist sie trocken und schlaff, fehlt dem Kind Flüssigkeit. Erscheint sie aufgequollen, wird vielleicht nicht ausreichend Wasser ausgeschieden. Ein ganz wichtiges Zeichen für den Zustand des Kindes ist die Frage: Trinkt es noch und wieviel? Daran knüpft sich auch die Frage nach der Urinausscheidung: Wie oft und wieviel? Wenn Sie den Eindruck haben, daß das vom sonst Üblichen abweicht: Sammeln Sie den Urin eines Tages in einem verschließbaren Gefäß. So läßt sich die Menge leichter abschätzen.
Auch die Atmung kann Krankheiten anzeigen. Bei Fieber atmet das Kind schneller, aber ohne Beschwerden. Eine angestrengte Atmung, wie sie etwa beim Asthma oder einer Lungenentzündung vorkommt, wird hörbar: Die Atemzüge sind keuchend. Meist arbeitet der ganze Körper dann beim Luftholen mit: Am Hals und unter den Rippen zieht er sich nach innen ein. Die Nasenflügel beben beim Atmen.

»Kranke Kinder gehören ins Bett.« Dieser Satz ist genauso falsch wie richtig. Ein Kind, das krank ist, sich aber nicht elend fühlt, wird man nur gewaltsam im Bett halten können. Der Zimmertemperatur angemessen angezogen, kann es wie sonst auch durch die Wohnung laufen. Wenn die Krankheit nicht ansteckend ist, kann es ebenso draußen spielen wie auf einen Spaziergang mitgenommen werden.

Wenn das Kind freiwillig im Bett bleibt, wird das Kinderzimmer zum Krankenzimmer. Ein Servierwagen wird dann vielleicht zum rollenden Tisch, der Bücher und Spielzeug aufnimmt. Ein großes Tablett, Nudelbrett oder die Einlegeplatte des Ausziehtisches wird zur Eß- und Bastelunterlage im Bett.

Die Raumtemperatur sollte so niedrig sein wie sonst zur Nacht: 18–20 Grad Celsius. Gegen Mittag und zur Nacht sollte das Kind sein Bett für kurze Zeit verlassen, damit der Betreuer das Bett machen und kräftig lüften kann.

Die Ernährung sollte sich nach den Erfordernissen der Krankheit und den Bedürfnissen des Kindes richten. Im allgemeinen »wissen« kranke Kinder sehr wohl, was ihnen guttut. Bei einem randvoll gefüllten Teller vergeht dem kranken Kind schnell der Appetit. Mehrere Mini-Portionen über den Tag verteilt wird es schon eher essen. Etwas zu trinken sollte einem kranken Kind jederzeit zur Selbstbedienung zur Verfügung stehen. Tafelwasser, Früchtetees oder mit Obstsaft angereicherter Tee sind dazu besser geeignet als zuckerhaltige Limonaden. Schnabeltassen oder lustig gebogene Trinkhalme können ein Hilfsmittel sein, um auch trinkfaulen Kindern genügend Flüssigkeit zu verabreichen.

Wenn kranke Kinder gar nichts essen mögen, aber immer trinken wollen, dann können Sie ihnen kalorienhaltige Getränke wie Kakao mit Sahne oder Obst-Milch-Shakes anbieten.

Achtung

Medikamente haben ihren Platz nicht im Kinder- oder Krankenzimmer. Auch Thermometer sollten vor dem Zugriff der Kinder verwahrt werden. Ist eines zu Bruch gegangen, sollte das ausgelaufene Quecksilber so gut wie möglich in ein Kunststoffgefäß eingesammelt und mit dem zerbrochenen Gerät in einer Apotheke abgegeben werden. Hat sich das Quecksilber in den Schlingen eines Teppichboden verlaufen, hilft auch das Staubsaugen nicht mehr: Der Teppichboden muß entfernt werden. Quecksilber verdampft ganz langsam und schädigt dann als unsichtbarer Dampf alle Lebewesen. Derartigen Problemen entgeht man mit einem elektronischen Thermometer. Es gibt bereits Geräte, die weniger als DM 20,- kosten. Doch Vorsicht bei der Reinigung unter fließendem Wasser: Nicht alle sind wasserdicht.

1.5.1. Berufstätigkeit und kranke Kinder

Nicht jeder hat Großeltern oder Freunde abrufbereit, wenn ein Kind erkrankt und beide Eltern berufstätig sind. Hierfür stehen den Betreuern eines Kindes unter bestimmten Bedingungen arbeitsfreie Tage zu. Voraussetzung sind:

- Beide Betreuer müssen berufstätig sein.
- Bei demjenigen, der die Freistellung vom Dienst beansprucht, muß es sich um einen nahen Angehörigen handeln, der auch sonst mit dem erkrankten Kind im gemeinsamen Haushalt wohnt (Eltern, Großeltern, Lebensgefährten).
- Ein Arzt muß bestätigen, daß das Kind pflegebedürftig ist. In der BRD gehen die RVO-Kassen davon aus, daß das bei Kindern dann nicht mehr zutrifft, wenn sie älter als acht Jahre sind[3]. In Österreich liegt die Altersgrenze bei zwölf Jahren.

Sind die Voraussetzungen gegeben, kann jedes Elternteil im Jahr fünf Arbeitstage zur Pflege eines kranken Kindes beanspruchen, ohne daß das auf den Jahresurlaub angerechnet würde. Benachteiligt sind dabei Alleinerziehende, die auch nur eine Woche Pflegefreistellung bekommen – gleichgültig, wie viele kranke Kinder sie allein zu betreuen haben. Um diesen Menschen zu helfen, gibt es seit 1985 in Wien einen Betreuungsdienst für erkrankte Kinder berufstätiger Eltern. Die »Kinderpflege daheim« vermittelt Personen, die dann einspringen, wenn die Pflegefreistellung bereits ausgeschöpft ist. Andernfalls müssen Eltern ihre Kinder oft ins Krankenhaus geben, weil sie keine andere Möglichkeit mehr zur Betreuung sehen. Die Kosten für die Heimpflege werden abhängig von Einkommen und festen Kosten errechnet. Wer Hilfe oder weitere Informationen benötigt, kann sich an Frau E. Wanko wenden »Kinderpflege daheim« Tel.: 0222/5354252.

Eine entsprechende Hilfsorganisation in Deutschland ist der Notmütterdienst. Die Frankfurter Zentrale vermittelt ihre Hilfe bundesweit. Die Kosten liegen bei DM 60,- oder mehr pro Arbeitstag. Fahrtkosten und Kosten für die Unterbringung kommen eventuell hinzu. Kontaktadresse: Notmütterdienst e. V. Hamburger Allee 54, 6000 Frankfurt, Tel.: 069/776611 und 702028.

2. ... und gab ihm bittre Arzeney

Leider hat nicht jeder Kinderarzt Geduld und nimmt sich Zeit für seine kleinen Patienten. Viele greifen allzu schnell zum Rezeptblock. Schon Säuglinge werden chemisch ruhiggestellt, Schulkinder mit Psychopharmaka gedopt. Durchschnittlich bekommt ein Kind unter 12 Jahren in der BRD pro Jahr fast sechs verschiedene Medikamente verordnet[1]. Es wird geschätzt, daß fünf Prozent der dabei verordneten Arzneimittel für Kinder gar nicht geeignet sind. Damit wird nicht nur dem Körper des Kindes direkt geschadet, sondern auch die Zukunft programmiert: Hänschen lernt, daß Kranksein nicht sein darf und daß man jedes Unwohlsein sofort mit Medikamenten bekämpfen muß. Hans greift dann zu Beruhigungsmitteln, wenn er aufgeregt ist, und zu Aufputschmitteln, wenn er eine Klassenarbeit bestehen muß. Drogen-Experten schätzen, daß der Weg vieler Drogen-, Arzneimittel- und Alkoholabhängiger auf diese Weise in der Kindheit gebahnt wird. Ärzte, die leichtfertig verschreiben, und Eltern, die von den Ärzten eine schnelle Gesundung ihres Kindes fordern, fördern auf diese Weise eine solche »Karriere« ihrer Kinder.

Nicht jedes Unwohlsein ist eine Krankheit, und nicht alles muß sofort behandelt werden. Auch der Arztbesuch kann zu einer Art Konsumverhalten werden. Bevor Sie ein Symptom behandeln, sollten Sie überlegen:

- Wen stört oder beeinträchtigt das?
- Wäre diese Störung unter anderen Lebensumständen erträglicher?
- Können Sie die äußeren Bedingungen ändern, um besser abwarten zu können, bis sich der Körper selbst geholfen hat?

2.1. Süße Säfte für Kinder?

Medizin ist oft bitter und wird von Kindern dementsprechend ungern eingenommen. Manche Hersteller versuchen, ihnen das Notwendige zu erleichtern, indem sie die Arznei versüßen oder mit anderen Zusätzen den Geschmack verändern. So wird z. B. das schleimlösende Mittel *Fluimucil* wie eine Orangenlimonade komponiert. Bis vor kurzem enthielt es sogar noch den Farbstoff Gelborange S. Nachdem dessen Unbedenklichkeit angezweifelt wurde, ersetzte man ihn dann durch einen weniger problematischen Stoff[2]. Derartige Zusatzstoffe sind bei Medikamenten, die nur kurzzeitig eingenommen werden sollen, durchaus entbehrlich. Ein Medikament ist keine Nascherei. Bei gesüßten Arzneimitteln besteht die Gefahr, daß sich die Kinder selbst an dem »leckeren Saft« bedienen.

Wenn Sie für Ihr Kind ein Medikament verordnet bekommen haben, notieren Sie sich am besten auf einem Etikett, das Sie auf die Packung kleben:
- für welches Kind es verordnet wurde;
- wann es gekauft wurde;
- wieviel davon regelmäßig eingenommen werden soll oder höchstens gegeben werden darf;
- für welche Krankheit oder gegen welches Krankheitszeichen es angewandt werden soll/kann.

Wer mehrere Kinder im Vorschulalter hat, bei dem sammeln sich in der Hausapotheke schnell die verschiedensten Medikamentenreste an.
- Kontrollieren Sie von Zeit zu Zeit die Verfalldaten der Arzneimittel.
- Wenn Sie sich nicht sicher sind: Geben Sie Ihre Sammlung in Ihre Apotheke zur Kontrolle.

Besonders bei solchen Arzneimitteln, die nur für einen Notfall gedacht sind, wie z. B. Zäpfchen beim Pseudokrupp-Anfall, muß regelmäßig überprüft werden, ob sie noch einsatzfähig sind.
Wenn Sie z. B. nach einem Fieberzäpfchen aus Ihrem Bestand greifen, dann vergewissern Sie sich, daß das Mittel die richtige Stärke hat für das Kind, dem Sie es jetzt geben wollen. Im Zweifelsfalle: beim Kinderarzt, ärztlichen Notdienst oder in der diensthabenden Apotheke nachfragen.

2.2. Pillen, Saft und Zäpfchen

Auch für Arzneimittelwirkungen gilt: Kinder sind keine kleinen Erwachsenen. Manches läuft in ihrem Körper schneller, manches langsamer ab als beim Erwachsenen, für manches sind sie viel empfindlicher. Erfahrungen, die Sie mit Arzneimitteln gemacht haben, lassen sich also nicht ohne weiteres auf Ihr Kind übertragen.
Geben Sie Kindern kein für Erwachsene verordnetes Medikament, ohne vorher mit dem Kinderarzt zu sprechen.

Von manchen Arzneien gibt es verschiedene Zubereitungsformen: Dragees, Tabletten, Kapseln, Saft, Tropfen zum Einnehmen, Zäpfchen zum Einführen. Weil Kinder sich mit dem Schlucken von festen Arzneien manchmal schwertun, bezahlen die Krankenkassen für sie auch die Verschreibung der meist teureren Flüssigkeiten oder Zäpfchen.
Manchmal kann man dem Kind die Einnahme von Tabletten erleichtern, indem man sie zerdrückt oder auflöst. Kapseln kann man öffnen und den Inhalt lose eingeben.
In jedem Fall sollte vorher in der Gebrauchsanweisung nachgeschaut werden, ob das die Wirkung beeinträchtigt.
Säfte müssen manchmal erst noch zubereitet werden, indem das Pulver in Wasser aufgelöst wird. Wenn Ihnen die Herstellungsanweisung nicht klar genug ist, lassen Sie sich den Saft in der Apotheke mischen. Achten Sie genau auf die Gebrauchsanweisung: Eßlöffel oder Meßlöffel? Manchen Packungen liegt ein Meßlöffel bei, der dann bei diesem Präparat bleiben sollte. Verschiedene Präparate können unterschiedliche Meßlöffel haben.
Widerspenstigen Kindern Arzneien zu verabreichen kann recht schwierig werden. Damit zappelnde Kinder den Saft nicht immer wieder vom Löffel in die Umgebung befördern, kann eine Spritze (ohne Nadel) hilfreich sein. Man zieht die Flüssigkeit hinein und läßt das Kind sie ausnukkeln bzw. drückt sie mit dem Kolben in den Mund des Kindes.
Wer die Prozedur umgehen will und dem Kind lieber ein Zäpfchen verabreicht, sollte folgendes bedenken: Die Analregion ist auch beim Kind ein Intimbereich. Wer sich gewaltsam Zugang dazu verschafft, vergewaltigt das Kind. Um dem Kind ein Zäpfchen zu geben, legt man es mit angezogenen Beinen auf die Seite, feuchtet das Zäpfchen etwas an, schiebt es in den After hinein und drückt die Pobacken dann etwa zwei

Minuten zusammen. Anschließend nachschauen, ob das Medikament auch drin geblieben ist. Zäpfchen sind eine Arzneiform, die für Kinder bis zum Alter von zwei Jahren recht gut geeignet ist. Später sollten derartige Manipulationen im Intimbereich des Kindes eher unterbleiben.
Machen Sie die Medikamentengabe für das Kind zu einem unvermeidlichen, selbstverständlichen, aber bewußten Vorgang. Sicheres und freundliches Auftreten helfen dem Kind. Wenn Belohnungen notwendig sind, dann nach der Einnahme. Lassen Sie dem Kind die Wahl bei Dingen, wo es entscheiden kann. Etwa: Womit willst du den Saft hinunterspülen?
Wenn Sie das Kind nicht während des ganzen Tages selbst betreuen: Geben Sie den anderen Betreuern schriftliche Anweisungen, wann das Kind welche Medizin bekommen muß. Weihen Sie sie in Ihre erprobten Einnahme-Rituale ein.

Der Entdeckungsdrang des Kleinkindes macht auch vor Medikamenten nicht halt. Im dritten Lebensjahr passieren die meisten Vergiftungen, und an erster Stelle stehen die mit Medikamenten. In einem Haushalt, in dem Kinder leben, gehören alle Medikamente und auch das Fieberthermometer in einen verschließbaren Schrank, den Kleinkinder auch dann nicht erreichen können, wenn sie mit Tisch und Stuhl Türme bauen. Kindergesicherte Verschlüsse bei Arzneimitteln sind ein Schutz, auf den man sich nicht allein verlassen sollte.

2.3. Antibiotika – ja oder nein?

Manche Eltern sind verunsichert, wenn das Kind eine Infektion hat: Soll man abwarten, ob der kleine Körper die Angreifer allein besiegt, oder soll mit Antibiotika behandelt werden?
Antibiotika oder sogenannte Chemotherapeutika töten Bakterien ab oder hemmen zumindest ihr Wachstum. Die gleiche Wirkung haben sie auch bei jenen Bakterien, von denen der Körper immer besiedelt ist und die er braucht. Gegen Viren können Antibiotika hingegen nichts ausrichten. Ein Drittel aller vom Kinderarzt versorgten Infektionskrankheiten wird mit Antibiotika behandelt[3]. Hierbei handelt es sich in den meisten Fällen um Erkrankungen der oberen Luftwege, und die werden

meistens durch Viren hervorgerufen. Antibiotika sind hier also wirkungslos. Sie sind auch keine fiebersenkenden Mittel[4].

Im allgemeinen wird der Kinderarzt nach den Krankheitszeichen beurteilen, ob Bakterien oder Viren die Auslöser sind. Als Faustregel kann gelten: Antibiotika erst drei Tage nach anhaltendem Fieber geben. Die Eltern eines kranken Kindes sollten den Arzt nicht zur sinnlosen Verordnung von Antibiotika verführen, indem sie ein Mittel verlangen, das das Kind ganz schnell wieder gesund macht. Antibiotika sind kein Schalter, mit dem der Körperzustand »krank« in »gesund« umgestellt werden kann. Antibiotika sind immer Medikamente, bei denen die Gefahr von Nebenwirkungen und der erwartete Behandlungserfolg gegeneinander abgewogen werden müssen.

Richtige Antibiotika-Behandlung bedeutet:

- Es muß sich um eine bakterielle Infektion handeln.
- Die Wirksamkeit des Antibiotikums für diese Erreger muß nachgewiesen sein.
- Das Mittel muß hoch genug dosiert werden.
- Es muß ausreichend lange behandelt werden.

Die Gefahren einer unangebrachten Antibiotika-Behandlung sind:

- Es besteht das allgemeine Risiko von Nebenwirkungen durch das Medikament.
- Die körpereigenen, schützenden Keime werden vernichtet. Aus diesem Grunde tritt während einer Behandlung mit Antibiotika häufig Durchfall auf. Die Gefahr einer Infektion durch andere Erreger steigt.
- Das Kind kann überempfindlich gegen das Medikament werden (Allergie). Bei späteren Erkrankungen kann es damit nicht mehr behandelt werden.
- Das Erkennen der wirklichen Krankheitsursache wird erschwert.
- Es können sich Bakterienarten bilden, die gegen das Antibiotikum widerstandsfähig geworden sind.

Eigentlich sollten vor jeder Behandlung die Erreger durch eine Laboruntersuchung bestimmt werden. Das wird jedoch bestenfalls im Krankenhaus durchgeführt. Die Untersuchung dauert so lange, daß man in der Praxis normalerweise darauf verzichtet. Bei einer Lungenentzündung oder einem Harnweginfekt ist sie jedoch unbedingt notwendig[5].

Der Kinderarzt geht meistens von der Erfahrung aus, daß bestimmte Erreger immer die gleichen Organe befallen und dort fast immer ähnliche Krankheitszeichen hervorrufen. Das danach ausgewählte Antibio-

tikum sollte ein lange bekanntes und erprobtes Mittel sein wie z. B. Penicillin V, Aminopenicilline, Erythromycin, Tetrazyklin oder die Sulfonamidkombination Cotrimoxazol[6]. Tetrazyklin sollte jedoch bis zum 14. Lebensjahr nicht angewandt werden, weil es Zähne und Knochen schwer schädigen kann[7].
Aus der Vielzahl der Antibiotika sollte immer das wirksamste Mittel ausgewählt werden. Es ist unsinnig, zunächst eines mit geringerer Wirkung zu nehmen, um noch »steigerungsfähig« zu sein[8].
Für eine gute Wirksamkeit der Antibiotika ist es notwendig, daß der Wirkstoffspiegel im Körper immer gleich bleibt. 3 × täglich 1 bedeutet demnach, alle acht Stunden eine Tablette einzunehmen. Wenn das jedoch wegen der Schlafenszeiten des Kindes schlecht möglich ist, so reicht es aus, das Medikament abends so spät und morgens so früh wie möglich einzugeben[9]. Es ist nicht notwendig, das Kind deswegen aus dem Schlaf zu reißen. Bei den meisten Infektionskrankheiten sollten Antibiotika noch drei bis fünf Tage gegeben werden, nachdem Fieber und andere Krankheitszeichen abgeklungen sind. Wirkt das Antibiotikum nicht oder hat sich herausgestellt, daß es unnötig ist, sollte es sofort abgesetzt werden[10]. Antibiotika dürfen nicht als Schutzschild betrachtet werden, mit dem der Körper vor Infektionen bewahrt werden kann. Eine solche Vorbeugung ist nur in seltenen Fällen und bei schweren Erkrankungen (z. B. des Immunsystems) oder Operationen notwendig. Es ist nicht erwiesen, ob sie z. B. bei Keuchhusten oder immer wiederkehrenden Mittelohrentzündungen sinnvoll ist[11]. Notwendig ist die vorbeugende Gabe von Antibiotika hingegen manchmal bei Harnwegsinfekten (siehe Seite 164).

2.4. Mittel zur Infektabwehr

Wenn Kinder sehr häufig krank sind, stellen sich manche Eltern die Frage: Hat das Kind eine Abwehrschwäche? Kann man die Abwehrkraft des Körpers stärken? Eine angeborene Abwehrschwäche ist eine sehr seltene Erkrankung. Mit einer Blutuntersuchung kann der Arzt den Verdacht darauf ausräumen[12]. Auch ein eventueller Eisenmangel kann damit aufgedeckt werden.
Bei unterernährten Kindern wurde festgestellt, daß sie häufiger an In-

fektionen erkranken. Daraus darf jedoch nicht der Schluß gezogen werden, daß Vitamine vor Infektionen schützen. Wird ein Kind mit einer ausgewogenen Mischkost ernährt, so ist sein Körper mit allen Stoffen ausreichend versorgt, die nötig sind, um Krankheiten abwehren zu können. Eine Extradosis Vitamine schützt also nicht vor Infektionen.
Von den pflanzlichen Mitteln zur Steigerung der Abwehrkräfte wurden 1985 in Deutschlands Apotheken fünf Millionen Packungen für insgesamt 70 Millionen DM verkauft[13]. Etwa die Hälfte davon bezahlten die Krankenkassen. Diese Mittel enthalten fast immer Mischungen von Pflanzenextrakten, deren Wirksamkeit nicht nachzuweisen ist und für die es auch keine begründeten Dosierungsrichtlinien gibt[14]. Werden diese Mittel als Tropfen Kindern eingegeben, so muß berücksichtigt werden, daß sie ca. 30 Prozent Alkohol enthalten.

Präparate:
Broncho-Vaxom (BRD/Ö)
Contramutan (BRD)
Esberitox N (BRD)
Influex (BRD)
Lymphozil (BRD)
Symbioflor (BRD)
Tonsilgon (BRD)
Toxiloges (BRD)

Man hat auch versucht, die Infektionsanfälligkeit zu vermindern, indem den Kindern Immunglobuline gespritzt werden. Das ist jedoch nur bei einigen Krankheiten von Nutzen. In diesen Fällen müssen relativ schnell nach einer vermuteten Ansteckung Immunglobuline gespritzt werden, die besonders viele Antikörper gegen die zu befürchtende Krankheit enthalten. Das wird z. B. durchgeführt, wenn jemand einen Unfall hat und kein ausreichender Tetanusschutz besteht. Bei der Gabe von Antikörperkonzentraten, die nicht nur gegen eine spezielle Krankheit gerichtet sind, konnte bisher nicht nachgewiesen werden, daß sie die Anfälligkeit der Kinder für Infektionen vermindern[15].

2.5. Bravmacher und Klugmacher – Psychopillen für Kinder

Kinder sind nicht nur lieb und niedlich. Oft genug sind sie nörgelig und quengelig, schreien und toben; sind putzmunter, wenn sie schlafen sollen, und hundemüde, wenn sie aufmerksam sein sollten. Doch ebenso oft sind nicht die Kinder »verkehrt«, sondern die Eltern haben sich in einem Leben eingerichtet, in dem ein munteres, noch nicht angepaßtes Kind keinen Platz hat. So kommt es vielleicht, daß Eltern bei ihrem Kind »Schlafstörungen« feststellen und vom Arzt erwarten, daß er ihnen hilft, Abende oder Nächte ohne den Quälgeist zu verbringen. Ärzte, die zum Rezeptblock greifen, ohne weiter nachzufragen, handeln verantwortungslos. Jede Verhaltensauffälligkeit wie z. B. häufige Wutausbrüche, übermäßige Anhänglichkeit, Bettnässen (siehe Seite 166), dauernde Unruhe hat eine Ursache. Sie zu ergründen ist oberstes Gebot, wenn man Kind und Familie dauerhaft helfen möchte. Bei Schlafstörungen kann sich im Gespräch mit dem Arzt vielleicht ergeben, daß die Betreuer unrealistische Vorstellungen haben, wann und wieviel ihr Kind schlafen »muß« (siehe Seite 177). Vielleicht ist auch Angst die Ursache, und es lassen sich Methoden erarbeiten, wie man dem Kind helfen kann. Vielleicht ist aber auch die Familiensituation so spannungsgeladen, daß das Kind aus diesem Grunde keine Ruhe findet. Je früher in einem solchen Fall die Familie mögliche Ursachen zu entdecken und eventuell mit Hilfe eines Erziehungsberaters oder Psychotherapeuten auszuräumen versucht, desto besser sind die Aussichten auf eine vollkommene Heilung. Medikamente können nur eine kurzzeitige Krücke sein auf diesem Weg. *Schlaf- und Beruhigungsmittel sollten Kindern überhaupt nicht verordnet werden*[16].

Die Realität ist jedoch anders: Da werden Kinder, die bloß so lebendig sind wie Kinder sein sollten, mit Psychopharmaka ruhiggestellt. Aufregung und Angst vor Klassenarbeiten werden mit Tranquilizern ausgeglichen. Ungenügende Leistungen sollen mit Aufputschmitteln verbessert werden. So kam es, daß 1982/83 in der BRD 996000mal Psychopharmaka für Kinder bis 12 Jahren verschrieben wurden[17].

Dazu gehören zwar so notwendige Medikamente wie die gegen Epilepsie, aber schon bei dem Stoff Promethazin (z. B. in *Atosil* (BRD), *Phenergan* (Ö)), der gegen Juckreiz und Erbrechen sinnvoll eingesetzt werden kann, ist nicht mehr sicher, daß die Eltern die müdemachende Wirkung nicht auch dann nützen, wenn sie mal ihre Ruhe vor dem Kind haben wollen.

Viele Eltern spielen aber auch selbst Therapeut: Sie geben ihren Kindern von den Medikamenten ab, die sie selbst im entsprechenden Fall benützen. Daß diese bei Kindern entgegengesetzte Wirkungen haben können, daß also z. B. ein Schlafmittel munter macht, ist eher noch harmlos. Sehr viel schlimmer ist jedoch die Wirkung einer solchen Medikation auf das spätere Leben der Kinder. Psychopharmaka greifen in die seelische Entwicklung des Kindes ein. Sie verändern sein Wesen. Einem Menschen, der mit Psychopharmaka ruhig und unauffällig gemacht wurde, fehlen viele Eigenschaften, die er zum selbständigen Leben braucht.

Die Verwendung von Psychopillen bei Schulkindern muß als eine neue Form der Strafe angesehen werden: Chemie statt Prügel. Wo früher der Rohrstock unangepaßte Kinder disziplinieren sollte, tun es heute Psychopharmaka. Statt das Kind einer unerträglichen Situation anzupassen, sollten Sie gemeinsam mit anderen Betroffenen und den Lehrern überlegen, ob und wie die Schulsituation weniger belastend gestaltet werden kann.

2.5.1. Die sogenannten »Phosphatkinder«

Manche Kinder sind außergewöhnlich unruhig, zappelig, rastlos und aggressiv. Möglicherweise haben sie ein »hyperkinetisches Syndrom«, bei dem bisher alle Behandlungsversuche ohne dauerhaften Erfolg geblieben sind. Weder dämpfende noch anregende Psychopharmaka helfen diesen Kindern dauerhaft. Auch die Erfolge einer Verhaltenstherapie sind bescheiden. Manche geplagten Eltern setzen nun ihre Hoffnung auf eine phosphatarme Ernährung, nachdem vielfach von den Erfolgen einer solchen Diät berichtet worden ist. Während diejenigen, die diese Diät propagieren, eindrucksvolle Erfolge aufweisen, konnten Wissenschaftler in ihren Untersuchungen derartiges nicht bestätigen. Wer sich über diese Diätform näher informieren möchte, der kann von der folgenden Adresse ein Verzeichnis der Selbsthilfegruppen bekommen und sich an die seinem Wohnort nächstgelegene wenden: Phosphat-Liga, Rögenweg 39, D-2000 Hamburg 67.

2.6. Homöopathie

Die Homöopathie ist eine »Ganzheitsbehandlung«. Sie beruht auf der gründlichen Auseinandersetzung mit dem ganzen Menschen und ist nicht nur eine Behandlung von kranken Organen oder von einzelnen Krankheitszeichen. Die Behandlung mit homöopathischen Mitteln verlangt daher nicht nur eine eingehende Untersuchung, bei der die Krankheit festgestellt wird. Zur Krankengeschichte gehören auch die Schilderung des kranken Kindes selbst, wie es ihm geht, die Umstände, unter denen es lebt, und seine Gewohnheiten. Der Homöopath wird nach der Art und den Umständen der Beschwerden fragen, nach chronischen Krankheiten, seelischer und körperlicher Verfassung und welche Medikamente bisher eingenommen worden sind. Er muß sich also für ein Gespräch mit den Eltern oder dem Kind selbst Zeit nehmen. Naturwissenschaftlich ausgerichtete Kritiker der Homöopathie vermuten, daß darin ein Teil des Heilerfolgs der homöopathischen Medizin begründet ist.

Der Homöopathie liegt das Prinzip der Ähnlichkeit zugrunde. Es besagt, daß bestimmte Stoffe bei gesunden Menschen ganz bestimmte Krankheitsbilder erzeugen. Sind die Krankheitszeichen, an denen eine Person leidet, einem solchen Vergiftungsbild ähnlich, so kann – nach Vorstellung der Homöopathie – der jeweilige Stoff in vielfacher Verdünnung (Dilution) als wirksames Gegenmittel eingesetzt werden. Diese Ähnlichkeit der Krankheitszeichen kann aber nur von einem geschulten Homöopathen festgestellt werden. Homöopathische Mittel sind extrem stark verdünnte Substanzen aus pflanzlichen, tierischen oder mineralischen Stoffen. Als Verdünnungsmittel wird meistens Alkohol verwendet. Homöopathische Mittel sind frei von Nebenwirkungen.

Von der Schulmedizin werden sie als Placebos (Scheinmedikamente) eingestuft[19].

Die Wirksamkeit von homöopathischen Mitteln läßt sich mit den Prüfmethoden, die für andere Medikamente angewandt werden, nicht belegen. Das Arzneimittelgesetz der BRD trägt dem Rechnung, indem es für Homöopathika bei der Zulassung auf einen Wirksamkeitsnachweis verzichtet. In Österreich werden Homöopathika erst 1990 dem Arzneimittelgesetz unterstellt.

Es ist wenig sinnvoll, sich in der Apotheke »etwas Homöopathisches« zu besorgen. Nur der in der Homöopathie Erfahrene kann nach den angegebenen Kriterien aus der Vielfalt der Möglichkeiten ein geeignetes Mittel herausfinden.

Wer seine Kinder mit homöopathischen Mitteln behandeln will, sollte bedenken, daß die Tropfen meistens aus 45 %igem Alkohol bestehen und die Kügelchen, die langsam im Mund zergehen sollen, reiner Zucker sind. Alkohol sollte Kindern möglichst gar nicht gegeben werden, Zucker fördert die Entstehung von Zahnkaries.

3. Auch Kinder haben eine Psyche

3.1. Die ersten Jahre prägen den Menschen

»So ein kleines Kind merkt davon noch nichts.« »Kinder schmecken das noch nicht.« »Das verstehst du noch nicht.« Solche Sätze zeigen, daß viele Erwachsene immer noch glauben, Kinder könnten erst dann auf etwas reagieren, wenn sie es auch – wie Erwachsene – verstehen können. Kinder haben aber noch ein Gespür für Situationen und Stimmungen, das viele Erwachsene leider verloren haben. Unser Verhalten drückt Empfindungen jedoch sehr viel ehrlicher aus als Worte. Kinder spüren das und nehmen das Wesentliche auf. Es ist also vergeblich, dem Kind z. B. seine Angst verbergen zu wollen, wenn die kalten, zittrigen Hände und das verschlossene Gesicht etwas anderes sagen.
Was für ein Mensch aus einem neugeborenen Kind wird, ist von zwei Faktoren bestimmt: seinen vererbten Anlagen und den Bedingungen, unter denen es aufwächst. Während man früher annahm, daß die Anlagen einen Menschen unveränderlich festlegten, ist man heute eher der Meinung, daß es entscheidend ist, wie man mit diesen Anlagen umgeht. Das Verhalten des Kindes ist schon vom ersten Tag an eine Reaktion auf alle Menschen und Bedingungen, die es umgeben.
»Schon sein Großvater hat immer gelogen« bedeutet nicht, daß der Enkel als Lügner geboren wird. Bei unserer Geburt wissen wir nicht, wer wir sind. Ob wir uns für klug oder dumm, faul oder fleißig, böse oder gut halten sollen, erfahren wir erst durch die Reaktionen unserer Mitmenschen[1]. Das bedeutet, daß eine einmal begonnene Entwicklung auch wieder verändert werden kann, wenn man die Bedingungen ändert, unter denen ein Mensch heranwächst. Zu diesen Bedingungen gehören jedoch nicht nur die Atmosphäre in der Familie, sondern alles, was uns

umgibt: ein Staat, der von seinem Bürger Gehorsam fordert; ein Wirtschaftssystem, das auf Leistung und Konsum aufbaut; eine Rechtsprechung, für die nicht alle Menschen gleich sind; Politiker und Beamte, denen Macht wichtiger ist als Menschen.

Die Phasen, in denen eine ungestörte Entwicklung vom Säugling zum reifen Menschen abläuft, sind heute weitgehend bekannt. Im ersten Lebensjahr lernt das Kind vornehmlich mit dem Körper. Sein wichtigstes Organ dafür ist der Mund. Durch ihn erfährt es die Lust, genährt und damit am Leben erhalten zu werden. Ein Kind, das immer auf die Erfüllung dieses Bedürfnisses warten muß, lebt in ständiger Existenzangst. Aber auch ohne Nahrung ist Saugen für ein Baby sehr lustvoll. Mit dem Daumen kann es sich diese Befriedigung immer wieder verschaffen. Wird dem Kind das Saugen verweigert, dann erfährt es damit, daß seine Mitmenschen nicht mögen, daß es Lust empfindet, sich freut und glücklich ist. Ein Kleinkind begreift die Welt, indem es alles in den Mund steckt. So verbindet sich bei ihm Lernen mit Lust. Mit jedem »Pfui, bä, bä, man nimmt doch nicht alles in den Mund!« erfährt das Kind jedoch: Ich soll nicht lernen, und genießen darf ich auch nicht.
Wenn sich das Kind krabbelnd oder laufend fortbewegen kann, möchte es alles kennenlernen, was außerhalb seines Körpers ist. Die Angst, daß das Kind sich dabei Schaden zufügen könnte, oder auch der Wunsch nach Ruhe vor dem ständig mittuenden Kind, verleiten manche Eltern dazu, das Kind mit Worten oder Taten einzusperren. Der Laufstall, in dem manche Kleinkinder einen Großteil des Tages verbringen müssen, ist eine solche Tat. Aber auch Sätze wie »Paß auf!«, »Faß das nicht an!«, »Komm da weg!« behindern das Kind. Das Bemühen, Gefahren zu vermeiden, muß sehr genau von übertriebener Sorge unterschieden werden. Kinder, denen man nichts zutraut, werden unsicher: Die einen verkriechen sich, die anderen probieren alles, weil sie das für sie richtige Maß nicht kennenlernen konnten.

Trotzig

Die sogenannte Trotzphase, die mit etwa eineinhalb Jahren beginnt und etwa zwei Jahre andauert, ist der erste – notwendige – Schritt des Kindes, die ganz enge erste Beziehung zu lockern. »Nein« und »Will nicht« werden um so heftiger sein, je fester diese erste Bindung war. Das Kind ist dann nicht etwa böse, sondern versucht, eigenen Willen zu erproben. »Kinder haben noch keinen Willen« ist eine Einstellung, mit der Kinder

vielleicht »brav« gemacht werden können. Oft genug werden das dann allerdings Erwachsene ohne eigene Meinung und Interessen sein. Mitläufer können so erzogen werden.
Die Pubertät wird gerne als eine »zweite Trotzphase« bezeichnet. Hier entwickelt sich all das zur Gänze, was vorher im Ansatz zu beobachten war: Die Ablösung von den Eltern wird vollendet. Die Kinder gestalten ihr Leben nun eigenständig. Die Probezeit ist vorbei. Wenn die Entwicklung ungestört abgelaufen ist, kann sich jetzt zwischen Betreuern und Kindern aus der früheren Abhängigkeit eine Partnerschaft entwikkeln, die ein Leben lang trägt.

Trocken und sauber

Vor und in die erste Trotzphase fallen auch die Bemühungen, das Kind »sauber« zu bekommen. Geduld und Zuwendung sind Voraussetzungen dafür, daß hieraus kein Kampf zwischen Kind und Eltern wird. Wer dem Kind vertraut, wird merken, daß es irgendwann selbst den Wunsch hat, windelfrei zu werden. Den Nachahmungstrieb können sich diejenigen zunutze machen, die die Kinder nicht durch verschlossene Toilettentüren von ihrem eigenen »Geschäft« fernhalten. Mit Drohungen, Strafen oder Befehlen kann niemand gezwungen werden, Kot oder Urin herzugeben. Wer ein gefülltes Töpfchen als Geschenk des Kindes an sich betrachten kann, wird wenig Probleme mit der »Sauberkeitserziehung« haben. Das Kind lernt, wieviel Freude es macht, etwas von sich abzugeben. Wer aber ärgerlich denkt: »Nun wird es aber wirklich langsam Zeit« und dabei mit anderen Kindern vergleicht, die schon längst »trocken« sind, der schafft Probleme. Vielleicht widersetzt sich das Kind und gibt nichts mehr her. Im Körper kann sich das als Verstopfung äußern. Die Charaktereigenschaft, die dem entspricht, ist der Geiz. Zur rechten Zeit und am rechten Ort sein »Geschäft« zu machen ist ein Entwicklungsschritt, den manche Kinder mit dreieinhalb Jahren erreichen, andere vielleicht erst mit fünf Jahren.

Darüber spricht man nicht

Mit diesem Verbot sind viele der heutigen Erzieher aufgewachsen. Gemeint ist die Sexualität. Vielen Eltern fällt es schwer zu akzeptieren, daß auch Kleinkinder schon sexuelle Wesen sind. Zur Befriedigung ihrer Lust haben sie allerdings noch andere Möglichkeiten, als das eingeschränkte Denken der Erwachsenen es sich vorstellt. Saugen ist für den jungen Säugling die höchste Lust. Gehalten und gestreichelt werden

ebenfalls. Schon beim kleinen Kind deuten aber auch die Genitalien ihre spätere Funktion an: Das Glied kleiner Jungen richtet sich immer wieder mal auf. Kleine Kinder sitzen oft gedankenverloren und spielen mit ihren Genitalien. Mit ihren Fingern erkunden sie die Nasenlöcher ebenso intensiv wie alle anderen Körperöffnungen. Sie tun das nicht etwa, weil sie besonders verdorben sind, sondern weil das alles zu ihrem Körper dazugehört wie Finger und Ohren. Erst die Reaktion der Erwachsenen teilt den Körper in »gute« und »böse« Teile auf. Kinder entdecken schon sehr früh, daß ihnen das Reiben der Geschlechtsteile angenehm ist. Es ist für sie eine Möglichkeit von vielen, sich an ihrem Körper zu freuen und sich mit ihm wohl zu fühlen. Da sich das Schamgefühl erst später entwickelt, tun sie das, ohne Zeit und Ort zu bedenken. Wird das in Gesellschaft anderer als störend empfunden, so kann man sie ruhig in ihr Reich verweisen. Mit »Pfui, das macht man doch nicht!« verstört man die Kinder, zerstört ihr gutes Verhältnis zu ihrem Körper und behindert ihre sexuelle Reifung. Onanie ist nichts Schlimmes oder Schädliches, weder für den Körper noch für den Geist. Daß Selbstbefriedigung schwachsinnig oder impotent macht, ist eine Mär, die diejenigen erfunden haben, denen Menschen unheimlich waren, die ihr Leben und damit auch ihre Sexualität angstfrei und lustvoll erleben konnten.
Etwa im Kindergartenalter entdecken die Kinder dann »den kleinen Unterschied«. Doktorspiele und Vater-Mutter-Kind-Spiele helfen ihnen, die Wesen kennenzulernen, deren Körper sich von ihrem eigenen unterscheidet. Betreuer, deren Schamgefühl dadurch verletzt wird, sollten sich in ein anderes Zimmer zurückziehen oder die Kinder sanft in ihren Bereich weisen. Diese Spiele zu verbieten hieße jedoch, den Kindern einen wichtigen Schritt zur eigenen Reife zu verbieten.
Doch nicht nur Kinder anderen Geschlechts werden jetzt interessant. Beim gemeinsamen Baden oder Schmusen im Bett lernen sie auch, ihre Eltern als Frau und Mann zu begreifen. »Ich heirate Papi, wenn ich mal groß bin« und »Mutti ist die beste« sind Ausdrücke dafür, daß Mädchen und Junge jetzt versuchen, ihre Rolle als geschlechtliches Wesen zu finden. Es ist naheliegend, daß sie zunächst einmal im geschützten Raum der eigenen Familie ausprobieren, wie das gehen kann.
»Aufklärung« ist nichts, was an einem bestimmten Tag von vorbereiteten Personen durchgeführt wird. Wenn ein Kind am Familienleben teilnimmt, wird es immer wieder Fragen stellen. Für alle Fragen nach Liebe und Lust, Geburt und Tod gibt es altersentsprechende Antworten.

Normal und nicht normal

Jedes Tun und Verhalten hat in der Kindheit seine Zeit. Als »normale« Entwicklung wird das angesehen, was innerhalb einer bestimmten Zeitspanne bei ungestörter Entwicklung von der Mehrzahl der Kinder getan wird. Das bedeutet aber nicht, daß Abweichungen davon nicht normal sind. Aufmerksame Eltern werden sehr schnell merken, ob ein Kind langsamer ist als andere oder ob eine Fehlentwicklung vorliegt. Die »normale« körperliche Entwicklung wird in der BRD an Hand der Vorsorgeuntersuchungen U1 bis U8 und in Österreich nach dem Mutter-Kind-Paß regelmäßig kontrolliert (siehe Vorsorgeuntersuchungen, Seite 71).

Die seelische Entwicklung ist schwerer zu messen. Manche Verhaltensweisen sind jedoch so eng mit Entwicklungsphasen verknüpft, daß auffällige Abweichungen, die nicht nach einiger Zeit von selbst aufhören, mit einem Fachmann besprochen werden sollten.

- Mit etwa sechs Monaten kann ein Kind vertraute Menschen von anderen unterscheiden. Es fremdelt.
- Mit etwa eineinhalb Jahren kündigt ein vehementes »Nein« die Trotzphase an. Das Kind will alles alleine tun.
- Mit etwa vier Jahren sollte die Lust am Saugen weitgehend durch andere Interessen ersetzt sein.
- Am Ende des 5. Lebensjahres sollte das Kind tagsüber und während der Nacht weitgehend »trocken« sein.
- Mit etwa fünf bis sechs Jahren sollten Kinder gelernt haben, daß man zwar alle Wünsche haben darf, aber nicht jeden und nicht sofort erfüllt bekommen muß. Sie haben gelernt zu warten oder auch zu verzichten.
- Mit etwa dem Schulalter sollte das Kind schamhaft sein: Es spielt nicht mehr in der Öffentlichkeit mit seinen Genitalien, es läßt sich von Fremden nicht mehr ohne weiteres anfassen.

Für all das bedarf es jedoch keiner großartigen »Erziehungsprogramme«. In einer ungestörten Entwicklung vollzieht sich das sozusagen von selbst.

3.2. Seele und Körper

Viele Verhaltensweisen, mit denen wir Erwachsenen uns helfen, mit belastenden Situationen fertig zu werden, müssen Kinder erst im Laufe langer Jahre erlernen. Erst im Alter von etwa 10–12 Jahren sind sie in der Lage, innere Probleme so auszudrücken und zu bearbeiten, daß sie sich durch das Wort davon befreien können. Bis dahin ist das Spiel, das Tätigsein mit Händen, Füßen und dem ganzen Körper, ihre Möglichkeit, Konflikte zu bearbeiten. Überhaupt sind der Körper und seine Funktionen das wichtigste Ausdrucksmittel des kleinen Menschen. Wenn man das bedenkt, verwundert es wohl nicht, daß viele Krankheiten auch der Ausdruck einer übergroßen seelischen Belastung des Kindes sein können.
Welche Organe davon betroffen sind, ist von Kind zu Kind verschieden und kann auch in einem Zusammenhang mit der Art der Belastung stehen. Manchen Kindern »geht vieles in den Bauch«, sie bekommen Bauchweh. Andere werden aus Angst davor, verlassen zu werden, schlaflos. Wenn Kinder allzusehr behütet werden, ertrotzen sie ihre Eigenständigkeit vielleicht, indem sie ihre Ausscheidungen nicht mehr abgeben: Sie bekommen Verstopfung. Größere Kinder versuchen vielleicht, die ihnen unbegreiflichen Situationen mit ihren Gedanken zu durchdringen: Sie »zerbrechen sich den Kopf« und bekommen Kopfschmerzen. Kinder mit Asthma, Allergien oder Neurodermitis reagieren auf Spannungen oft mit einem akuten Auftreten ihrer Erkrankung. In all diesen Fällen mag die medikamentöse Behandlung helfen, die momentane Krankheitssituation zu lindern. Wirkliche Besserung ist aber nur dann zu erwarten, wenn es gelingt, die zugrundeliegenden Konflikte im Kind und im Austausch mit seiner Umgebung zu lösen.
Von Verhaltensproblemen sprechen sicherlich alle Erwachsenen irgendwann einmal im Zusammenhang mit ihren Kindern. Meistens sind es jedoch nicht die Kinder, die Probleme haben, sondern die Eltern, für die das Verhalten ihrer Schützlinge unbegreiflich geworden ist. Solche Phasen können für beide Seiten sehr anstrengend sein. Sie sind jedoch nicht prinzipiell Störungen oder Krankheiten, denen man mit Medikamenten beikommen muß. Ob es sich bei den Schwierigkeiten um eine Phase der Kinderentwicklung handelt, die zwar mit Belastungen verbunden ist, aber vorübergeht, oder ob es sich um eine tiefergehende Störung handelt, läßt sich nur selten aus dem Verhalten des Kindes ablesen. Wenn

das Kind bzw. seine Familie oder die Klassengemeinschaft unter diesen Verhaltensstörungen jedoch sehr leidet, sollte man sich nicht scheuen, die Hilfe anderer zu suchen.

3.3. Hilfe bei Seelenweh

»Wir brauchen keinen Psycho-Doktor. Unser Kind ist doch nicht verrückt.« Dieser Gedanke steckt tief in uns allen verborgen und verhindert, daß wir uns rechtzeitig Hilfe dort holen, wo wir sie auch bekommen können. Manches war einfacher, als Menschen statt einer »Psyche« noch eine »Seele« hatten. Und doch sollte das griechische Fachwort und die oft medizinische Ausbildung der Menschen, die mit und an der Seele anderer arbeiten, niemanden abschrecken. Die Psychotherapie ist heute ein fester Bestandteil der ärztlichen Wissenschaft. Mit Hypnose, unbemerkter Willensbeeinflussung und Außenseiter-Medizin hat das nichts zu tun.

Während ihrer Ausbildung haben die Psycho-Heiler einiges darüber gelernt, wie sich die geistige Entwicklung von Menschen vollzieht, welche guten und störenden Einflüsse es gibt und welche verschiedenen Möglichkeiten, darauf zu reagieren. Sie haben verschiedene Methoden kennengelernt, mit denen Menschen wieder aus der Sackgasse herausgeführt werden können, in die sie ihr Verhalten geführt hat. Dazu haben sie einen unschätzbaren Vorteil: Sie gehören nicht zur Familie, in der sich die Spannungen abspielen. Man kann sie wütend beschimpfen und zornig anschreien. Ihnen kann man sagen, wie abscheulich die anderen sind und wie verletzt man selbst ist. Und niemand läuft dabei Gefahr, am kommenden Tag dafür angeschuldigt oder bestraft zu werden. Der Psycho-Heiler kann also als eine Art Ventil angesehen werden, das das, was herauskommt, auch noch in bessere Bahnen leitet. Aber auch Seelenärzte sind kein Allheilmittel gegen die Probleme des Lebens. In einer erfolgreichen Therapie kann man lernen, mit seinen Schwierigkeiten besser umzugehen. Die Lösung von Konflikten kann der Therapeut jedoch niemandem abnehmen. Für die Zeit der Behandlung ist der Therapeut eine Art von Krücke. Das Ziel jeder Behandlung sollte es sein, den Helfer überflüssig zu machen.

Wer hilft?

In all den Berufen, die in ihrer Bezeichnung den Wortteil »Psycho« tragen, gibt es auch auf Kinder spezialisierte Menschen. Wie immer, wenn etwas mit Kindern zu tun hat, ist auch hier der Anteil an Frauen besonders groß.

Psychoanalytiker und Psychotherapeuten sind Mediziner mit einer intensiven Weiterbildung im Bereich der seelischen Erkrankungen und ihrer Behandlung. Für Diplompsychologen war Psychologie das Studienfach, sie sind keine Ärzte. Kinder- und Jugendlichenpsychotherapeuten, die in der BRD früher Psychagogen genannt wurden, entstammen anderen Berufen wie z. B. Lehrer oder Sozialarbeiter und haben sich ebenfalls mit einer Zusatzausbildung auf die Behandlung von Kindern spezialisiert.

Psychotherapeutisch arbeitende Menschen findet man in Kliniken oder eigenen Praxen wie einen Arzt, aber auch als Schulpsychologen und in Erziehungs- und Familienberatungsstellen[2].

Es gibt keine allgemeinen Regeln dafür, wie und wo man einen »guten« Therapeuten findet. Jede derartige Behandlung steht und fällt mit der Beziehung, die der Betroffene zu dem Therapeuten hat. Wenn Sie spüren oder Ihr Kind sagt: »Den mag ich nicht«, dann sollten Sie sich nach jemand anderem umschauen.

Was geschieht bei der Therapie?

Das Ziel einer jeden Psychotherapie ist es, die bestehenden Konflikte so zu bearbeiten, daß in der Folge die gewohnten Verhaltensweisen, die das Kind leiden lassen, durch solche ersetzt werden, die der Persönlichkeit des Kindes eher entsprechen. Dazu läßt man das Kind vor allem im Spiel das darstellen, was seine seelischen Spannungen ausmacht. Dem das Spiel begleitenden Therapeuten erzählen Wahl und Durchführung des Spiels etwas darüber, wie sich das Kind in seiner Umgebung erlebt. Indem er in das Spiel eingreift, kann er auch dem Kind manches bewußt machen und es veranlassen, neues Verhalten auszuprobieren. Auf diese Weise lernt das Kind neue Verhaltensweisen und übt sie ein. Bei der Arbeit mit jüngeren Kindern steht das Spiel im Vordergrund, bei älteren kann dann auch die Sprache und das Malen als Hilfsmittel eingesetzt werden.

Vielfach wird das Kind nur zu Beginn der Behandlung mit dem Therapeuten allein sein. Später nimmt es dann vielleicht an einer Gruppentherapie teil, in der es seine neu erworbenen Verhaltensweisen mit anderen kleinen Menschen erproben kann.

Selbstverständlich braucht der Therapeut einen engen Kontakt zu den

Betreuern des Kindes. Mit ihnen muß er seine Beobachtungen und Vermutungen über die inneren Probleme des Kindes besprechen. Durch die Beschäftigung mit dem Kind erfährt der Therapeut auch etwas darüber, wie das Kind das Verhältnis der Betreuer zueinander erlebt. Um allen Beteiligten dauerhaft helfen zu können, ist es darum oft erforderlich, für einige Zeit die Kindertherapie zu einer Familientherapie auszuweiten.

Wie sind die Heilungschancen?

Kinder haben besonders günstige Voraussetzungen für eine erfolgreiche psychotherapeutische Behandlung. Veränderungen können bei ihnen viel leichter eingeleitet werden, unterdrückte Gefühle können noch sehr viel leichter befreit werden als beim Erwachsenen. Die Behandlung von Störungen in der Kindheit kann auch verhindern, daß das Kind als Erwachsener seelisch krank wird oder sich mit körperlichen Krankheiten plagen muß, die ihren Ursprung in der Seele haben.
Die Besserung seelischer Leiden läßt sich allerdings kaum in Zahlen ausdrücken. Manche Kinder verlieren ihre Verhaltensstörungen oder Krankheiten nach einer Therapie vollkommen, andere lernen »nur«, besser mit den Problemen zurechtzukommen. Gerade auch bei langdauernden Behandlungen oder lebenslangen Krankheiten kann eine Psychotherapie allen Beteiligten helfen, die Belastungen besser zu ertragen. Die Hoffnung, daß sich sehr belastende Probleme »mit der Zeit von allein lösen«, ist meist vergeblich. Das Abwarten ist statt dessen für alle eine schwere Zeit, die vielleicht sehr viel schöner sein könnte.

Wer bezahlt?

Psychotherapie ist in der BRD heute kein absoluter Luxus mehr. Auch die gesetzlichen Krankenkassen tragen inzwischen die Kosten, wenn ein Gutachter den Antrag Ihres Therapeuten auf Kostenübernahme befürwortet. Allerdings sind die Krankenkassen noch nicht bereit, all denjenigen, die eine Therapie durchführen können, diese auch zu bezahlen. Diplompsychologen werden von den Krankenkassen oftmals nicht als Therapeuten anerkannt. Besprechen Sie also in jedem Fall vor Behandlungsbeginn die Kostenfrage mit Ihrem Therapeuten und gegebenenfalls auch mit Ihrer Krankenkasse. Wenn sich im Verlauf der Behandlung herausstellt, daß eine Mitbehandlung der Familie notwendig ist, so ist diese auch durch die Kostenübernahmeerklärung der Krankenkasse abgedeckt.

In Österreich ist eine psychotherapeutische Behandlung für Kinder am einfachsten zu bekommen, wenn das Kind zunächst einmal in die psychosomatische oder heilpädagogische Abteilung der Kinderkrankenhäuser eingewiesen wird. Nachdem es dort einige Tage untersucht worden ist, kann eine psychotherapeutische Behandlung auf Kosten der Krankenkassen angeschlossen werden. Auch die Kinder- und Jugendpsychologischen Beratungsstellen der Städte oder der schulpsychologische Dienst können kostenlos beraten. Für eine längerdauernde Behandlung wird der Betroffene selbst in die Tasche greifen müssen. Die Krankenkassen bezahlen nur geringe Sätze für die Behandlung beim Facharzt für Kinder- und Jugendpsychiatrie. Wenn eine psychotherapeutische Behandlungsstunde aber zwischen ÖS 250,- und 1500,- kostet, dann können sich viele diese Therapie nicht leisten. Paradoxerweise bezahlen die Krankenkassen lieber horrende Summen für eine langdauernde ärztliche und medikamentöse Behandlung, als einmal einen größeren Betrag für eine psychotherapeutische Behandlung.

4. Vorbeugen ist besser

4.1. Um uns herum

Die Luft, die uns umgibt, trägt viel zu den Erkrankungen bei, über die Kinder klagen. Dazu gehören:
- Atemwegserkrankungen wie spastische Bronchitis, Asthma (siehe Seite 125), Pseudokrupp (siehe Seite 122) und Heuschnupfen (siehe Seite 172)
- Hauterkrankungen wie Neurodermitis (siehe Seite 174).

Viele dieser Krankheiten werden auch als »Allergien« angesehen, um zum Ausdruck zu bringen, daß der erkrankte Körper auf manche Reizstoffe heftiger reagiert als bei anderen Menschen.

In den einzelnen Abschnitten werden Maßnahmen genannt, mit denen Sie dem betroffenen Kind helfen können. Diese Hilfe richtet sich jedoch nur auf die Symptome. Die ursächliche Behandlung besteht in politischem Engagement (Bürgerinitiativen), mit dem die Verhältnisse verändert werden sollen, die unsere Kinder krank machen.

Luft

Ein 10jähriges Kind atmet täglich weit mehr als 8000 Liter Luft. Da kann es nicht ohne Folgen bleiben, wenn diese Luft mit vielerlei Zutaten aus Schornsteinen, Auspuffrohren und den Ausdünstungen von diversen Chemikalien angereichert ist. Besonders problematisch wird das dann, wenn die Luft z. B. bei Schnupfen nicht mehr durch die Nase eingeatmet wird, sondern die Lungen ungefiltert erreicht. Wer jedoch glaubt, er müsse nur die Fenster zumachen, um der Gefahr zu entgehen, der irrt leider. Allzu dicht schließende Fenster halten belastete Luft in den

Wohnräumen gefangen, so daß die Konzentration an Schadstoffen teilweise noch erheblich über den sogenannten MAK-Werten liegt[1]. (MAK-Werte sind jene Höchstgrenzen für Schadstoffe, die am Arbeitsplatz nicht überschritten werden dürfen.) In manchen Wohnräumen ist die Luft stärker belastet als an Straßenkreuzungen. Wärmedämmungen sollen schlecht oder falsch isolierte Häuser und unangemessene Heizsysteme ausgleichen. So entstehen isolierte Räume, in denen ein Luftaustausch durch Ritzen, Fugen und Schlüssellöcher nicht mehr möglich ist.
Wer z. B. in einer Mietwohnung nicht in der Lage ist, die baulichen Bedingungen zu verändern, kann wenigstens versuchen, durch Zusatzgeräte die Kipp- und Drehfenster so zu regulieren, daß sie ständig einen winzigen Spalt offenstehen können.

Schwefeldioxid (SO_2) ist ein Gas, das aus jenen Kraftwerksschornsteinen entweicht, die schwefelhaltige Kohle verbrennen. Es entsteht auch bei der Verbrennung von Öl, weniger bei der von Erdgas. Schwefeldioxid macht nicht nur den Regen sauer, sondern auch Menschen schlaflos und schwindelig. Die durch SO_2 ständig gereizte Schleimhaut der Atemwege wird empfindlicher für Infektionen (siehe Pseudokrupp, Seite 122)[2].

Stickoxide (NO und NO_2) entstehen, wenn Material bei hohen Temperaturen verbrannt wird. Die Brenner normaler Gasherde und Gaskonvektoren sind meistens so konstruiert, daß diese hohen Verbrennungstemperaturen auch in der Wohnung erreicht werden. Stickoxide haben die gleiche schädliche Wirkung auf die Atmungsorgane wie SO_2. Aus ihnen können jedoch zusätzlich noch Nitrosamine entstehen, die als krebserregende Substanzen schon lange Zeit bekannt sind.

Kohlenmonoxid (CO) entsteht bei jeder unvollständigen Verbrennung. Die wichtigste Kohlenmonoxidquelle steht bei Ihnen in der Wohnung: der Gasherd und der Kohleofen. Kohlenmonoxid ist ein echter Giftstoff, weil es das Blut daran hindert, Sauerstoff zu transportieren. Kopfschmerzen können sich bereits dann einstellen, wenn Menschen über längere Zeit geringe Mengen CO einatmen.

Blei: Während die drei Gase Erwachsene und Kinder gleichermaßen schädigen, gefährdet Blei den Nachwuchs schon im Mutterleib. In der

Nähe von Großstädten ist der Bleigehalt der Luft besonders hoch. Die Kinder von Frauen, die hier leben, haben mehr Blei in ihrem Blut als andere. Es konnte nachgewiesen werden, daß dadurch die geistige Entwicklung dieser Kinder hinter der von weniger bleibelasteten Kindern zurückblieb[3]. Eingeatmetes Blei wird von der Lunge zu 80 Prozent aufgenommen. Ein Spaziergang in verkehrsreicher Gegend wird damit für jedes Kind zu einem Gesundheitsrisiko.

Kadmium wird im Körper gespeichert und nur extrem langsam ausgeschieden. So summiert sich jede Spur des Schwermetalls aus Luft und Nahrung im Körper des Kindes. Kadmium konzentriert sich am stärksten in Nieren und Leber. Die Nieren sind durch dieses Metall am ehesten zu schädigen.

Formaldehyd ist in der Luft von Wohnräumen zehnfach höher konzentriert als auf der Straße[4]. Es steigt als Gas dort vor allem aus zwei Quellen auf: der brennenden Zigarette und aus Preßspanplatten. Ein Raucher atmet mit jedem Lungenzug das acht- bis zwölffache der Menge Formaldehyd ein, die als MAK-Wert zugelassen ist[5]. Und jeder Nichtraucher bekommt davon einen Teil ab[6].
Formaldehydharze binden die kleingeschnitzelten Holzabfälle, damit daraus Spanplatten werden. Aus den daraus produzierten Möbeln entweicht das Formaldehyd langsam als Gas. Je nach der Gasmenge, die sie abgeben, werden die Platten in die Klassen E1, E2 und E3 unterteilt. Sie sind zwar nicht immer als solche deklariert, doch der Händler ist verpflichtet, über den Formaldehyd-Gehalt der Platten Auskunft zu geben. Doch selbst wenn die Kinderzimmermöbel aus E1-Platten mit nur geringer Ausdünstung gefertigt würden, konzentriert sich das Gas in den meist kleinen Kinderzimmern doch. Zusätzlich steigt Formaldehyd auch aus den Imprägnierungen von Polstermöbeln, Tapeten, Teppichen und Gardinen und aus Klebstoffen und Lacken auf, mit denen das Parkett versiegelt wird.
Formaldehyd kann Kopfschmerzen und Übelkeit hervorrufen, die Atemwege reizen und die Konzentrationsfähigkeit beeinträchtigen. Ein Krebsverdacht wird zwar immer wieder diskutiert, ist aber bislang nicht bewiesen. Wenn sich bei einem Kind eine Neurodermitis (siehe Seite 174) gar nicht bessert, sollte der Formaldehyd-Gehalt der Wohnungs-(Kinderzimmer-)Luft überprüft werden[7].

Tips zum Vermeiden von Formaldehyd:
- Keine Möbel aus Spanplatten kaufen. Vergleichen Sie, ob Fichtenholzmöbel wirklich so viel teurer sind.
- Wenn doch Spanplatten, dann nur E1- oder E2-Qualität und diese dann furniert oder einwandfrei isoliert.
- Die Platte muß von der Umhüllung vollkommen umgeben sein. Also auch auf Ecken, Kanten und Seitenteile achten.
- Furniere oder andere Umhüllungen müssen mit formaldehydfreien Klebern angebracht sein.
- Spanplatten, die mit Magnesit oder Zement hergestellt wurden, geben kein Formaldehyd ab[8].

Dioxin: Wer vor Jahren seine Wohnung mit Holz auskleidete, erwies seiner Gesundheit einen schlechten Dienst. Die Hölzer wurden mit Chemikalien gegen Pilz- und Bakterienbefall geschützt. Diese Holzschutzmittel enthielten das hochgiftige Dioxin, das als Seveso-Gift traurige Berühmtheit erlangte. Angeblich werden seit 1981 derartige Holzschutzmittel nicht mehr produziert. Möglicherweise verkauften die Händler aber noch länger alte Ware. Überprüfen Sie auch die Reste an Holzschutzmitteln, die noch bei Ihnen in Keller oder Werkstatt lagern. Dioxin ist auch ein Bestandteil des technischen Pentachlorphenol (PCP), mit dem Holzschutzmittel versetzt sind. In der BRD muß auf allen Holzschutzmitteln angegeben sein, was die Dose enthält. In Österreich gibt es eine solche Deklarationspflicht nicht.
Eine schleichende Dioxin-Vergiftung macht sich durch Haarausfall, Müdigkeit, Kopfschmerzen, Schlafstörungen und allergische Hautreaktionen bemerkbar. Wer Rat und Hilfe braucht in Sachen »Holz in der Wohnung«, der kann sich an seine örtliche Verbraucherberatung wenden. Wer meint, durch Holzschutzmittel bereits geschädigt zu sein, findet Gleichgesinnte unter der folgenden Adresse: *Interessengemeinschaft der Holzschutzmittelgeschädigten e. V., Unterstaat 14; D-5250 Engelskirchen*[9].

Spielzeug
Von Kinderspielzeug sollte man eigentlich erwarten, daß es kindgerecht sei. Doch auch darauf können Sie sich nicht immer verlassen. Die Zeitschrift »Öko-Test« fand eine ganze Reihe von Spielzeugen, die diesem Anspruch nicht gerecht wurden. Besonders gefährlich ist Spielzeug aus weichem Kunststoff. Verschluckt ein Kind versehentlich Teile davon,

löst der Magensaft die Weichmacher heraus. Zurück bleiben harte, scharfkantige Kunststoffteile, die die Verdauungswege verletzen können. Aber auch beim Draufkauen, Beißen und Ablutschen besteht die Gefahr, daß das Kind winzige Spuren davon mitbekommt. Weil Weichmacher unter Krebsverdacht stehen und die Kinder durch vielerlei anderes ohnehin schon genug belastet sind, sollte man ihnen die zusätzliche Belastung durch Spielzeug besser ersparen. Zu den Weichplastik-Materialien gehören viele Quietschtiere oder Badewannenbilderbücher für die Kleinsten.

Früher mußte vielfach vor intensiv rot, gelb oder orange gefärbten Spielzeugen gewarnt werden, weil sie ihre Farbe durch Kadmiumverbindungen bekamen. Heute ist dieses Schwermetall aus Kinderspielzeugen verschwunden.

Modelliermasse, die im Backofen gehärtet wird, enthält den gefährlichen Kunststoff PVC. Das Verschlucken oder Ablutschen dieser Masse ist ebenso gefährlich wie das Einatmen der Dämpfe, die beim Härten im Backofen entweichen, wenn die Temperatur zu hoch eingestellt wird[10].

Mit Fingerfarben dürfen die lieben Kleinen nach Herzenslust matschen und schmieren. Sie enthalten nur noch Färbe- und Konservierungsmittel, die auch in Lebensmitteln erlaubt sind. Um zu verhindern, daß Kinder sie als Schleckerei gebrauchen, dürfen sie nicht gesüßt oder aromatisiert sein, sondern enthalten im Gegenteil einen Bitterstoff, der ihnen das Naschen vergällt.

Gefahren mit Kinderspielzeug könnten vermieden werden, indem Kinder die Gegenstände zum Spielen erhalten, mit denen allgemein im Haushalt hantiert wird. Damit würde auch jene Trennung von Kinder- und Erwachsenenwelt vermieden, die der Entwicklung von Kindern ohnehin im Wege steht. Dabei muß aber leider bedacht werden, daß nicht jeder Alltagsartikel die Sicherheitsansprüche erfüllt, die man an Kinderspielzeug richten kann.

4.2. Man ist, was man ißt

Wir alle wollen für unsere Kinder das Beste. Unsere Zweifel, ob das, was wir tun, auch wirklich gut ist, nützt die Industrie für ihr Geschäft: »...für ein besseres Frühstück.« »Jetzt mit Vitamin C.« »Gesunde Vitamine naschen.« »Das Pausenbrot, das Kinder wirklich essen.«
Honig, Milch und Getreide sind gesund, aber sie werden nicht dadurch noch gesünder, daß man sie als Nascherei verpackt anbietet. Ein Butterbrot und ein Apfel zeigen dem Kind, wie gesunde Nahrungsmittel schmecken. Es braucht keine Kunstprodukte, mit denen ihm Gesundes unbemerkt verabreicht wird. Ein Beispiel für das, was geschehen kann, wenn man der Werbung unbedenklich glaubt, ist der bei Kindern so beliebte Brotaufstrich Nutella. Kinder, die zu ihrer normalen Kost Nutella zu essen bekamen, hatten nach 12 Wochen im Durchschnitt 1,8 kg zugenommen. Diese Creme hat einen Zuckeranteil von 51 Prozent und einen Fettanteil von 31 Prozent[11]. Diese Prozentzahlen kann man sichtbar machen: Lassen Sie Ihr Kind 67 Stück Würfelzucker aufstapeln. Das entspricht dem Zuckergehalt eines 400 Gramm Glases Nutella.
Kinder, die älter sind als ein Jahr, können praktisch alles essen, was ihnen schmeckt. Über die Ernährung des Säuglings siehe im Kapitel 5. Das erste Jahr ab Seite 81.

Essen wie zu Hause
Ab dem zweiten Lebensjahr entwickelt sich der eigene Geschmack, der zunächst davon bestimmt wird, was der Körper braucht und was ihm bekommt. Im Alter von ca. 6–10 Jahren prägt dann die tägliche Gewohnheit Vorlieben und Abneigungen. Ob das Kind später Bluthochdruck und Diabetes bekommt, ob seine Arterien früh verkalken, das kann bereits im Kindergartenalter am Eßtisch entschieden werden. Fettreiche und dem Verbrauch nicht angepaßte Ernährungsweise wird so von Generation zu Generation weitergegeben. Das führt zu dem Vorurteil: Bei uns liegt Dicksein in der Familie. Durch bewußte Ernährung können solche Familienlinien unterbrochen werden. Bei uns essen Kinder auch heute noch zu fett, zu süß und zu salzig[12].

Wieviel ist genug?

Es gibt keinen festgelegten Kalorienfahrplan für Kinder. Aufbau und Entwicklung des Körpers machen jedoch eine im Vergleich zum Ausgewachsenen größere Kalorienzufuhr notwendig. In der Zeit der ersten Streckung im 5. bis 7. Lebensjahr entspricht der Kalorienbedarf dem einer erwachsenen Frau bei leichter körperlicher Arbeit. In der Zeit der zweiten Streckung ab dem 10. Lebensjahr bis nach der Pubertät kann der Bedarf zeitweise den eines Schwerarbeiters überschreiten[13]. Wird in diesen Phasen die Kalorienzufuhr etwas gedrosselt, ist Übergewicht relativ leicht abzubauen. Es ist ganz natürlich, daß Kinder mal mehr, mal weniger Appetit haben. Besonders Kleinkinder können noch keinen festgelegten Essenszeitplan einhalten. Mit drei Mahlzeiten können sie ihren Energiebedarf meistens nicht decken. Kinder brauchen vor- und nachmittags Zwischenmahlzeiten. Einmal täglich sollte es eine warme Mahlzeit geben.

Das Pausenbrot der Schulkinder sollte wirklich ein Brot oder ein anderes Getreideprodukt sein und mit Obst oder rohem Gemüse und einem Milchprodukt ergänzt werden. Geld für die Selbstversorgung am Kiosk ist kein Bestandteil einer kindgerechten Ernährung. Schon aus diesem Grunde sollten Eltern gegen die Einrichtung solcher Verkaufsstellen auf dem Schulgelände Einspruch erheben. Besser wäre es, wenn man gemeinsam ein »Frühstücksbuffet« mit gesunden Nahrungsmitteln zur freien Wahl einrichten könnte.

Kinder brauchen viel Flüssigkeit. Das zweijährige Kind trinkt ungefähr soviel wie ein Erwachsener: 1,3 bis 1,5 Liter. Das Sechsjährige braucht etwa 1,8 bis 2 Liter, der Vierzehnjährige 2,2 bis 2,7 Liter[14]. Das ideale Getränk ist Tafel- oder Leitungswasser. Als Tee oder Malzkaffee bekommt es unterschiedliche Farben und Geschmacksrichtungen. Mit Zucker gesüßt, ist es jedoch schon wieder ein Kalorienträger. Auch Fruchtsäfte und Milch sind kalorienhaltige Nahrungsmittel.

»Richtige Ernährung« bedeutet immer ausgewogene Ernährung. Für Kinder heißt das, mehr als die Hälfte der Nahrung sollte aus Kohlenhydraten bestehen, ein Achtel aus Eiweißen, der Rest aus Fetten. Die Grundnahrungsmittel Getreide, Milch, Eier, Fleisch, Obst und Gemüse vereinen alle drei Bestandteile miteinander. Damit werden dem Körper auch alle notwendigen Vitamine, Mineralstoffe u. a. angeboten. Damit diese Inhaltsstoffe auch »ankommen«, spielt die Verarbeitung eine wichtige Rolle:

- Obst und Gemüse kurz vor dem Verzehr waschen, um Schmutz und Pflanzenschutzmittel zu entfernen. Möglichst mit Schale essen.
- Bei gekochtem Gemüse Kochwasser immer mit verwenden.
- Möglichst keine Dosen- oder Tiefkühlprodukte verwenden. Gemüse wird dabei meist blanchiert und das Wasser mit wertvollen Inhaltsstoffen weggegossen.
- Getreideprodukte aus ungeschältem Korn bevorzugen (Vollkornbrot, ungeschälter Reis, Vollkornnudeln).

Diese Regeln gelten jedoch nur für Produkte aus biologisch-dynamischem Anbau uneingeschränkt. Für alle anderen Nahrungsmittel siehe ab Seite 52.

Die Streitpunkte

Milch deckt etwa zwei Drittel des Kalzium-Bedarfs und ist für Kinder unentbehrlich. Ein Glas Milch zu den Hauptmahlzeiten (ca. ein halber Liter täglich) genügt für Heranwachsende, aber auch ein Liter täglich wäre nicht zuviel. Wer Milch nicht trinken mag, kann Milchprodukte wie Joghurt, Quark (Topfen) u. ä. essen. Jede Art von Behandlung verringert den Ernährungswert der Milch. H-Milch ist nicht schädlich, aber durch den Erhitzungsvorgang immer weniger wertvoll als Frischmilch. Ihre Eiweiße sind fast vollständig verändert gegenüber Frischmilch. Nach längerer Lagerung verliert sie mehr als ein Drittel ihres Vitamin-B6-Gehaltes.

Butter/Margarine: Für die Fettversorgung ist keines von beiden besser oder schlechter geeignet. Es gibt keine Anhaltspunkte dafür, daß Butteresser eher einen Herzinfarkt bekommen als Margarineesser. Butter ist zwar reich an Cholesterin, aber bei normalem Verbrauch (bis 25 g täglich) ist das kein Problem. Auch hier gilt: Die Menge macht's. Margarinen sind überflüssigerweise häufig Vitamine zugesetzt. Butter darf mit dem Farbstoff Beta-Carotin gelber gemacht werden, dann muß es aber auf der Packung angegeben sein[15].

Zucker: Die Industrie sagt »Zucker zaubert, nimm darum mehr.« Fachleute wissen, daß es nichts mit Zauberei zu tun hat, wenn Naschkatzen Löcher in den Zähnen und Polster um den Bauch haben. Zucker ist ein »leeres« Nahrungsmittel, das zwar Kalorien, aber sonst nichts bringt. Es ist im Gegenteil noch ein Vitamin-B-Räuber. Für die Verarbeitung von Zucker braucht der Körper Vitamin B1. Wer viel nascht, braucht viel Vitamin B1. Ein Mangel äußert sich u. a. durch Konzentrationsschwäche. Zucker ist also das genaue Gegenteil von einer »Nervennahrung«.

Auch »Kinder brauchen Süßes« bedeutet nicht, daß sie konzentrierten Zucker in Süßigkeiten brauchen. Eine reife Aprikose ist auch süß. Die Programmierung auf »süß ist gut« geschieht in den ersten Lebensjahren, wo Schmackhaft-Machen, Liebhaben oder Sich-Freuen oft durch Süßigkeiten ausgedrückt werden. Kinder in der Schule mit Süßigkeiten zu belohnen sollte alle Betreuer zum Widerspruch aufrufen. Wenn Schulkinder ihren Kohlenhydratbedarf zu 48 bis 50 Prozent aus Zucker und Feinmehlprodukten decken, kommt das einer »Kohlenhydratmast« gleich.

400 Millionen DM investierte die süße Branche 1984 in die Werbung, um ihre klebrigen Produkte ans Kind zu bringen. So erklärt sich der Trend der Schulkinder, ihr Taschengeld in Süßigkeiten zu investieren. *Kohlenhydrate sind lebensnotwendig. Zucker ist entbehrlich.* Damit werden gleichzeitig auch Zahnschäden verhütet.

Salz: Viele Menschen verwechseln würzen mit salzen. Zum Würzen braucht man Kräuter, aber leider sorgt das Angebot der Erwachsenen dafür, daß das Kind irgendwann sagt »ohne Salz schmeckt das Essen nicht«. Kinder, die es nicht anders kennengelernt haben, fordern kein Salz. Das Salzen der Speisen in den ersten Lebensjahren kann jedoch den Grundstein für den Bluthochdruck des Erwachsenen legen. In fast allen Lebensmitteln sind geringe Mengen Kochsalz enthalten. *Salzzusätze sind unnötig.*

Besonders in industriell vorgefertigten Produkten versteckt sich Salz, mit dem der Geschmack »intensiviert« werden soll.

Alkohol, Kaffee und Tabak *sind Genußgifte. Sie haben in der Kinderernährung keinen Platz.* Heranwachsenden, die unter Kreislaufproblemen leiden, kann eine Tasse Kaffee morgens allerdings manchmal auf die Beine helfen.

Es ist kein Spaß, wenn man Kinder mal von Bier oder Sekt versuchen läßt. Kinder sind empfindlicher für Alkohol als Erwachsene. Ihre Leber ist noch nicht so weit ausgereift, daß sie Alkohol abbauen kann. Ihnen steigt das Gift leichter ins Gehirn[16]. Gefährdet sind vor allem Kleinkinder, die noch keinen Widerwillen gegen die scharfen oder fremdschmeckenden Getränke haben. Für ein Kleinkind können bereits etwa 30 Gramm Alkohol tödlich sein. Sie sind z. B. enthalten in:

1 Flasche (= 0,7 l) Pils-Bier

0,3–0,4 l Wein oder Sekt

80 ml Whisky
150 g Maraschino-Kirschen
50 ml Baldriantinktur oder Melissengeist

Auch viele Medikamente enthalten Alkohol. Selbst wenn sie fast ausschließlich für Kinder verwendet werden, kann man sich nicht darauf verlassen, daß sie alkoholfrei sind. Achten Sie darum immer auf das Etikett oder den Beipackzettel bei Flüssigkeiten: Der Alkoholgehalt muß angegeben sein. Allerdings versteckt er sich unter verschiedenen Namen: Äthanol, Ethanol, Ä(oder)Ethylalkohol.

Zeichen einer Vergiftung sind:
- schneller Pulsschlag
- Rötung der Haut
- Bewußtlosigkeit
- unregelmäßige Atmung
- Krämpfe

Eine Kinderklinik sollte sofort aufgesucht werden, wenn
Sie den Verdacht haben, daß das Kind Alkohol getrunken hat und eines der oben genannten Anzeichen auftritt.
20 % aller Vergiftungsunfälle beruhen auf Zigaretten, die von Kindern heruntergeschluckt werden. Nikotinvergiftungen stehen an zweiter Stelle aller Vergiftungen. Bereits eine einzige Zigarette enthält genug Nikotin, um ein Kleinkind zu töten, wenn es die Zigarette aufißt.

Zeichen einer Vergiftung sind:
- Übelkeit, Schwindel, Kopfschmerzen, Speichelfluß, Erbrechen, Zittern;
- schneller Pulsschlag, kalter Schweiß, Zuckungen, Leibschmerzen, Durchfall;
- Krämpfe, Bewußtseinsverlust, Atem- und Herzlähmungen.

Eine Kinderklinik sollte sofort aufgesucht werden, wenn
- ein Kind mehr als ein Drittel einer Zigarette gegessen hat.

Wenn Sie den Verdacht haben, daß ihr Kind ein Stück einer Zigarette gegessen hat, sollten Sie es nach der auf Seite 199 beschriebenen Weise zum Erbrechen bringen.

Besondere Ernährungsformen

Wer eine rein vegetarische Kost bevorzugt, sollte sie für seine Kinder mindestens mit Milch und Eiern zu einer lacto-ovo-vegetabilen Kost anreichern. Ohne diese Ergänzungen sind Mangelerscheinungen häufig[17]. Die Eisenverbindungen in pflanzlichen Nahrungsmitteln sind vom Körper kaum verwertbar. Um einem Eisenmangel vorzubeugen, werden Fleischmengen von täglich 30–60 Gramm für Kindergartenkinder und 70–100 Gramm für Schulkinder empfohlen[18].

Unser täglich Brot und Gift

Ratschläge für eine gesunde Ernährungsweise sind nur dann gültig, wenn alle Lebensmittel bedenkenlos gegessen werden können. Das ist aber schon lange nicht mehr der Fall: Hormone im Kalbfleisch, Antibiotika im Schweinefleisch, Pestizide, Herbizide, Schwermetalle und Nitrate auf und in Obst und Gemüse. Um maximale Erträge zu erwirtschaften, werden Felder mit Chemikalien gedopt. Früchte werden so chemisiert, daß sie Käfern, Insekten und Schimmelpilzen nicht mehr schmecken. Den Schwermetallausstoß von Fabriken und Auspuffrohren trägt die Luft auf alles, was wächst. Zu diesen unerwünschten Nahrungsmittelbeigaben gesellen sich Zusatzstoffe, wenn die Produkte verarbeitet werden: Farbstoffe, Aromastoffe, Konservierungsmittel, Antioxidantien usw. Diese vom Lebensmittelgesetz erlaubten Zusatzstoffe gelten offiziell als ebenso harmlos wie die Schadstoffrückstände, wenn sie ein gesetzlich festgelegtes Quantum nicht überschreiten. Solche Gesetzesregelungen sind jedoch abhängig vom momentanen Stand der Wissenschaft und den unterschiedlichen Bewertungen dieses Wissens. Bei der Nutzen-Risiko-Bewertung gehen die Interessen aller mit ein: hier z. B. auch die der Bauern, der herstellenden und der verarbeitenden Industrie. Wie schnell sich die Meinung über Schadstoffe ändern kann, zeigen die Substanzen, die lange Zeit für unbedenklich gehalten wurden, dann aber eliminiert wurden. Außerdem orientieren sich derartige Bestimmungen an dem durchschnittlichen Verbrauch eines durchschnittlichen Menschen in einer durchschnittlich belasteten Region. Ihnen und Ihrem Kind sagt das im Einzelfall wenig.

Antibiotika werden bei der Tiermast verwendet. Zwischen der letzten Gabe und dem Schlachttag muß eine gesetzlich vorgeschriebene Wartezeit verstreichen. Wird sie nicht eingehalten, essen wir mit

Schweine-, Rind- und Hühnerfleisch die verbliebenen Reste. Antibiotika-Allergien können dadurch möglicherweise begünstigt werden.

Schwermetalle wie Blei und Kadmium kommen inzwischen überall vor. Ihnen entgeht niemand mehr. Sie werden vor allem in fetthaltigen Geweben und Innereien gespeichert. Ihre Auswirkungen auf den menschlichen Körper sind vielfältig und unspezifisch und können nur selten dem einzelnen Metall zugeordnet werden: Kopfweh, Müdigkeit, Schwächegefühl, Schwindel, Reizbarkeit, Depressionen. Über die Auswirkungen von Blei und Kadmium beim Säugling siehe Seite 43. Schwermetalle, die der Regen auf Obst und Gemüse getropft hat, lassen sich abwaschen. Metalle, die die Pflanzen aus dem Boden und die Tiere mit den Pflanzen aufgenommen haben, essen wir mit.

Pflanzenschutzmittel finden sich in Pflanzen und Tieren. Oberflächlich aufgespritzte Mittel lassen sich zwar abwaschen, aber die Tendenz geht immer mehr zu »durchdringenden« Mitteln. Rückstände solcher Mittel essen wir mit Obst und Gemüse direkt. Indirekt bekommen wir die Reste über das Fleisch von Tieren, die mit gespritzten Pflanzen gefüttert wurden. DDT, HGB und technisches HGH sind in vielen Industriestaaten verboten. In Österreich werden sie zwar nicht mehr angewandt, verboten sind sie jedoch nicht. Das meistverkaufte Pflanzenschutzmittel ist heute Lindan (siehe Kopfläuse, Seite 179).
Durch mehrmaliges Waschen, Schälen, Zerkleinern und Zubereitungsarten wie Kochen, Braten und Backen läßt sich der Schadstoffgehalt der Nahrungsmittel zwar verringern. Den Prinzipien einer Vollwerternährung widerspricht das jedoch. Wenn Sie Obst und Gemüse möglichst oft roh essen wollen oder das Kochwasser, in dem wichtige Stoffe gelöst sind, mitverwenden wollen, dann sollten Sie Produkte aus biologisch-dynamischem Anbau einkaufen.
Nun ist aber nicht alles, was mit »Bio-« anfängt, von vornherein gesund. Mit »Bio« ist inzwischen ein Geschäft zu machen, an dem viele teilhaben möchten. In Österreich und in der BRD haben sich darum Gruppen von ökologisch arbeitenden Erzeugern zusammengeschlossen. Sie produzieren nach eigenen, sehr strengen Regeln. Dazu gehören: Der Verzicht auf chemisch-synthetische Dünge- und Pflanzenschutzmittel, Anbauregionen abseits von Emissionsgebieten und stark befahrenen Autostraßen[19]. Neutrale Untersuchungen ergaben, daß so erzeugte Nahrungsmittel wesentlich weniger belastet sind als andere. Für den erheblich

höheren Preis, der für diese Öko-Produkte gefordert wird, gibt es eines gratis: Spitzenköche schmeckten ein besseres Aroma als bei normal erzeugten Produkten heraus[20]. Bei den folgenden Marken können Sie auf eine ökologische Produktionsweise vertrauen:

BRD:	Anog
	Biokreis Ostbayern
	Bioland
	Demeter
	Naturland
Österreich:	Demeter

Strahlung

Wer geglaubt hat, sich durch biologisch-dynamisch gezogene Nahrungsmittel gesund zu ernähren, mußte nach der Katastrophe von Tschernobyl verzweifeln. Noch zwei Jahre danach sollte derjenige, der sich gesundheitsbewußt ernährt, bei seinem Einkauf nach den Strahlungstabellen richten, die in verschiedenen Tageszeitungen veröffentlicht werden. Per Postkarte kann auch von der

Arbeitsgemeinschaft ökologischer Forschungsinstitute (AGöF), Horner Str. 28, D-2800 Bremen

die monatlich erscheinende »Liste der Radioaktivitätswerte« angefordert werden. In Österreich erteilt Informationen über die Strahlenbelastung:

Österreichisches Ökologie-Institut, Neubaug. 64–66, 1010 Wien, Tel.: 0222/9361050.

Die besonders stark verseuchten Produkte Wild, Nüsse, Pilze und Tee kann man zwar meiden, doch mit den Grundnahrungsmitteln Brot und Fleisch nahmen die Bundesdeutschen 1987 immer noch die Hälfte der Strahlendosis vom Vorjahr auf[21]. Die Bodenstrahlung, der wir nicht entgehen können, belastet die Gesundheit sogar noch um das Dreifache.
Relativ wenig belastet sind inzwischen wieder Frischmilch und frisches Obst und Gemüse. Auf konservierte Produkte, die nach dem Reaktorunfall hergestellt wurden, sollte möglichst verzichtet werden. Das gleiche gilt für Produkte, die aus Ländern importiert werden, die besonders stark betroffen waren: Jugoslawien, Griechenland und die Türkei[22].

4.3. Vitamine sind gesund

Von wenigen Ausnahmen (Biotin und Vitamin K) abgesehen, kann unser Körper Vitamine nicht selbst herstellen. Sie müssen ihm von außen zugeführt werden. In einer ausgewogenen Ernährung liefern die Fette die fettlöslichen Vitamine A, D und E, die kohlenhydrathaltigen Nahrungsmittel liefern die wasserlöslichen Vitamine B und C. Vitamine wirken bereits in geringer Menge. Daraus abzuleiten, daß größere Mengen Vitamine mehr Gutes bewirken, ist jedoch falsch. Es gibt keinen Nachweis dafür, daß sie den Körper heilen oder kräftigen können. Sie zusätzlich zuzuführen ist nur bei nachgewiesenen Vitaminmangelkrankheiten sinnvoll. Diese kommen in den europäischen Ländern jedoch kaum noch vor. Die besondere Bedeutung, die den Vitaminen hierzulande beigemessen wird, ist das Werk der Werbefachleute, die den Pillen-Herstellern helfen, ihr Geschäft mit der Gesundheit zu machen. Für Vitamine gilt aber auch nicht der Spruch: Wenn sie nichts nützen, so schaden sie doch wenigstens nicht. Zu große Vitaminmengen können im Körper wie Gifte wirken. Das Bundesgesundheitsamt in Berlin warnt inzwischen ebenso wie Wissenschaftler vor einem Zuviel an Vitaminen[23].

Auch eisenhaltige Mittel »zur Blutbildung« sollten Kindern nicht auf Verdacht gegeben werden. Wenn ein Kind auffällig blaß und müde ist und sich schlecht konzentrieren kann, sollte der Arzt überprüfen, welche Ursachen das haben kann. Ein Eisenmangel ist z. B. mit einer Blutuntersuchung leicht nachzuweisen. Damit sollte auch der Erfolg einer Behandlung kontrolliert werden[24].

Wer seinem Kind eisenreiche Nahrung geben möchte, braucht nicht zu verzweifeln, wenn das Kind den Spinat verweigert: Daß er besonders eisenhaltig sei, ist ein Irrtum, der schon lange erwiesen ist, sich aber trotzdem hartnäckig hält. Den höchsten Eisengehalt hat Leber, aber das in ihr gespeicherte Eisen kann unser Körper nur schlecht aufnehmen. Schnittlauch und Haferflocken sind ebenfalls reich an Eisen.

4.4. Rachitisvorbeugung

Die Rachitis ist auch unter dem Namen »Englische Krankheit« oder »Knochenerweichung« bekannt. Um ihr vorzubeugen, wurden die Kinder früher mit Lebertran traktiert.
Rachitis entsteht bei Vitamin-D-Mangel. Vorstufen des Vitamin D werden mit der Nahrung aufgenommen und in der Leber gebildet. Aus ihnen entsteht durch Sonnenbestrahlung in der Haut das eigentliche Vitamin D[25]. Erst durch Vitamin D kann der Körper aus der Nahrung all jene Stoffe aufnehmen, die er zum Aufbau der Knochen braucht. Beim Kind entsteht ein Vitamin-D-Mangel entweder dann, wenn von außen nicht genügend zugeführt wird oder/und wenn kein Sonnenlicht an die Kinderhaut kommt. Die langen, sonnenarmen Zeiten unserer Breiten machen es unter bestimmten Voraussetzungen notwendig, dem Kind zusätzlich Vitamin D zu geben. Säuglinge brauchen im ersten Lebensjahr täglich 100–200 I. E. (= internationale Einheiten)[26]. Die in der BRD angebotenen Tabletten enthalten mindestens 500 I. E. Damit bekommt das Kind mehr als das Doppelte des Notwendigen. Eine exakte Teilung der Tabletten ist jedoch meistens nicht möglich. In Österreich gibt es nur Tabletten mit 1000 I. E. pro Stück. Ansonsten sind nur Tropfen im Handel. Sie genau zu dosieren erfordert große Aufmerksamkeit und Sorgfalt: Ein Tropfen entspricht 400 I. E. Vitamin D. Frühgeborene sollten in den ersten drei Lebensmonaten die doppelte Menge erhalten, weil ihre Knochen verhältnismäßig schneller wachsen[27]. Bei älteren Kindern reicht die in der Haut produzierte Vitaminmenge aus.
Auf Vitamin-D-haltige Medikamente kann verzichtet werden, wenn
- das Kind »reif« (zum Termin) geboren wurde und
- das Kind bis zum 6. Lebensmonat voll gestillt wird und
- sich die Mutter währenddessen ausgewogen ernährt und
- das Kind so oft wie möglich ans Sonnenlicht kommt.

Im anderen Fall sollte eine Rachitisprophylaxe durchgeführt werden.

Präparate, z. B.:
Laevovit D_3 (Ö)
Oleovit D_3 (Ö)
Vi-D_3-mite (Ö)
Vigantoletten (BRD)

Achtung:
Der Körper verträgt nur eine begrenzte Menge Vitamin D. Zeichen einer Überdosierung sind: Appetitlosigkeit, Verstopfung, besonders starker Durst, Muskelerschlaffung[28]. Der früher so beliebte »Vitamin-D-Stoß«, dreimal je 10 mg im Abstand von drei Monaten, wird heute abgelehnt.
Wenn ein Kind Vitamin-D-haltige Medikamente einnimmt, sollte es nicht gleichzeitig Lebertran, Vitaminpräparate oder besonders Vitamin-D-haltige Nahrung bekommen. Auch gezielte UV-Bestrahlung sollte unterbleiben. Achten Sie auch darauf, daß das Kind nicht von der Mütterberatungsstelle, dem Kinderarzt und Ihnen unter verschiedenen Namen jeweils ein Mittel zur Rachitisprophylaxe bekommt.
Alle Säuglingsmilch-Produkte sind mit Vitamin D angereichert. Die Nahrung für Frühgeborene enthält 60 I. E., die anderen teil- oder volladaptierten Nahrungen (siehe Seite 90) enthalten zwischen 40 und 60 I. E. Vitamin D in 100 ml trinkfertiger Nahrung. Damit nehmen Säuglinge, die mit solchen Fertigpräparaten ernährt werden, bis zu 600 I. E. Vitamin D täglich zu sich[29]. Eine zusätzliche Vitamin-D-Gabe kann demnach unterbleiben!
Mit besonders Vitamin-D-haltiger Nahrung kann man die Zufuhr erst dann steuern, wenn zugefüttert wird. Es enthalten:
100 g Kuhmilch 50 I. E. Vitamin D
100 g Leber 40–180 I. E. Vitamin D
100 g Eigelb 150–500 I. E. Vitamin D
100 g Lebertran mehr als 8500 I. E. Vitamin D
Eine kombinierte Gabe von Fluoriden zur Kariesvorbeugung und Vitamin D ist nur in seltenen Fällen notwendig, die der Arzt festlegen sollte. Als »Standardprophylaxe« im ersten Lebensjahr ist sie abzulehnen. Wer seinem Kind ein solches Kombinationspräparat geben muß, sollte die Tablette auf einem Teelöffel voll Wasser auflösen und dem Kind vor der Milch eingeben.

Präparate, z. B.:
D-Fluoretten (BRD)
Fluor-Vigantoletten (BRD)

4.5. Kariesvorbeugung

Wie anfällig Kinder für Karies sind, hängt von verschiedenen Faktoren ab:
- den erblichen Bedingungen, die die Qualität des Zahnmaterials mitbestimmen;
- der Art ihrer Ernährung, vor allem dem Zuckerkonsum;
- der Pflege ihrer Zähne;
- dem Fluoridgehalt ihrer Zähne.

Es ist erwiesen, daß ein fluoridhaltiger Zahnschmelz widerstandsfähiger gegen die Säuren ist, die die Bakterien im Mund aus Zucker entstehen lassen, als fluoridarme Zähne. Dazu ist es notwendig, daß bereits der Säugling ausreichend mit Fluorid versorgt wird[30]. Dieses Fluoridangebot sollte bis zum Durchbruch der letzten bleibenden Zähne (etwa 14. Lebensjahr) aufrechterhalten werden.
Fluoride kommen in Fisch, Meersalz und schwarzem Tee reichlich vor[31]. Bereits drei Tassen Tee decken den Fluoridbedarf eines Erwachsenen. Durch den ständig ansteigenden Fluoridausstoß der Industrie ist auch zu erwarten, daß der Fluoridgehalt anderer Nahrungsmittel und des Trinkwassers zunimmt. Die so täglich aufgenommene Fluoridmenge liegt bei 0,3 bis 0,4 mg. Die Hauptmenge stammt dabei aus dem Trinkwasser, das regional unterschiedliche Mengen an Fluorid enthält. In Deutschland darf im Trinkwasser nicht mehr als 1,5 mg Fluorid pro Liter sein. In Österreich gibt es keinen Höchstwert, in den meisten Gemeinden liegt der Fluoridgehalt aber unter 0,25 mg pro Liter. Im Zweifelsfall kann beim zuständigen Wasserwerk der Gehalt erfragt werden.
Außerdem enthalten viele Zahnpasten, Mundwässer und Kaugummis Fluorid, dessen Konzentration nicht angegeben ist. Kinder bis zum Alter von etwa sechs Jahren verschlucken aber noch erhebliche Mengen Zahnpasta beim Putzen. Auf diese Weise könnte gerade bei Kleinkindern das Soll unbemerkt überschritten werden. Kleinkinder, die fluoridhaltige Tabletten einnehmen, sollten darum die Zähne mit einer fluoridfreien Zahnpasta putzen[32].
Auch für Fluorid gilt: Nicht viel hilft viel. Überdosierungen kündigen sich auf bleibenden Zähnen durch weiße Flecken an[33]. Gerade bei den Fluoriden ist die Spanne zwischen erwünschter Wirkung, die bei 1 mg Fluorid zu erwarten ist, und der toxischen Wirkung, die ab 2 mg befürch-

tet wird, sehr gering. In jenen Ländern, wo das Trinkwasser mit Fluoriden versetzt ist und die Kinder zusätzlich Fluoridtabletten bekommen, treten Schäden am Zahnschmelz häufiger auf. Wer über längere Zeit täglich mehr als 8 mg Fluorid zu sich nimmt, muß mit Giftwirkungen rechnen (Knochenmißbildungen, Lungenerkrankungen, Nervenlähmung, Blutveränderungen).
Fluoridtabletten sollten nur eingenommen werden, wenn es der Zahnarzt verordnet hat. Als Tagesdosis wird dann angegeben:
Im 1.–2. Lebensjahr 0,25 mg
im 3. Lebensjahr 0,5 mg
im 4.–6. Lebensjahr 0,75 mg
ab dem 7. Lebensjahr 1 mg
Am besten wird die Substanz Natriumfluorid vom Körper aufgenommen. Fluor-Tabletten sollen nie gleichzeitig mit Milch geschluckt werden[34]. Am besten läßt man sie langsam im Mund zergehen.

Präparate, z. B.:
Fluodont Tabl. (Ö)
Fluoretten Tabl. (BRD)
Naflurid Tabl. (BRD)
Natriumfluorid »Baer« (Ö)
Zymafluor Tabl. (BRD/Ö)

Vielerorts ist es üblich geworden, in Kindergärten und Grundschulen Fluoridtabletten an die Kinder auszuteilen – und die Kinder zu anderer Zeit mit Süßigkeiten für ihr Wohlverhalten zu belohnen. Wer diesen Unsinn mitmachen will, der sollte wissen:
- Karies ist keine Fluor-Mangelkrankheit;
- eine zuckerarme Vollwertkost ist Voraussetzung, um Karies zu verhüten;
- die äußerliche Anwendung von Fluor-Lacken durch den Zahnarzt ist bei nachgewiesener Notwendigkeit die bessere Methode, weil sie vom Fachmann kontrolliert wird;
- die tägliche Tabletteneinnahme prägt im Kind die Erfahrung, daß Medikamente-Schlucken (anscheinend) zum normalen Leben dazugehört;
- regelmäßiges richtiges Zähneputzen ist unersetzlich.

4.6. Impfungen

Wie funktioniert das?

Der menschliche Körper hat ein Abwehrsystem, mit dem er sich gegen Körperfremdes wehrt. Er bekämpft damit z. B. Keime, die in die Blutbahn gelangen. Diesen »Kampf« erleben wir als Krankheit. Zum Abwehrsystem gehört auch eine Art »Gedächtnis«: Manche Krankheitserreger erkennt es auch nach Jahren noch wieder. Dadurch kann es die Eindringlinge sofort unschädlich machen; der Körper wird gar nicht erst krank. Diese Fähigkeit des Abwehrsystems nützt man bei Impfungen aus. Es werden abgeschwächte oder abgetötete Keime in den Körper gebracht, auf die das Abwehrsystem reagiert. Man merkt das an der »Impfreaktion«, die sich wie eine leichte, flüchtige Erkrankung mit wenig Fieber und Unwohlsein äußern kann. Dieser Vorgang heißt »aktive Immunisierung«, weil der Körper die Abwehrstoffe selbst bilden muß. Bei der »passiven Immunisierung« werden dem Körper solche Abwehrstoffe gespritzt, die von anderen Menschen oder Tieren gebildet wurden. Deren Wirkung hält jedoch nur drei bis sechs Wochen an[35]. Aber auch nach einer aktiven Immunisierung besteht nicht immer ein lebenslanger Schutz. Die Wirkungsdauer ist je nach Krankheit unterschiedlich. Sie kann durch Auffrischungs-Impfungen verlängert werden. Oft findet diese Auffrischung auch unbemerkt statt, wenn ein vor längerer Zeit Geimpfter wieder mit dem Erreger in Kontakt kommt. So schützen die noch »wild« vorkommenden Erreger die bereits Geimpften weiterhin.

Anders ist es bei der Pocken-Erkrankung. Jahrzehntelang konsequent durchgeführte Impfprogramme haben den Erreger weltweit ausgerottet. Die bis dahin gesetzlich vorgeschriebene zweimalige Pockenschutzimpfung wurde darum erlassen. Wenn jetzt allerdings Pockenviren wieder auftauchen würden – sei es aus bisher unbekannten Nischen der Natur, sei es aus einem Labor –, dann wären die Folgen verheerend.

Impfen ja oder nein

Schutzimpfungen sind derzeit immer noch freiwillige Maßnahmen, die Sie bei Ihrem Kind durchführen lassen können, aber nicht müssen. Impfungen sind nicht vollkommen risikolos. Die Tuberkulose- und Keuchhusten-Impfstoffe riefen in der BRD vor einigen Jahren so häufig Komplikationen hervor, daß sie aus dem Handel genommen wurden. Die

nun entwickelten Impfstoffe sollen ein geringeres Risiko haben. Die Behörden haben auf die relativ hohe Komplikationsrate reagiert, indem sie diese beiden Impfungen verschieden behandeln: Sie gehören nicht überall zu den »öffentlich empfohlenen Schutzimpfungen«. Gegen Tuberkulose und Keuchhusten sollte nur in Ausnahmefällen geimpft werden (siehe Tuberkulose, Seite 65 und Keuchhusten, Seite 66)
Aber auch Kinderkrankheiten sind nicht immer ein Kinderspiel. Mit ihnen können Komplikationen verbunden sein, die ein Kind unter Umständen lebenslang schädigen. Außerdem treten Infektionskrankheiten gerne dann auf, wenn der Körper ohnehin schon geschwächt ist. Die Krankheit kann dann langwieriger und belastender werden. Schutzimpfungen werden dagegen beim gesunden Kind durchgeführt.
Wenn Sie Zweifel haben, ob Sie Ihr Kind impfen lassen sollen oder nicht: Besprechen Sie mit dem Kinderarzt Ihres Vertrauens die Vor- und Nachteile.

Wann ist eine Impfung sinnvoll?
- Wenn die Krankheit, gegen die geimpft werden soll, häufig auftritt;
- wenn ein großes Risiko besteht, daß die Krankheit schwerwiegende Folgen hat;
- wenn es keine Heilmittel gegen die Krankheit gibt;
- wenn der Schutz durch die Impfung lange bestehen bleibt;
- wenn das Impfrisiko kleiner ist als das Krankheitsrisiko.

Wann ist bei einer Impfung Vorsicht geboten?
- Wenn das Kind unter einer Erkrankung des Abwehrsystems leidet;
- wenn das Kind mit Medikamenten behandelt wird, die das Abwehrsystem schwächen (z. B. Glukokortikoide, Immunsuppressiva, Krebsmittel);
- wenn das Kind an Erkrankungen des zentralen Nervensystems leidet;
- wenn das Kind eine Hühnereiweißallergie hat.

Wann sollte eine Impfung verschoben werden?
- Wenn das Kind nicht vollkommen gesund ist;
- wenn das Kind eine Allergie hat, die zu diesem Zeitpunkt gerade besonders stark ist.

Wann gegen was impfen?

In der BRD und in Österreich gibt es sogenannte »Impfpläne«, die immer wieder den neuen Krankheitssituationen angepaßt werden. Sie sind eine Richtlinie dafür, welche Impfungen zu welchem Zeitpunkt durchgeführt werden sollten. Zusätzlich gibt es noch Sonderimpfungen wie z. B. die gegen FSME (siehe Seite 70). Die angegebenen Lebensalter sind die normalerweise bestgeeigneten Zeitpunkte für die Impfung. Wird dieser Impftermin verpaßt, können die Impfungen später nachgeholt werden. Ausnahmen: Gegen Keuchhusten sollte innerhalb des ersten Lebensjahres geimpft werden.

Manchmal können Impfstoffe gegen verschiedene Krankheiten in einem Präparat kombiniert gespritzt werden. Bei anderen Impfstoffen muß statt dessen zwischen den einzelnen Impfungen ein zeitlicher Mindestabstand eingehalten werden, um den Erfolg der Impfung nicht zu gefährden oder um das Risiko von Nebenwirkungen möglichst gering zu halten. (Siehe dazu die entsprechenden Krankheitskapitel.)

Die Kosten

In den Gesundheitsämtern der BRD konnte man seine Kinder schon seit geraumer Zeit gegen verschiedene Krankheiten kostenlos impfen lassen. Seit 1984 sehen nun auch die Krankenkassen der BRD ein, daß Vorbeugen billiger sein kann als Heilen: Sie übernehmen die Kosten für die im Impfplan angeführten Schutzimpfungen. Alle darin genannten Impfungen – ausgenommen die gegen Tuberkulose und Keuchhusten – sind »öffentlich empfohlene Schutzimpfungen«. Das zieht nach sich, daß bei eventuellen Impfschäden die Länderbehörden für die Kosten aufkommen, die sich daraus ergeben[36].

Wer in Österreich zu den Gesundheitsämtern, den Mutterberatungsstellen oder den Abendimpfstellen geht, kann seine Kinder dort gegen die meisten Krankheiten kostenlos impfen lassen. Lediglich die Masernimpfung für Kinder über sechs Jahren kostet ÖS 60.- Anteil; die Impfung gegen FSME kostet ÖS 130.- Anteil. Wer sein Kind beim Kinderarzt impfen lassen will, muß das aus eigener Tasche bezahlen.

Wer privat versichert ist, muß rückfragen, ob seine Versicherung Schutzimpfungen bei Kindern abdeckt.

Öffentlich empfohlene Impfungen in der BRD

Alter	Impfungen	
Nach der Geburt bis zur 6. Woche	(Tuberkulose)	
ab 4. Monat	Diphtherie Tetanus (Keuchhusten) Polio Schluckimpfung	
5. Monat	Diphtherie Tetanus Keuchhusten	nur notwendig, wenn bei der Impfung im 4. Monat gegen alle drei Krankheiten geimpft wurde
6. Monat	Diphtherie Tetanus (Keuchhusten) Polio Schluckimpfung	
15. Monat	Masern Mumps Röteln	
18. Monat	Diphtherie (A) Tetanus (A) (Keuchhusten, A) Polio Schluckimpfung (A)	
6./7. Jahr	Diphtherie	
10. Jahr	Tetanus (A) Polio Schluckimpfung (A)	
11./14. Jahr	Mädchen: Röteln (A)	

(In Klammern gesetzte Impfungen bedeuten, daß sie nicht in allen Bundesländern zu den öffentlich empfohlenen Impfungen gehören.)
(A) bedeutet Auffrischungs-Impfung

Impfplan für in Österreich empfohlene Impfungen

Alter	Impfungen	
1. Woche	Tuberkulose	
ab 3. Monat	Diphtherie Tetanus (Keuchhusten)	wenn gegen alle drei Krankheiten geimpft wird
ab 4. Monat	Diphtherie Tetanus Keuchhusten	entweder Wiederholung der 3er Impfung oder Erstimpfung gegen Diphtherie und Tetanus
	Polio Schluckimpfung	muß zweimal im Abstand von mindestens sechs Wochen wiederholt werden
ab 5. Monat	Diphtherie Tetanus Keuchhusten	entweder zweite Wiederholung der 3er Impfung oder Zweitimpfung gegen Diphtherie und Tetanus
ab 14. Monat	Masern Mumps	
ab 18. Monat	Diphtherie (A) Tetanus (A)	
7. Jahr	Diphtherie Tetanus (A) Polio Schluckimpfung (A)	
7. bis 15. Jahr	Tuberkulose (wenn Tuberkulinprobe negativ)	
13. Jahr	Mädchen: Röteln	
14.–15. Jahr	Tetanus (A) Polio Schluckimpfung (A)	

ab 1. Lebensjahr ist FSME-Impfung möglich
(A) bedeutet Auffrischungs-Impfung

4.6.1. Tuberkulose

Diese früher als »Schwindsucht« gefürchtete Krankheit tritt heute in West- und Mitteleuropa kaum noch auf und hat ihren Schrecken weitgehend verloren, seit es wirksame Medikamente gibt. Ein Teil der Menschen ist mit den Bakterien bereits unbemerkt in Kontakt gekommen. Bei ihnen fällt ein Test auf Tuberkulose positiv aus (Tuberkulintest). Es wird empfohlen, einen solchen Test durchzuführen, bevor gegen Tuberkulose geimpft wird. Ausnahme: Säuglinge bis zur 6. Lebenswoche.

Die Tuberkulose-Impfung für Neugeborene wird heute nicht mehr grundsätzlich empfohlen, weil das Risiko, an Tuberkulose zu erkranken, relativ gering geworden ist, die Impfung das Neugeborene aber ziemlich belastet. Außerdem schützt die Impfung nur für fünf bis zehn Jahre vor Tuberkulose-Infektionen. Neugeborene sollten nur noch dann geimpft werden, wenn ihre Umgebung für sie eine besondere Ansteckungsgefahr bietet, z. B. wenn ein Tuberkulosekranker in der Familie oder der näheren Umgebung lebt oder bei Kindern von ausländischen Mitbürgern, in deren Heimatland die Tuberkulose noch sehr häufig ist.

Präparat, z. B.:
BCG-Impfstoff (BRD / Ö)

4.6.2. Tetanus (Wundstarrkrampf)

Die Erreger des Wundstarrkrampfes finden sich überall. Man infiziert sich mit ihnen besonders leicht durch kleine Wunden, die kaum bluten, sich schnell wieder schließen und daher meist unbemerkt bleiben. Selbst nach einer überstandenen Tetanus-Erkrankung bleibt kein andauernder Schutz bestehen. Es muß also in jedem Fall wieder geimpft werden. Für einen wirksamen Schutz sind zwei, besser drei Impfungen notwendig. Bei Kindern wird die erste Impfung im vierten Lebensmonat, die zweite im sechsten Lebensmonat durchgeführt. Zwischen diesen beiden Impfungen sollten mindestens vier Wochen, aber möglichst nicht mehr als vier Monate liegen[37]. Die dritte Impfung sollte im 18. Monat stattfinden; eine verspätete Impfung hat jedoch keine negativen Folgen. Nach dieser »Grundimmunisierung« sollte im Abstand von zehn Jahren eine Auffrischungs-Impfung durchgeführt werden. Wenn die letzte Tetanus-Impfung mehr als fünf Jahre zurückliegt, wird nach einer Verletzung immer auch gegen Tetanus geimpft.

Als Nebenwirkung der Tetanus-Impfung rötet sich manchmal die Haut an der Einstichstelle und schwillt an.

Präparate, z. B.:

Te-Anatoxal (Ö)
Tet-Aktiv (BRD)
Tetanol (BRD/Ö)
Tetanus-Adsorbat (BRD/Ö)
Tetanus-Impfstoff (BRD)
T-Immun (BRD/Ö)

4.6.3. Diphtherie

Heute erkranken nur noch wenige Kinder an Diphtherie. Früher war sie der »Würgeengel der Kinder«. Da die Krankheit aber trotz Behandlung bei 20 Prozent der Fälle tödlich ist oder schwere Folgeerkrankungen nach sich zieht, wird die Impfung empfohlen. Wer eine Diphtherie-Infektion einmal überstanden hat, ist lebenslang dagegen immun.
Die Diphtherie-Impfung wird meistens mit der Tetanus-Impfung kombiniert (DT-Impfstoff). Bis zum zweiten Lebensjahr kann auch eine Dreifach-Impfung durchgeführt werden, die noch gegen Keuchhusten gerichtet ist (DPT-Impfung). In Österreich gilt die Regel: auch mit Mehrfach-Impfstoffen gegen Keuchhusten nicht mehr nach dem ersten Lebensjahr impfen. Gegen Diphtherie wird im ersten Lebensjahr zweimal geimpft. Dazwischen liegt ein Abstand von 6–8 Wochen. Im zweiten und siebenten Lebensjahr wird die Impfung noch einmal wiederholt. Der Schutz gegen die Giftstoffe der Diphtheriebakterien hält ca. sieben Jahre an. Wird nach dem Einschulungsalter geimpft oder hat der Impfling eine Allergie, so sollte eine niedrigere Dosis verwendet werden *(Diphtherie-Adsorbat-Impfstoff f. Erwachsene* oder *Td-Impfstoff*, der mit Tetanus kombiniert ist).

Präparate, z. B.:

Diphtherie-Adsorbat-Impfstoff (BRD/Ö)
Diphtherie-Tetanus-Adsorbat-Impfstoff (BRD/Ö)
Di-Te-Anatoxal (Ö)
Di-Te-Per (Ö)
Di-Te-Per-Pol (Ö)
DPTC (BRD/Ö)
Td (BRD)

4.6.4. Pertussis (Keuchhusten)

Keuchhusten ist eine schwere Erkrankung, die dann, wenn sie diagnostiziert worden ist, mit Medikamenten kaum noch zu beeinflussen ist. In der ersten Phase der Krankheit könnte die Gabe von Erythromycin, einem Antibiotikum, den Krankheitsverlauf mildern. Doch in dieser Zeit wird der Keuchhusten nur selten erkannt. Säuglinge im ersten Lebensjahr sind besonders gefährdet, weil sie gegen diese Krankheit keinen Schutz von der Mutter mitbekommen haben. 90 Prozent der Todesfälle infolge Keuchhustens betreffen Kinder im Säuglingsalter.

Der in der BRD und Österreich gebräuchliche Impfstoff birgt einige Risiken. Bei der Hälfte der Kinder schmerzt die Stelle, wo der Impfstoff injiziert wurde. Oft schwellen die benachbarten Lymphknoten an. Der Blutzuckerspiegel sinkt ab, was im schlimmsten Fall zur Bewußtlosigkeit führen kann. Um derartige Komplikationen sofort feststellen zu können, sollen Keuchhusten-Impfungen in den frühen Morgenstunden durchgeführt werden und das Kind in der folgenden Zeit beaufsichtigt werden. Wegen dieser Nebenwirkungen soll nicht vor dem vierten Lebensmonat und nicht nach dem zweiten Lebensjahr geimpft werden. In Österreich wird die Impfung ab dem dritten Lebensmonat und vor Ablauf des ersten Jahres empfohlen. Für eine ausreichende Immunität ist eine dreimalige Impfung im Abstand von jeweils vier Wochen notwendig. Nach dem deutschen Impfplan sind Säuglinge, die des Impfschutzes am ehesten bedürften, bis zum siebenten Lebensmonat ungeschützt. Die Schutzwirkung der Impfung hält etwa drei Jahre an. Die Frage, ob das Risiko einer Keuchhusten-Erkrankung oder das einer Keuchhusten-Impfung größer ist, wird immer noch widersprüchlich diskutiert. Kritische Kinderärzte empfehlen, nur dann zu impfen, wenn das Kind in einer Säuglingskrippe untergebracht ist, besonders viele Geschwister hat oder aus ähnlichen Gründen besonders gefährdet ist.

Gegen Keuchhusten sollte keinesfalls geimpft werden, wenn das Kind
- jünger als vier Monate und älter als zwei Jahre ist;
- nicht vollkommen gesund ist;
- bei der Geburt weniger als 2500 Gramm gewogen hat;
- eine Neugeborenen-Gelbsucht gehabt hat;
- durch Kaiserschnitt geboren wurde, wobei der Zustand des Kindes die Entscheidung zur Schnittentbindung herbeiführte;
- nach der Geburt künstlich beatmet werden mußte;
- wegen einer Blutgruppenunverträglichkeit mit der Mutter behandelt werden mußte;
- wenn es als Zwilling oder Mehrling zur Welt kam;
- bestimmte Hormonmangelerkrankungen hat;
- Stoffwechsel-Erkrankungen hat (Ausnahme: Mukoviszidose)[38].

Ab 1988 soll in Österreich ein Keuchhusten-Schluck-Impfstoff verfügbar sein, der am 3.–5. Lebenstag angewandt wird. Zur Zeit befindet er sich im Stadium der klinischen Prüfung. Die deutschen Behörden haben seine Zulassung bisher abgelehnt.

Präparate:
Nur Kombinationspräparate, siehe Diphtherie, Seite 66

4.6.5. Polio (Kinderlähmung)

Seit die Schluckimpfung gegen Kinderlähmung eingeführt wurde, trat diese Krankheit in Europa kaum noch auf. Anders als bei den anderen Impfungen können die Polio-Viren geschluckt werden. Die Wirksamkeit der Schluckimpfung ist so gut, daß es keinen Grund mehr gibt, den Impfstoff zu spritzen.
Am einfachsten geschieht die Polio-Impfung gleichzeitig mit der kombinierten Diphtherie-Tetanus-Impfung. Zwischen den einzelnen Impfungen sollen mindestens sechs Wochen Abstand liegen. Die Polio-Impfung kann auch gleichzeitig mit Impfungen gegen Masern, Mumps und/oder Röteln durchgeführt werden. Geschieht das jedoch nicht, so müssen zwischen den Impfungen mindestens vier Wochen vergehen[39]. Der Impfschutz sollte alle zehn Jahre erneuert werden.
Möglicherweise kann jemand, der frisch geimpft worden ist, die Viren auf andere Menschen übertragen, die eng mit ihm zusammenleben. Darum sollten sich solche Menschen gleich mitimpfen lassen, wenn ihre letzte Polio-Impfung länger als fünf Jahre zurückliegt.
Die Polio-Impfung wird meist sehr gut vertragen. Manchmal kann der Stuhlgang nach einer solchen Impfung kurzzeitig etwas dünner sein.

Präparate zum Schlucken, z. B.:
Buccapol (Ö)
Oral-Virelon (BRD)
Polio Sabin (BRD/Ö)

Präparate zum Spritzen, z. B.:
Polio Immun (Ö)
Virelon (BRD)

4.6.6. Masern

Bei Masern können nur die Begleiterkrankungen mit Medikamenten gelindert werden. Je später die Kinder masernkrank werden, desto schwerwiegender werden die Komplikationen. Sie betreffen dann vornehmlich das zentrale Nervensystem. Bei Masern reicht derzeit eine einmalige Impfung wahrscheinlich aus, um einen lebenslangen Schutz zu erzielen. Das Kind sollte nicht vor dem ersten Geburtstag geimpft werden.

Die Masernimpfung ist meist sehr gut verträglich. Als Impfreaktion kann es nach fünf bis sieben Tagen zu einem flüchtigen Hautausschlag – vor allem hinter den Ohren – und leichtem Fieber kommen. Beides verschwindet schnell wieder und braucht nicht behandelt zu werden.

Präparate, z. B.:
Attenuvax (Ö)
Masernimpfstoff (BRD/Ö)
Moraten (Ö)
Rimevax (Ö)

Kombinationspräparate z. B.:
Masern-Röteln Vaccine (Ö)
Masern und Mumps: *M-M-Vax* (BRD/Ö)
Rimparix (BRD/Ö)
Masern, Mumps, Röteln: *M-M-R-Vax* (BRD/Ö)
Pluserix (BRD/Ö)

4.6.7. Mumps

Die gefürchtetste Schädigung nach einer Mumpserkrankung ist bei jüngeren Kindern ein Gehirnschaden, bei älteren eine Hoden- oder Eierstockentzündung. Die Hodenentzündung infolge einer Mumpserkrankung ist eine häufige Ursache für die Unfruchtbarkeit eines Mannes. Auch die Bauchspeicheldrüse kann durch eine Mumpserkrankung geschädigt werden. Die Folge davon ist ein Diabetes. Die Mumpsimpfung wird meistens mit der Masernimpfung kombiniert durchgeführt. Auch sie hinterläßt derzeit nach einmaliger Impfung einen lebenslangen Schutz.
Die Impfung ist meist sehr gut verträglich.

Präparate, z. B.:
Mumpsvax (BRD/Ö)
Mumps-Vaccine »Sero« (Ö)
Kombinationspräparate siehe Masern.

4.6.8. Röteln

Anders als bei allen anderen Impfungen soll mit der Rötelnimpfung nicht die Betroffene selbst geschützt werden, sondern ein später vielleicht zu erwartendes Kind. Zur Zeit rechnet man, daß in der BRD von 2000 bis 4000 lebend geborenen Kindern eines durch eine Rötelninfektion geschädigt ist, die die Mutter während der ersten fünf Wochen der

Schwangerschaft durchgemacht hat[40]. Allerdings werden heute viele Schwangerschaften abgebrochen, wenn in dieser Zeit eine Rötelninfektion nachgewiesen wird. Mit dem Impfstoff *MMR-Vax* oder *Pluserix* kann gleichzeitig gegen Masern, Mumps und Röteln geimpft werden. Dieses Vorgehen ist jedoch nicht sinnvoll. Der Schutz gegen Masern und Mumps soll so früh wie möglich einsetzen. Der Schutz der Rötelnimpfung wird jedoch erst ab dem gebärfähigen Alter gebraucht. Um sicherzugehen, daß der Impfschutz bis dahin nicht wieder nachgelassen hat, sollten Mädchen kurz vor dem Beginn der Pubertät, etwa im 12. Lebensjahr, gegen Röteln geimpft oder nachgeimpft werden.
Die Gesundheitsämter der BRD empfehlen zur Zeit, im zweiten Lebensjahr alle Kinder, also auch Knaben, gegen Röteln zu impfen. Damit hofft man, allgemein die Zahl der Rötelnerkrankungen zu verringern, so daß die Ansteckungsgefahr für schwangere Frauen sinkt. Von kritischen Kinderärzten wird das abgelehnt.
Die Rötelnimpfung wird meist sehr gut vertragen. Sie kann auch durchgeführt werden, wenn man sich nicht sicher ist, ob das Mädchen bereits Röteln hatte. Es gibt auch die Möglichkeit, mit einem Test den Gehalt des Blutes an Röteln-Antikörpern zu bestimmen. Ist er hoch genug, braucht nicht geimpft zu werden. Der beste Schutz gegen Röteln in der Schwangerschaft ist eine vorher durchgemachte Infektion. Da die Erkrankung ausgesprochen leicht verläuft, sollten Eltern ihre kleinen Töchter möglichst mit rötelnkranken Kindern zusammenbringen, um so einen natürlichen Schutz zu erreichen.

Präparate, z. B.:
Ervevax (Ö)
Meruvax (Ö)
Rötelnimpfstoff (BRD / Ö)
Rubeatan (Ö)
Rubellovac (BRD)
Kombinationspräparate siehe Masern, Seite 69.

4.6.9. FSME (Frühsommer-Meningoenzephalitis)
Die Viren, die diese Erkrankung verursachen, werden durch einige Zeckenarten auf den Menschen übertragen. Die winzig kleinen Tiere leben im Grünen, lassen sich von Bäumen oder Büschen auf den Menschen herunterfallen und saugen sein Blut lange Zeit unbemerkt. Nun überträgt aber nicht jeder Zeckenbiß diese Krankheitserreger. In manchen Gegenden ist die Wahrscheinlichkeit allerdings größer als in ande-

ren. Zu den gefährdeten Gebieten gehören in der BRD der Bodensee-Raum, die Donau-Seitentäler in Bayern, der südliche Schwarzwald und die Umgebung von Passau und Stuttgart[41]. Österreich wird zwar allgemein als »Endemiegebiet« bezeichnet, doch auch hier waren bis Januar 1987 nur in den folgenden Gebieten FSME-Erkrankungen aufgetreten: entlang der Donau und ihrer Seitentäler, Waldviertel, Wiener Wald, Steiermark und Kärnten mit Ausnahme des Hochgebirges und vereinzelte Bereiche im Westen Österreichs[42].
Die FSME-Infektion bleibt oft unbemerkt. Sie verläuft grippeähnlich. Gefährlich ist die Erkrankung, weil auch das Gehirn davon betroffen werden kann. Diese Gefahr besteht jedoch fast nur bei Erwachsenen. Kinder bis zu drei Jahren erkranken nur ganz selten so schwer. Für sie ist eine Impfung nur dann angebracht, wenn die Betreuer sehr ängstlich sind. Ab dem vierten Lebensjahr ist die Impfung eher anzuraten[43].
Weil Zecken in der warmen Jahreszeit gehäuft vorkommen, sollte im Februar und März je einmal im Abstand von ca. vier Wochen geimpft werden. Nach einem Jahr muß noch einmal nachgeimpft werden. Die Impfwirkung hält drei bis fünf Jahre an, so daß nach fünf Jahren eine Auffrischungs-Impfung empfohlen wird. Die Impfung ist im allgemeinen gut verträglich. Manchmal kann nach der 1. Impfung Fieber auftreten.
Manchmal werden mit dem Zeckenbiß auch Erreger übertragen, vor denen die Impfung nicht schützt. Sie rufen ein »Erythema migrans« hervor, eine Hautrötung, die sich langsam von der Bißstelle ausgehend immer weiter ausbreitet. Mit einem Antibiotikum kann der Arzt diese Infektion leicht bekämpfen.

Präparate, z. B.:
FSME-Immun (BRD/Ö)

4.7. Vorsorgeuntersuchungen

Viele Entwicklungsstörungen oder gar Krankheiten können verhindert werden, wenn die ersten Anzeichen dafür rechtzeitig erkannt werden. Aus diesem Grunde bekommen alle Neugeborenen in der BRD ein »Untersuchungsheft für Kinder«, nach dem seit 1971 regelmäßige Vorsorgeuntersuchungen gesetzlich festgelegt sind. In Österreich gibt es seit 1974 den »Mutter-Kind-Paß«. Er ist bei den praktischen Ärzten und Gynäkologen, in den Gesundheitsämtern, den Ambulatorien und Sanitätsabteilungen der Bezirkshauptmannschaften erhältlich. Die ersten zwei Untersuchungen werden in aller Regel noch in der Entbindungsklinik durchgeführt, für alle weiteren geht man zu einem Kinderarzt, praktischen Arzt oder ins Gesundheitsamt, in Österreich auch in die Ambulatorien für Kinderheilkunde oder die Mutterberatungsstellen. Leider wird das kostenlose staatliche Angebot nicht so sehr genützt, wie es wünschenswert wäre: In Deutschland wurden 1981 83,8 Prozent aller Säuglinge im Rahmen der U2 (2. Untersuchung) am 3. bis 10. Lebenstag untersucht. Die U5 im 6. bis 7. Lebensmonat wurde nur bei 79,5 Prozent der Kinder durchgeführt, die U8 mit dreieinhalb bis vier Jahren nur noch bei 58 Prozent der Kinder[44].

Wie notwendig diese Untersuchungen jedoch sind, zeigt sich daran, daß in Wien in den Jahren 1975–85 9,3 Prozent der vorgestellten Kinder wegen einer Auffälligkeit zur Behandlung an einen Facharzt weiterverwiesen wurden. In Österreich gibt es einen finanziellen Anreiz, um möglichst viele Kinder zu diesen Untersuchungen zu bringen. Nur wer nachweisen kann, daß sein Kind an den Untersuchungen teilgenommen hat, bekommt die staatliche Geburtenbeihilfe in voller Höhe ausbezahlt[45].

In Österreich folgen auf die Untersuchungen aus dem Mutter-Kind-Paß noch jährliche allgemeinärztliche Untersuchungen bei den Kindern im Kindergarten. Dort wird nochmals das Seh- und Hörvermögen überprüft.

So notwendig die ärztlichen Untersuchungen auch sind – die wichtigste Vorsorge leisten immer jene Eltern, die ihr Kind aufmerksam beobachten. Sie sollten mutig genug sein, auch nur vermutete Fehlentwicklungen mit dem Kinderarzt zu besprechen. Wer grundsätzlich darauf vertraut, daß die Zeit alles heilt, verpaßt vielleicht die Möglichkeit zu einer Frühbehandlung.

4.7.1. Was wird untersucht?

U1: Die Neugeborenen-Erstuntersuchung wird sofort nach der Geburt durchgeführt. Dabei wird vor allem geschaut, wie das Kind die Geburt überstanden hat und ob es Fehlbildungen aufweist. Größe, Gewicht und Kopfumfang werden gemessen.

U2: Sie findet am 3. bis 10. Lebenstag statt. Hier wird noch einmal überprüft, ob das Kind bei der Geburt verletzt worden ist, ob irgendwelche

Mißbildungen zu erkennen sind und wie der körperliche Reifezustand ist. Hierzu dienen vor allem die verschiedenen Reflexproben, mit denen die Funktion des Nervensystems überprüft werden kann. Ganz wichtig ist die Blutuntersuchung, mit der auf verschiedene Stoffwechselkrankheiten geprüft wird.
Die wichtigste ist die *Phenylketonurie* (PKU, Föllingsche Krankheit). Mit einem kranken Kind auf 6000 bis 10000 gesunde Kinder ist sie relativ häufig. Bei der PKU ist der Eiweißabbau gestört. Wird das nicht rechtzeitig erkannt, so reichert sich ein Stoff im Blut an, der das Gehirn schädigt. Unbehandelt werden diese Kinder schwachsinnig. Das ist jedoch leicht zu vermeiden, indem die betroffenen Kinder eine Diät erhalten, die den für sie gefährlichen Stoff meidet. Meistens kann die Diät im 8.–10. Lebensjahr gelockert werden, weil dann die Reifung des Gehirns abgeschlossen ist.
Auch einige andere, seltenere Störungen im Eiweißstoffwechsel können mit der Blutuntersuchung erkannt und lebenslange Schäden durch eine rechtzeitige Diät verhindert werden. Das gleiche gilt für Erkrankungen, bei denen bestimmte Zuckerarten nicht vertragen werden (Galaktosämie, Fruktoseintoleranz).
Mit der Untersuchung des ersten Stuhls, den das Neugeborene ausscheidet (Mekoniumtest), kann der Arzt einen Hinweis darauf bekommen, ob das Kind eine Mukoviszidose hat. Der Test ist allerdings sehr unzuverlässig[46]. Er sollte aber trotzdem durchgeführt werden, um jede Chance der frühzeitigen Behandlung nutzen zu können. Mukoviszidose ist mit einem Betroffenen auf 1000 gesunde Kinder die wohl häufigste angeborene Stoffwechselkrankheit. Betroffene Kinder leiden sehr unter mehr oder minder schweren Erkrankungen der Atmungs- und Verdauungsorgane. Die Mukoviszidose kann man nicht verhindern oder heilen. Nur ihren Krankheitszeichen kann man besser begegnen, wenn man rechtzeitig um die Erkrankung weiß. In allen folgenden Untersuchungen (U3 bis U8) wird die körperliche und geistige Entwicklung des Kindes weiter verfolgt. Besonders dann, wenn immer derselbe Arzt das Kind untersucht, wird er bemerken können, ob die Entwicklung in allen Bereichen annähernd gleich abläuft. Wenn z. B. ein vierjähriges Kind noch Windeln braucht, ist das weiter nicht verwunderlich, wenn es sich bis dahin mit allem relativ viel Zeit gelassen hat. Andererseits gibt es viele Eltern, die über lange Zeit Absonderlichkeiten an ihrem Kind nicht wahrnehmen. Hier muß die Vorsorgeuntersuchung das »blinde Auge« der Eltern ersetzen.

Wachstum

Das »gelbe Untersuchungsheft« enthält drei Tabellen, in die jeweils Körpergröße, Gewicht und der Kopfumfang eingetragen werden. Darin eingedruckte Kurven markieren Grenzen. Wenn diese Grenzwerte nach oben oder unten überschritten werden, sollten eingehendere Untersuchungen veranlaßt werden. Allerdings sind diese Grenzwerte nicht unumstritten. Gerade was das Längenwachstum angeht, besteht nach dieser Tabelle die Gefahr, einerseits unnötigerweise zu beunruhigen, andererseits aber auch krankhafte Entwicklungen erst zu spät zu erkennen[47]. Minderwuchs und Hochwuchs können mit relativ einfachen Methoden festgestellt werden. Je nach Ursache kann man sie heute auch behandeln. Meistens ist das eine über mehrere Jahre andauernde Therapie mit Hormonen. Sie muß vom Facharzt durchgeführt werden und hat schwerwiegende Nebeneffekte. Sie ist vollkommen ungeeignet, um Kinder damit auf eine von den Eltern für wünschenswert gehaltene Größe zu bringen.
Der österreichische Mutter-Kind-Paß enthält keine solchen Somatogramme. Hier müßte der Arzt die gemessenen und eingetragenen Daten immer selbst im Auge behalten. Das mißlingt dann besonders leicht, wenn der untersuchende Arzt häufig wechselt.

Hüftgelenke

Zwei bis vier Prozent aller Kinder kommen mit einer sogenannten Hüftdysplasie zur Welt. Bei jedem tausendsten Kind entwickelt sich daraus eine Hüftluxation[48]. Mädchen sind von dieser Erkrankung sechsmal häufiger betroffen als Jungen. Bei dieser Fehlbildung des Gelenks ist die Hüftpfanne so flach, daß der Kopf des Oberschenkelknochens nicht in ihr liegenbleibt, sondern immer wieder »herausspringt«.
Bleibt dieses unbehandelt, so stellen sich später Gehbehinderungen ein. Auch bei nur leichten Fehlbildungen wird die Hüfte beim Gehen so stark belastet, daß sie sehr früh Verschleißerscheinungen (Arthrose) zeigt. Frühzeitig erkannt und behandelt, können derartige Spätschäden vermieden werden.

Fehlbildungen der Hüfte sind besonders häufig bei Kindern,
- die aus einer Beckenendlage geboren wurden (sog. Steißgeburt);
- in deren Familie bereits eine Hüftdysplasie aufgetreten ist;
- die Miß- oder Fehlbildungen der Wirbelsäule oder der Beine oder Füße haben.[49]

Woran erkennt man eine Hüftgelenksfehlbildung?

- Das Bein auf der Seite der fehlgebildeten Hüfte scheint verkürzt.
- Pofalten und Falten in den Oberschenkeln des Kindes sind nicht symmetrisch.
- Abduktionshemmung: Liegt ein gesunder Säugling auf dem Rücken, fallen seine Beine sehr weit auseinander. Liegt eine Fehlbildung der Hüfte vor, werden die Beine dichter am Körper gehalten.

All diese Krankheitszeichen können beim Säugling auch übersehen werden – besonders dann, wenn beide Hüftgelenke betroffen sind[50]. Mit einem besonderen Handgriff kann der Kinderarzt das Hüftgelenk überprüfen. In allen Zweifelsfällen sollte eine Ultraschalluntersuchung des Hüftgelenkes durchgeführt werden. Sie kann vom ersten Lebenstag bis ca. zum Ende des ersten Lebensjahres ohne Schaden für das Kind vorgenommen werden. Um ein aussagekräftiges Ergebnis zu bekommen, ist es allerdings notwendig, daß der Untersucher große Erfahrung mit dieser relativ neuen Methode hat. Die früher üblichen Röntgenuntersuchungen liefern vor dem Ende des dritten Lebensmonats keine sicheren Ergebnisse; damit bleibt die Chance der frühestmöglichen Behandlung ungenützt. Außerdem gefährden Röntgenstrahlen die Keimdrüsen. Bei Kindern, deren Hüften längere Zeit intensiv behandelt worden sind, ist allerdings nach Abschluß der Behandlung eine Röntgenuntersuchung notwendig. Damit soll der Erfolg kontrolliert und gleichzeitig eine eventuelle Schädigung des Hüftkopfes durch die Behandlung ausgeschlossen werden.

Behandlung

Während der Behandlung werden die Beine des Kindes immer weiter auseinandergespreizt. Der Oberschenkelkopf wird dadurch in die Hüftpfanne gedrückt und dort gehalten. Da diese erst gegen Ende des ersten Jahres ausgereift ist, muß die Abspreizbehandlung mindestens so lange fortgesetzt werden. Je nachdem wie ausgeprägt die Fehlbildung ist, reicht die Behandlung mit einer Spreizhose schon aus. Sonst wird mit einer Metallschiene fortgesetzt, mit der die Beine in rechtwinkliger Lage gehalten werden. Die erste Schiene kann später durch eine andere ersetzt werden, mit der das Kind krabbeln und sogar laufen lernen kann. Alle diese Hilfsmittel müssen tags und nachts ohne Unterbrechung getragen werden. Bei einer ausgeprägten Hüftluxation muß eine Bandagen- oder Dehnungsbehandlung im Krankenhaus die Therapie einleiten. Nur bei einer schwerwiegenden Fehlbildung ist es sinnvoll, auf der

Bauchlage des Kindes zu bestehen. In allen anderen Fällen ist es völlig gleichgültig, ob das Kind auf dem Bauch oder Rücken liegt[51].
Bleiben all diese Versuche erfolglos oder wird mit der Behandlung zu spät begonnen, so bleibt nur, das Hüftgelenk mit einer Operation einzurenken. So notwendig eine möglichst frühe Behandlung ist – eine *vorsorgliche* Abspreizbehandlung sollte unterbleiben. Sie könnte den Hüftkopf schädigen[52].

Hodenhochstand

Bei vier Prozent der neugeborenen Jungen befindet sich der Hoden noch nicht im Hodensack. Innerhalb des ersten Jahres wandert er aber bei manchen Jungen noch an seinen Platz[53]. Geschieht das nicht, dann verändert sich schon im 2. Lebensjahr durch Druck und Wärme im Körperinneren das Hodengewebe so, daß Unfruchtbarkeit die Folge ist. Selbst wenn nur ein Hoden im Bauchraum bleibt, können 30 bis 70 Prozent dieser Männer keine Kinder zeugen[54]. Eine weitere Gefahr liegt darin, daß sich in solchen Hoden eher Krebs entwickeln kann. Um derartige Folgen zu vermeiden, ist eine frühzeitige Behandlung notwendig.
Dazu muß der Arzt zunächst einmal feststellen, um welche Art von Hodenhochstand es sich handelt. Manchmal wird ein Hoden durch den Zug eines Muskels aus dem Hodensack nach oben gezogen: Ein solcher *Pendelhoden* braucht nicht behandelt zu werden. Er kann auch schon dadurch entstehen, daß das Kind während der Untersuchung ängstlich ist. Es kann bis zu einer halben Stunde dauern, bis sich das Kind und damit der entsprechende Muskel so weit entspannt hat, daß der Hoden an seinem richtigen Platz zu tasten ist[55]. Ob das Kind einen Pendelhoden hat, können Eltern feststellen, wenn sie das Kind in der Badewanne beobachten. In der entspannenden Wärme wandert der Hoden meistens nach unten und ist dann im Hodensack zu tasten. Alle anderen Formen des Hodenhochstandes müssen jedoch behandelt werden. Der 6. bis 18. Monat wird als beste Zeit dafür angesehen[56].

Behandlung

Die längste Erfahrung gibt es mit einer Spritzenkur mit Hormonen. Je nach Dosierung bekommt das Kind innerhalb von drei bis fünf Wochen 10 Injektionen. Als unerwünschte Wirkungen treten vermehrt Erektionen auf, der Penis wird größer, manchmal beginnen die Schamhaare zu wachsen. In 40 bis 80 Prozent der Fälle hat diese Behandlung Erfolg. Es

sollte aber immer nach eineinhalb Jahren noch einmal nachkontrolliert werden, weil bei 10 bis 15 Prozent der Kinder der Hoden sich doch wieder zurückverlagert.
Die Hormonbehandlung mittels Nasenspray erspart den Kindern die Spritzen. Außerdem vermeidet sie die Nebenwirkungen der künstlich erzeugten Pubertät. Allerdings müssen die Betreuer sehr zuverlässig sein, denn der Spray muß sehr regelmäßig verabreicht werden. Die Behandlung ist erheblich teurer als die Spritzenkur, aber nur bei Kleinkindern erfolgreicher[57]. Eine erfolglose Hormonkur sollte nicht noch einmal wiederholt werden, sondern statt dessen sollte so bald wie möglich operiert werden[58]. Kommt ein Junge mit einem Hodenhochstand erst nach dem 10. Lebensjahr zur Behandlung, so ist es für eine Hormonkur zu spät. Sie könnte die Hodenkanälchen dauerhaft schädigen.
Das Risiko, daß sich ein Krebs entwickelt, ist bei allen Knaben größer, bei denen der Hoden künstlich an seinen vorgesehenen Platz gebracht wurde. Darum sollten solche Männer bis zum 30. Lebensjahr jährlich ihre Hoden vom Facharzt kontrollieren lassen.

Hören

Nur wer hört, lernt sprechen. Nur wer hört und spricht, entwickelt sein Denken. Oftmals werden Kinder als geistig Behinderte angesehen, deren Hörstörung nicht erkannt worden ist[59]. Mehr als die Hälfte aller Hörschäden sind angeboren. In Österreich sind es jährlich etwa 2000 Kinder[60]. Wenn Gehörfehler noch im ersten Lebensjahr erkannt werden, ist es vielfach möglich zu verhindern, daß diese Kinder geistig zurückbleiben. Wird der Schaden jedoch erst mit eineinhalb bis zwei Jahren erkannt, dann ist das Kind schon ein »Spätentwickler«.
Einige Kinder sind stärker gefährdet, einen Hörschaden zu erleiden, als andere. Zu den Risikokindern gehören solche,

- deren Eltern schwerhörig sind;
- deren Mutter in der ersten Schwangerschaftshälfte Röteln oder eine andere Virusinfektion durchgemacht hat;
- deren Ohren und/oder Gesicht mißgebildet sind;
- deren Mutter Alkoholikerin ist;
- die bei der Geburt weniger als 1500 g wogen;
- die nach der Geburt künstlich beatmet werden mußten;
- die an einer Gehirnhautentzündung oder Mumps erkrankt waren.

Die Eltern sollten sehr aufmerksam beobachten, wie das Kind auf Geräusche reagiert. Sie können unbesorgt sein, wenn Sie die folgenden Fragen bejahen können:
- Erschrickt das Kind bei einem plötzlichen lauten Geräusch?
- Beruhigt es sich bei Zuspruch durch eine bekannte Stimme?
- Lallt es mit ca. 8 Wochen hörbar?
- Reagiert es im Alter von 6 bis 8 Monaten auf Zuruf?
- Reagiert es auch auf leise Geräusche?

Der Kinderarzt sollte von jedem Zweifel unterrichtet werden. Allerdings hat auch er nur recht unzureichende Methoden, um eine Hörstörung feststellen zu können. Spezialabteilungen der Kinderkrankenhäuser sind dafür meistens besser ausgerüstet. Sie können einen Gehörschaden bei Kindern ab acht Monaten relativ sicher feststellen.

Behandlung

Es gibt heute eine Vielzahl von technischen Geräten, die Schallwellen so verstärken, daß sie für ein geschädigtes Ohr hörbar werden. Ein Hörgerät tragen zu müssen sollte nicht mehr schamhaft verschwiegen werden, sondern es sollte ebenso als Hilfsmittel für ein unbehindertes Leben betrachtet werden wie eine Brille. Leider erschweren die Reformpläne der bundesdeutschen Regierung dieses: Wenn die Hörgeräte, die derzeit DM 1250,– bis 1500,– kosten, dann nur noch mit DM 800,– bezuschußt werden, können sich viele Eltern die Versorgung ihrer Kinder mit den notwendigen Geräten nicht mehr leisten[61]. Bei dem folgenden Selbsthilfeverband können Betroffene Hilfe und Unterstützung bekommen:

Bundesarbeitsgemeinschaft der Eltern und Freunde schwerhöriger Kinder e. V.
Hannelore Hartmann
Pirolkamp 8
D–2000 Hamburg 65
Tel.: 040/6070344

Sehen

Etwa drei Jahre dauert es, bis das Zusammenspiel von Augen und Gehirn so funktioniert, daß das Kind auch räumlich sehen kann. Bis dahin kann die Entwicklung der Sehfähigkeit noch beeinträchtigt werden. Kinder, die schlecht sehen, haben Schwierigkeiten beim Lernen. Manchmal gelten sie dann sogar als verhaltens- oder entwicklungsgestört. Drei Viertel aller Sehschäden bei Kindern sind angeboren. Zu den gefährdeten Kindern gehören jene,

- deren Eltern oder nahe Verwandte Sehstörungen haben;
- deren Mütter während der Schwangerschaft eine der folgenden Krankheiten hatten: Röteln, Toxoplasmose, Bluthochdruck, Diabetes;
- deren Mütter während der Schwangerschaft Alkohol-, Nikotin-, Medikamenten- oder Drogenmißbrauch betrieben;
- deren Blutgruppe mit der der Mutter unverträglich ist;
- die durch eine Zangengeburt zur Welt kamen;
- die bei der Geburt unter 1900g wogen und künstlich beatmet werden mußten.

Kleine Kinder haben oft einen »Silberblick«. Manchmal erscheint das auch nur so, weil die Augen relativ weit auseinanderstehen. Im Zweifelsfall sollte immer der Kinder- bzw. Augenarzt aufgesucht werden. Die Untersuchung setzt die Mitarbeit des Kindes voraus. Darum kann man erst dann sicher feststellen, ob und wie sehr ein Kind schielt, wenn es auf Sehreize reagiert (z. B. ein Spielzeug mit den Augen verfolgen). Bei den Vorsorgeuntersuchungen, die in Wien an Kindergartenkindern durchgeführt wurden, mußten 17,8 Prozent mit einem auffälligen Befund an einen Facharzt überwiesen werden. Ein unbehandeltes, schielendes Auge kann zur Folge haben, daß das Kind sehschwach wird.
Anzeichen für eine mögliche Fehlsichtigkeit können sein:

- Wenn ein Auge zeitweise – besonders bei anstrengenden Tätigkeiten – nach innen schielt;
- Blinzeln und Zukneifen der Augen beim Schauen in die Ferne;
- Häufiges Stolpern, Fallen, Danebengreifen oder Umwerfen von Gegenständen.

Behandlung
Auch beim Kleinkind kann der Augenarzt die Sehfähigkeit überprüfen. Dazu müssen dem Kind vor der Untersuchung Augentropfen eingeträufelt werden, mit denen die Pupille erweitert wird. Verordnet der Arzt dem Kind eine Sehhilfe, so sollte sie auch immer getragen werden. Auch für Kleinkinder gibt es ansprechende Brillengestelle, die mit Gummibändern am Kopf befestigt werden können. Biegsame Bügel und Kunststoffgläser verringern die Verletzungsgefahr. Säuglingen oder Kindern, die mit einer Brille nicht zurechtkommen, kann der Augenarzt auch

Kontaktlinsen verordnen. Bestimmte Linsentypen können Tag und Nacht getragen werden, so daß die täglichen Manipulationen am Auge entfallen. Aber bereits Kinder im Schulalter können lernen, ihre Linsen eigenhändig einzusetzen und herauszunehmen[62].

5. Das erste Jahr

Ein Menschenkind muß im ersten Lebensjahr die Entwicklung vollenden, für die es im Uterus aus Platzgründen nicht mehr bleiben konnte. Dazu braucht es die Hilfe seiner Betreuer.
Im ersten Lebensjahr sollte diese Hilfe vor allem darin bestehen, daß die Eltern dem Kind all seine Bedürfnisse befriedigen. Sie sollten so mutig sein und den ersten eigenen Impulsen nachgeben, die Sie verspüren, wenn Sie so ein winziges Lebewesen sehen. Wenn Sie das Kind so allein in seinem Bettchen dauert – binden Sie es sich an den Körper. Wenn sein Schreien Ihnen ins Herz schneidet – trösten Sie es. Wenn Sie der nackte Babybauch zum Knuddeln verlockt – schmusen Sie mit dem Kind, bis sie beide genug haben. Ein Kind im ersten Lebenshalbjahr kann nicht »verwöhnt« werden. »Erziehung« kann erst dann beginnen, wenn das Kind den Zusammenhang von Ursache und Wirkung versteht. Bis dahin »lernt« das Kind nicht, sondern wird durch das unbegreifbare Tun der Erwachsenen eher verstört. Der Säugling lebt noch vollkommen zeitlos nur im Augenblick. Die Erfüllung eines Bedürfnisses, das er *jetzt* hat, kann er nicht auf später verschieben, weil er noch kein »später« kennt. Erst gegen Ende des zweiten Lebenshalbjahres beginnt das Kind langsam, zwischen jetzt, vorher und nachher zu unterscheiden.
Ähnlich verhält es sich mit jenen Programmen, mit denen Kinder intelligenter, musikalischer, beweglicher, wasserliebender oder sonst etwas gemacht werden sollen. Jedes Kind hat einen naturgegebenen Bewegungs- und Entdeckungsdrang. Wenn der durch Erwachsene nicht gebremst wird, lernt ein Kind zu jeder Zeit seiner Entwicklung das, was für es gerade »dran« ist. Dabei gibt es allerdings zwischen den verschiedenen Kindern große Unterschiede, Vorlieben und Abneigungen. Der Vergleich mit Tabellen oder dem Kind von nebenan wird der Einzig-

artigkeit Ihres Kindes nicht gerecht. Er kann bestenfalls dem erfahrenen Kinderarzt helfen, die Besonderheit eines Kindes von einer krankhaften Veränderung zu unterscheiden.

5.1. Schreien

Der Säugling hat nur ein Mittel, mit dem er sich seinen entfernten Mitmenschen bemerkbar machen kann: die Stimme. Seltsamerweise wird das jedoch immer als »Schreien« bezeichnet, also als etwas Unangenehmes, Lästiges. Wer sein Kind länger kennt, wird allerdings bald bemerken, daß unterschiedliche Bedürfnisse auch zu abweichenden Lautäußerungen führen. Schreien ist eine Mitteilung des Kindes an seine Mitmenschen.

Die Gründe für den Krach können vielfältig sein: Hunger, Durst, Schmerzen, Langeweile, Müdigkeit usw. Sehr häufig drückt das Kind damit jedoch sein Bedürfnis nach Nähe aus. Wärme, Geruch und Bewegung eines Menschen zu spüren ist für das Kind die Sicherheit, nicht allein gelassen zu sein. Denn Alleinsein bedroht sein Leben. Manche körperlich ausgetragenen Kinder scheinen noch eine Zeit der engen körperlichen Verbundenheit mit einem Menschen zu brauchen, um seelisch »nachreifen« zu können. Sie sind friedlich, wenn sie am Körper getragen werden, und weinen fortwährend, sobald sie im Bett abgelegt werden[1].

»Schreien kräftigt die Lungen.« An diesen Grundsatz haben Generationen von Eltern tatsächlich geglaubt. Heute weiß man es besser: Zufriedene, getröstete Kinder schreien wenig und haben kerngesunde Lungen.

Schlafens- und Essenszeiten lassen sich durch Schreienlassen bestenfalls erzwingen – Ordnung und Regelmäßigkeit kann ein Säugling dadurch noch nicht erlernen.

Seinen natürlichen Bedürfnissen folgend, fordert der Säugling das, was er braucht. Und Sie sollten Ihrem natürlichen Bedürfnis folgen und ihm in seiner Not helfen, die er durch Geschrei ausdrückt.

5.2. Schlafen

So schön ein ungestörter Nachtschlaf ist – Menschen mit einem Säugling im Haus sollten jede störungsfreie Nacht als Geschenk betrachten. Fordern, erzwingen oder ertricksen läßt sich das nicht. Jedes Menschenkind braucht seine Zeit, um seinen Rhythmus zwischen Tag und Nacht zu finden. Dabei sind die Bedingungen unbekannt, die das eine Kind veranlassen, im Alter von sechs Wochen 10 Stunden Nachtruhe einzuhalten, und ein anderes noch mit 9 Monaten nachts aufwachen lassen. In den ersten Wochen wird das Kind nachts sicherlich vor allem vom Hunger geweckt. Lange Zeit auch noch wird nächtliches Weinen heißen: »Ich bin ganz allein auf der Welt.« Doch viele andere Faktoren kommen noch hinzu, die wir nicht kennen. Bis zu dem Tag, an dem sich alles von selbst ändert, können Strategien helfen, die es erleichtern, mit der nächtlichen Ruhestörung zu leben.

- Wenn Sie es mögen, es dem Kind gefällt und Ihr/e Partner/in einverstanden ist: Nehmen Sie das Kind mit ins Bett. Die Angst, es könne dort von Ihnen erdrückt oder von der Decke erstickt werden, ist unbegründet. Genauso hellhörig wie Ihre Ohren auch im tiefsten Schlaf auf Geräusche Ihres Kindes reagieren, genauso empfindlich werden Sie für die Berührung des Kindes in Ihrem Bett. Außerdem kann sich das Kind energisch wehren: Wenn ihm das Atmen schwerfällt, werden Sie es durch sein Strampeln mitgeteilt bekommen.
- Finden Sie mindestens eine weitere Person, die sich mit Ihnen die nächtliche Baby-Betreuung teilt. Wenn das Kind noch gestillt wird, sollten Sie überlegen, ob überschüssige Milch tagsüber abgepumpt und im Kühlschrank für eine nächtliche Mahlzeit aufgehoben werden soll oder ob nachts eine Flasche mit adaptierter Milch in die Hände eines anderen gelegt werden soll.

5.3. Liegen oder Tragen

Seit Jahrhunderten war es ein luxuriöses Zeichen der Zivilisation, wenn auch Kinder ein eigenes Bett hatten. Und von Stund an wurden sie nach Fütterung und Säuberung in ihr Bett abgelegt, wenn sie eines hatten.

Doch eine noch so modische Ausstattung hebt die dadurch bedingte Trennung von Säugling und Betreuern nicht auf: Das Kind wird sich am Körper eines Menschen immer am wohlsten fühlen. Naturvölker haben das Tragen der Kinder nie aufgegeben. Dieses Verhalten ist inzwischen zu uns zurückgekehrt. In Tüchern zum Knoten oder Sitzen zum Umgurten bindet man sich das Kind an die Brust, auf die Hüfte oder den Rükken.
Dieses Kindertransportmittel hat Vorteile: Das Kind fühlt die Nähe des Betreuers, dieser fühlt die Bedürfnisse des Kindes. Die ständige Bewegung beruhigt das Kind. Ist es wach, kann es aus dieser sicheren Position die Welt beobachten. Der Erwachsene hat beide Hände frei zum Arbeiten. Der Wirbelsäule des gesunden Säuglings schadet dieses Tragen nicht. Die immer wieder wechselnden Lagen sind im Gegenteil ein positiver Entwicklungsreiz. Kinder mit besonders schwacher Muskulatur, die im Alter von sechs Wochen den Kopf noch nicht aus der Bauchlage heben können, sollten allerdings besser nicht so getragen werden[2].

Der Nachteil ist: Auf die Dauer kann es recht schwer werden, ein Kind so zu tragen. Längere Gänge sollte man darum besser nicht allein machen. Das Knoten und Gurten der Tragegestelle erscheint manchmal unüberwindlich schwierig. Die Gebrauchsanweisungen sind nur selten eine Hilfe. Am besten läßt man sich die Technik zeigen und sich beim Üben nicht entmutigen.

Über die richtige Lage des Kindes in seinem Bett gab es jahrelang einen erbitterten Streit der Wissenschaftler. Für Bauch- oder Rückenlage gab es immer gute Argumente, die die jeweiligen Gegner mit einem Gegenargument parierten[3]. Letztendlich ergab sich die Empfehlung eines »Wende-Babys«, das in bestimmten Zeitabständen mit Hilfe von Kissenkonstruktionen in bestimmten Lagen gehalten werden sollte. Aus alledem kann man nur eines folgern: Probieren Sie aus, in welcher Lage sich Ihr Kind am wohlsten fühlt, und betten Sie es so, wie es ihm gefällt. Als Faustregel kann gelten: Ein waches Kind auf den Rücken legen, damit es sieht, was in der Welt geschieht; zum Schlafen das Kind auf den Bauch legen. Ausnahmen davon kann der Kinderarzt bei bestimmten Knochenverformungen verordnen.

5.4. Ernährung

5.4.1. Stillen

Lange Jahre wurde den Müttern eingeredet, daß sie für ihre Kinder nichts Besseres tun könnten, als ihnen »nach wissenschaftlichen Erkenntnissen hergestellte« Industrie-Trockenmilch aufzulösen. Inzwischen ist aber wohl auch in den hintersten Winkel des Landes die Erkenntnis gedrungen, daß es nichts Besseres für einen Säugling gibt, als sich an der Brust seiner Mutter satt zu trinken. Dennoch werden nur 6 bis 7 Prozent der Säuglinge in der BRD und Österreich länger als drei Monate gestillt[4]. Um diese Quelle möglichst lange fließen zu lassen, können folgende Hinweise helfen:

- Das Kind sollte unmittelbar nach der Geburt angelegt werden.
- Zum Stillen gehört Zeit, Ruhe und Entspannung. Es gibt nichts, was in dieser Zeit wichtiger wäre als die Gemeinsamkeit zwischen Ihnen und dem Kind.
- Die Milchproduktion wird durch den Durst des Kindes gesteuert. Je stärker es saugt und je mehr es trinkt, desto mehr wird nachgebildet.
- Das Kind darf so viel trinken, wie es will.
- Das Kind darf so oft trinken, wie es will. Auch 10mal pro Tag sind anfänglich »normal«. Später entwickelt das Kind ohnehin seinen Rhythmus, der Ihnen mehr Zeit läßt.
- Lieber öfter anlegen als zufüttern. Zufüttern ist der Beginn des Abstillens.
- Essen Sie alles, was Ihnen schmeckt, und trinken Sie, so viel Sie mögen.

Muttermilch steht keimfrei, richtig temperiert und ohne jeden Aufwand zur Verfügung. Außer Händewaschen und dem Aufknöpfen der Bluse sind keine Vorbereitungen nötig. Hände- und Brustdesinfektion sind überflüssig. Das Kind hat den Vorteil, Nahrung und Flüssigkeit in der notwendigen Menge zu bekommen. Außerdem paßt sich die Muttermilch den Bedingungen des Säuglingskörpers ständig an. Gleichzeitig trinkt das Kind mit der Muttermilch auch einen gewissen Infektionsschutz. In der Milch sind von der Mutter produzierte Antikörper enthalten, die das Kind vor Krankheiten schützen. »Brustkinder« neigen seltener zu Nahrungsmittelallergien als »Flaschenkinder«. Das in der Muttermilch enthaltene Eisen kann vom Kind wesentlich besser verwertet werden als jedes andere in irgendwelcher Form zugeführte Eisen. Das gilt jedoch nur, solange das Kind voll gestillt, also nichts zugefüttert wird[5].

Immer wieder wird bei verschiedenen Erkrankungen zum Abstillen geraten. Das ist jedoch nur selten notwendig.

Kein Grund zum Abstillen ist:

- Eine Gelbsucht beim Kind (siehe Seite 98);
- Mundsoor beim Kind. Wenn das Kind mit einem Medikament gegen die Hefepilze behandelt werden muß, kann die Mutter damit auch ihre Brustwarze einreiben[6].
- Brustdrüsenentzündung (Mastitis) der Mutter, solange sich kein Abszeß gebildet hat, aus dem Eiter austritt. Wenn für die Frau die Schmerzen erträglich sind, kann sie weiter stillen. Auch eine Behandlung mit einem geeigneten Medikament (z. B. Penicillin) ist kein Grund zum Abstillen[7].

Die große Verunsicherung: Schadstoffe in der Muttermilch

Seit bekannt wurde, daß Muttermilch bis zu 10fach höhere Konzentrationen an Schadstoffen aufweist als Kuhmilch, fragten sich auch stillwillige Frauen, ob das Stillen dann noch sinnvoll sei. Inzwischen ist diese Frage jedoch eindeutig beantwortet: Mit Schadstoffen belastete Muttermilch ist in jedem Fall gesünder als Babynahrung aus der Flasche – dieses gilt zumindest für die ersten sechs Monate. Wer länger stillen will und sich vorher über die Schadstoffbelastung informieren will, sollte seine Milch untersuchen lassen. Das geschieht nur in Bremen und Hessen kostenlos. In allen anderen Bundesländern der BRD sollte bei den Gesundheitsämtern oder den Verbraucher-Zentralen nachgefragt werden, wer Muttermilch-Untersuchungen durchführt, was geprüft wird und was sie kosten. Bei Preisen zwischen DM 250,– und 800,– lohnt sich der Vergleich. Eine Untersuchung der Muttermilch auf Schadstoffe kostet in Österreich etwa öS 1000,–. Eine Liste der Ansprechpartner finden Sie auf Seite 88.

Chlorierte Kohlenwasserstoffe wie DDT und PCB sind fettlösliche Stoffe, die uns vielerorts umgeben. DDT wurde im Bereich der EG 1972 verboten. In Österreich ist es immer noch erlaubt. Auch in anderen Staaten, aus denen wir Nahrungsmittel importieren, wird es immer noch verwendet. Für das Umweltgift PCB (polychlorierte Biphenyle) gibt es nicht einmal gesetzlich festgelegte Höchstmengen[8]. In den Fettdepots von Mensch und Tier lagern sich diese Gifte ab. Von dort gelangen sie auch in die Milch. Da Kühe fast ihr ganzes Leben lang Milch geben, scheiden sie ihre Gifte auch schneller aus. In der Muttermilch sammelt sich hingegen all das an, was bis dahin über die verfütterten Pflanzen in die Tiere und über die Fleischnahrung in die Menschen gelangt ist. Mit einer kurzfristigen Änderung der Ernährungsgewohnheiten kann die Schadstoffbelastung der Muttermilch nicht verringert werden. Erhöhte Mengen an Schadstoffen wurden bei jenen Frauen festgestellt, die

- häufig und fettreiche Fleisch- und Wurstwaren essen;
- am Arbeitsplatz der Belastung von Chemikalien ausgesetzt sind;
- in der Nähe einer Müllverbrennungsanlage wohnen;
- in einer Wohnung leben, deren Inventar chemisch behandelt ist;
- während der Stillzeit eine Abmagerungskur machen.

Die Milch von Frauen, die sich seit Jahren mit Produkten aus biologischem Anbau vegetarisch ernährt haben, wies den geringsten Schadstoffgehalt auf[9].

Wer Tips oder Hilfe braucht beim Stillen, kann sich an die Stillgruppen wenden, die sich allerorten gebildet haben. Bei den folgenden Adressen erfahren Sie, wo Sie die Ihrem Wohnort nächstgelegene finden:

Silvia Brunn
Rheingaustr. 14
D-5429 Welterod
Tel.: 06775/1368

La-Lèche-Liga Deutschland e. V.
Postfach 96
D-8000 München 65

Margit Gollob
Stattegg-Ursprung 73
A8046 Graz
Tel.: 0316/6712433

La-Lèche-Liga Österreich
Postfach
A-6500 Landeck

Ansprechpartner für Muttermilch-Untersuchungen in Deutschland

Baden-Württemberg	Chemische Landesuntersuchungsanstalt Hoffstr. 3, 7500 Karlsruhe Tel.: 0721/1353611 Chemische Landesuntersuchungsanstalt Gerberstr. 24, 7600 Offenburg Tel.: 0781/24034 Chemische Untersuchungsanstalt Schulberg 17, 7530 Pforzheim Tel.: 07231/392444 Chemische Landesuntersuchungsanstalt Hedingerstr. 2/1, 7480 Sigmaringen Tel.: 07571/101470 Chemische Untersuchungsanstalt Schafflenberg 81, 7000 Stuttgart Tel.: 0711/2161
Bayern	Landesuntersuchungsamt für das Gesundheitswesen Südbayern Veterinärstr. 2, 8042 Oberschleißheim Tel.: 089/315601
Berlin	Landesinstitut für Lebensmittel, Arzneimittel und Tierseuchen, Invalidenstr. 60, 1000 Berlin 21 Tel.: 030/397051
Bremen	Staatliche chemische Untersuchungsanstalt St. Jürgen-Str. 2800 Bremen Tel.: 0421/4975447
Hamburg	Chemische- und Lebensmitteluntersuchungsanstalt, Marckmannstr. 129a, 2000 Hamburg 28 Tel.: 040/78964355 oder 78964316

Hessen	Staatl. Medizinal-, Lebensmittel und Veterinär-untersuchungsamt Marburger Str. 54, 6300 Gießen Tel.: 0641/30060
Niedersachsen	Gesundheitsämter
Nordrhein-Westfalen	Chemisches Landesuntersuchungsamt NRW Sperlichstr. 19, 4400 Münster Tel.: 0251/79030
Rheinland-Pfalz	Chemisches Untersuchungsamt Nikolaus-von-Weis-Str. 1, 6720 Speyer Tel.: 06232/9711
Saarland	Chemisches Untersuchungsamt Charlottenstr. 7, 6600 Saarbrücken 1 Tel.: 0681/53041
Schleswig-Holstein	Untersuchungsstelle für Umwelttoxikologie, Brunswiker Str. 16, 2300 Kiel Tel.: 0431/5965016

Muttermilch-Untersuchungsstellen für Österreich

Milchwirtschaftsfond
Wipplinger Straße, 1090 Wien
wird durchgeführt im Labor Jägerstr.
Tel. 333542

Landwirtschaftlich-chemische Bundesanstalt
Alliiertenstraße, 1020 Wien
Tel.: 241511

Lebensmitteluntersuchungsanstalt Wien
Tel.: 362255

Labor der veterinärmedizinischen Universität Dr. Asberger
Wien III

Genußgifte: Wenn die Mutter raucht, bekommt das Kind mit der Milch Kadmium gefüttert. Gestillte Kinder von Frauen, die stark rauchen, sind häufig nervös und haben Magen- und Darmstörungen.
Einen Teil des Alkohols, den die Mutter trinkt, schluckt auch das Kind. Größere Mengen oder Hochprozentiges sollten darum gemieden werden.
Koffein aus Kaffee oder Tee geht auch in die Muttermilch über. Ob das das Kind jedoch beeinträchtigt, hängt davon ab, wie empfindlich es ist.

Medikamente: Viele Inhaltsstoffe von Medikamenten finden sich auch in der Muttermilch wieder. Sagen Sie darum jedem Arzt, der sie behandelt, daß Sie stillen. Fragen Sie bei frei verkäuflichen Arzneimitteln Ihren Apotheker, ob Sie das Mittel auch während der Stillzeit schadlos einnehmen können. Grundsätzlich sollten Sie so lange wie möglich versuchen, ohne Medikamente auszukommen. Wenn es jedoch unumgänglich ist, gibt es auch Stoffe, die das Kind kaum gefährden. Dazu gehört z. B. das Penicillin, mit dem manchmal eine Brustdrüsenentzündung bekämpft werden muß.
Unsere Umwelt ist durch Schadstoffe stark genug belastet, und wir können dem kaum entgehen. Die Belastung des eigenen Körpers und des Kindes durch Genußgifte und Arzneimittel steuern wir selbst.

5.4.2. Flaschennahrung

Wenn ein Säugling mit der Flasche ernährt werden muß, so sollten ihm möglichst viele Annehmlichkeiten der Brustfütterung gewährt werden. Auch bei der Fütterung mit der Flasche kann man das Kind an die nackte Haut der Brust legen, so daß es den Herzschlag hören kann, der es neun Monate lang beruhigt hat. Als Flaschennahrung ist die Milch am besten geeignet, die der Muttermilch am ähnlichsten ist. Das sind die sogenannten *adaptierten* Fertigmilchnahrungen. Sie sind so dünnflüssig wie Muttermilch und schmecken auch so ähnlich. Mit ihnen kann das Kind jederzeit gefüttert werden, wenn es Hunger hat. Möglicherweise verlangt ein mit adaptierter Milch gefütterter Säugling häufiger nach der Flasche als ein gestilltes Kind nach der Brust. Dann müssen Sie eben öfter die Flasche geben. Keinesfalls sollten Sie auf andere, »nahrhaftere« Nahrung überwechseln. Wer während der Stillzeit zufüttern muß, sollte das *nur* mit adaptierter Milch tun.
Als nahrhaftere und damit sättigendere Nahrungen werden die soge-

nannten *teiladaptierten* Fertigmilchprodukte angesehen. Die sind dickflüssiger, weil sie mehr Kohlenhydrate in Form von Stärke, Mehl und Zucker enthalten. Sie werden vom Körper langsamer aufgenommen, liegen also längere Zeit im Magen. Manche Kinder schlafen dadurch länger, andere schlafen schlechter, weil sie »einen Stein im Magen« haben. In jedem Fall stören diese Milcharten den natürlichen Regulationsmechanismus von Sättigungs- und Hungergefühl. Außerdem sind sie oft erheblich süßer als Muttermilch, und die Programmierung des Kindes auf »süß« beginnt (siehe Ernährung, Seite 47).
Mit teiladaptierten Nahrungen müssen Sie einen festen Fütterungsplan einhalten. Wer das nicht tut, kann sein Kind schnell überfüttern. Die auf der Packung angegebene Pulvermenge muß exakt eingehalten werden. Auch wenn die Hersteller anderes empfehlen – vor dem vierten Lebensmonat sollten teiladaptierte Nahrungen nicht gefüttert werden[10].
Die Bequemlichkeit, Milch aus der Tüte aufgießen zu können, hat ihren Preis. So hat die Verbraucherzentrale Hamburg errechnet, daß die monatlichen Kosten für die Ernährung eines Kindes mit der adaptierten Nahrung *Pre Aptamil* Anfang 1986 im Durchschnitt bei DM 103,50 (ÖS 730,–) lagen. Noch teurer wird die Säuglingsernährung, wenn die Eltern jenen Herstellern glauben, die versprechen, mit einer »hypoallergenen Babynahrung« werde das Kind vor zukünftigen Allergien geschützt[11]. Dafür gibt es jedoch keinen Beweis. Eine solche Spezialnahrung benötigen nur Kinder mit ausgesprochen hohem Allergierisiko, z. B. wenn beide Eltern Allergiker sind.
Von manchen Herstellern wird auch noch sogenannte »Folgemilch« angeboten. Sie darf wegen ihres hohen Eiweiß- und Fettgehaltes erst ab dem 6. Lebensmonat gefüttert werden. Zu diesem Zeitpunkt kann das Kind aber auch bereits unveränderte Kuhmilch trinken. Folgemilch ist folglich überflüssig.

Flaschennahrung selbstgemacht?

Alle künstlichen Säuglingsmilchnahrungen entstehen auf der Grundlage von Kuhmilch. Für ein Menschenkind enthält diese jedoch zuviel Eiweiß und Mineralstoffe, aber zu wenig Kohlenhydrate. Außerdem sind diese Bestandteile im einzelnen anders zusammengesetzt als in der Muttermilch. Würde ein Säugling mit reiner Kuhmilch ernährt, dann wären seine Nieren bald damit überfordert, die unangepaßten Mengen an Stoffwechselprodukten auszuscheiden. Auch Vitamine und ungesättigte Fettsäuren würden dem Kind fehlen und Stoffwechselstörungen

adaptiert	teiladaptiert	Folgemilch
Pre-Aletemil	Aletemil 1	
	Aletemil 2	
Pre Aponti S. M.	Aponti 1	Aponti 2
Pre-Aptamil	Aptamil	Nektarmil 2
Pre-Beba	Beba 1	Beba 2
Hippon A	Hippon 1	Hippon 2
Pre Humana 1	Humana 2	Humana
	Humana baby-fit	
	Humana baby-fit. (Neonata)	
Lactana A	Lactana B	
Pre-Milumil	Milumil	
Multival 1		
Multival 2		Multival-Nova

hervorrufen. Den häufig propagierten Vollkornmischungen fehlt es meistens an Fett, dafür haben sie einen zu hohen Anteil an Kohlenhydraten. Außerdem erhöht sich mit ihnen das Risiko, daß das Kind eine Darmerkrankung bekommt, die auf einer Allergie gegen bestimmte Mehlanteile beruht (Zöliakie). Der noch unausgereifte Darm junger Säuglinge ist dafür empfindlicher als der älterer Kinder. Während der ersten drei Monate sollte darauf verzichtet werden, den Säugling mit selbst hergestellter Milch zu ernähren. Wenn das Verdauungssystem später weniger empfindlich ist, ist das schon eher möglich.
Dann empfiehlt sich die folgende Mischung:
Für 400 g Säuglingsmilch[13]
200 g pasteurisierte Vollmilch (3,5 % Fett)
10 g = 4 gestrichene Teelöffel Maisstärke
16 g = 4 gestrichene Teelöffel Haushaltszucker
6,0 g = 1,5 Teelöffel Maiskeimöl oder Sonnenblumenöl.

Selbstverständlich muß bei einer solchen Milch die Beikost den Bedarf an Vitaminen und Eisen decken. Vollkorn-Säuglingsnahrungen sollten vor Ablauf des ersten Lebenshalbjahres nicht gefüttert werden.

Flaschenernährung und Hygiene

Wenn unser Leitungswasser die Wasserwerke verläßt, ist es unbedenklich – was den Gehalt an Krankheitskeimen angeht. Da es jedoch auf dem Weg bis zu unserem Wasserhahn auf vielerlei Möglichkeiten verunreinigt werden kann, empfiehlt es sich, im ersten Lebensjahr für Säuglinge nur abgekochtes Wasser zu verwenden. Die Nahrung sollte vor jeder Mahlzeit frisch zubereitet werden, den Rest bekommt die Katze. Flaschen und Sauger sollten nach jeder Mahlzeit gereinigt werden. Einmal täglich kann man alle für die Babynahrung verwendeten Gerätschaften in einem großen Topf auskochen. Chemische Desinfektionsmittel (z. B. *Milton*) sind unnötig, teuer und schädigen die Umwelt[14]. Wer auf sie verzichtet, erspart seinem Kind eine vermeidbare Belastung mit den Resten des Desinfektionsmittels. Darmerkrankungen sind nach chemischer Desinfektion auch nicht seltener.

Das Wasser fürs Fläschchen

Erwachsene und Kinder über ein Jahr können unser Leitungswasser normalerweise ohne Bedenken trinken. Für den jungen Säugling gilt das jedoch nicht uneingeschränkt. Die intensive Düngung in der Landwirtschaft hat das Grundwasser mit Nitraten angereichert. Sie sind für Säuglinge besonders gefährlich. Ihr noch unausgereifter Stoffwechsel verwandelt Nitrat in Nitrit. Dieses verbindet sich mit dem Sauerstoffüberträger des Blutes. Eine Nitritvergiftung ist so etwas wie ein »inneres Ersticken«. Die Trinkwasserverordnung der BRD erlaubt einen Nitratgehalt von 50mg/l. Da das jedoch nicht immer eingehalten werden kann, gibt es Ausnahmegenehmigungen, nach denen das Trinkwasser auch bis zu 90mg/l Nitrat enthalten kann. In einem solchen Fall muß von den Gesundheitsbehörden zur Zubereitung von Säuglingsmilch kostenlos Wasser zur Verfügung gestellt werden, das weniger als 50mg/l Nitrat enthält[15]. Tafelwasser mit dem Zusatz »geeignet für Säuglingsernährung« muß in der BRD einen Nitratgehalt von unter 10mg/l oder einen Nitritgehalt von unter 0,02mg/l haben[16]. Fragen Sie deshalb zur Sicherheit bei Ihrem Wasserwerk nach, wie hoch der Nitratgehalt Ihres Leitungswassers ist.

Wer sein Trinkwasser aus einem hauseigenen Brunnen bezieht, müßte es in einem Labor untersuchen lassen. Die Kosten dafür liegen bei ca. 30,– DM. Liegt der Nitratgehalt deutlich über dem Grenzwert von 20mg/l, so sollte zur Säuglingsernährung auf entsprechend gekennzeichnetes Tafelwasser ausgewichen werden.

Auch österreichisches Trinkwasser sollte laut Gesetz nicht mehr als 50 mg Nitrat pro Liter enthalten. Mengen bis 100 mg werden jedoch geduldet. Der Staat ist nicht verpflichtet, für die Säuglingsernährung nitratarmes Wasser zur Verfügung zu stellen. Bei etwa jedem zehnten Wassergewinnungswerk in Österreich wird der Richtwert von 50 mg/l überschritten.

Für die Säuglingsernährung sollte auch dann auf Tafelwasser ausgewichen werden, wenn das Wasser einen hohen Bleigehalt hat. Die Trinkwasserverordnung begrenzt ihn auf 0,04 mg/l. Da das Blei aber oft erst durch die im Haus verlegten Bleirohre in das Wasser gelangt, kann nur eine privat bezahlte Untersuchung Auskunft über den Bleigehalt des Wassers geben. (Kosten zwischen 50,– und 120,– DM). Die Folge eines zu hohen Bleigehalts im Blut kann eine Störung der geistigen Entwicklung sein [17] (siehe Seite 44).

In Österreich führt das Hygieneinstitut der Stadt Wien diese Untersuchungen durch. Die Prüfung auf Nitrat kostet ca. ÖS 450,–, die auf Blei ÖS 600,–. Wenn Sie in einem anderen Bundesland wohnen, können Sie sich bei der Bundesanstalt für Lebensmitteluntersuchungen (Tel.: 0222/427661) informieren, wer für Sie zuständig ist.

Wer Wasserleitungen aus Kupfer hat, sollte den pH-Wert des Wassers prüfen lassen: Die Kombination von saurem Wasser (pH-Wert unter 6,7) und Kupferleitungen kann Kupfer aus den Rohren herauslösen. Wird ein Säugling in den ersten Lebensmonaten mit Fertignahrung gefüttert, die mit solchem Wasser hergestellt wurde, können lebensbedrohliche Leberveränderungen die Folge sein [18]. Abhilfe schafft nur das Verlegen neuer Wasserleitungsrohre. Bis dahin muß Säuglingsnahrung mit Tafelwasser zubereitet werden.

5.4.3. Beikost

Die Beikost unterliegt zwei Begrenzungen: Bis zu einem bestimmten Alter dürfen einige Nahrungsmittel noch nicht gegeben werden, weil das Kind sie noch nicht verkraftet; ab einem bestimmten Alter sollen sie gegeben werden, damit das Kind keinen Mangel erleidet. Der Aufdruck auf den Fertignahrungen z. B. »ab 6. Monat« bedeutet, daß das Verdauungssystem bis dahin im allgemeinen soweit ausgereift ist, daß diese Nahrungsmittel schadlos vertragen werden können. Es bedeutet nicht, daß das Kind dieses Nahrungsmittel dann »braucht«. Bis zum 6. Lebensmonat gilt die Devise: Je später zugefüttert wird, desto besser. Der erste Brei sollte dann ein Gemüse-Fleisch-Gericht sein.

Ab der 6. Lebenswoche kann Obstsaft gegeben werden, ab dem 4. Monat kann ein Obst- oder Gemüsebrei gegeben werden – es muß aber nicht sein. Der wichtigste Stoff im ersten Lebenshalbjahr ist das Eiweiß, das mit der Milch zugeführt wird. Danach ersetzen nach und nach Eiweiße aus anderen Nahrungsmitteln wie Fleisch, Gemüse oder Getreide das Milcheiweiß. Bis zum 6. Monat sollte die tägliche Milchmenge für den Säugling nicht unter 500 ml liegen. Der junge Säugling braucht noch keine Abwechslung in seinem Speiseplan. Meistens wird viel zu früh zugefüttert. Bei Fertigprodukten kann das folgende Nachteile haben:

- Das Kind bekommt zuviel Kohlenhydrate und wird zu dick.
- Das Kind gewöhnt sich an süßes Essen, weil fast alle Produkte gesüßt sind.
- Das Kind nimmt zuviel Vitamine zu sich, da fast alle Produkte künstliche Vitaminzusätze enthalten.
- Das Kind nimmt zuviel Salz auf, da manche Babykost immer noch zusätzlich gesalzen ist.

Im 2. Lebenshalbjahr werden die Getreideprodukte in die Säuglingsernährung mit einbezogen: Grieß, Reis, Nudeln und Brot kommen hinzu. Anfänglich wird alles fein püriert, langsam dann immer gröber gelassen, um die Kautätigkeit anzuregen. Die Säuglingsmilch kann nach und nach durch Kuhmilch ersetzt werden.

Alle Nahrungsmittel für diese Zeit werden von der Industrie vorgefertigt angeboten: Obst, Gemüse und Fleisch im Glas, Milchbrei im Paket, Tee in der Dose. Das ist zwar teurer als Selbermachen, hat aber den Vorteil, daß die verwendeten Grundstoffe auf ihren Gehalt an Nitrat und Pflanzenschutzmitteln untersucht worden sind. So ist sichergestellt, daß diese beiden Schadstoffe eine festgelegte Höchstgrenze nicht überschreiten. Trotzdem kann man nicht davon ausgehen, daß Fertigkost schadstofffrei ist. Sie kann trotz der Analysen Stoffe enthalten, die für das Baby schädlich sind, auf die aber (noch) gar nicht geprüft wird. 1980 war das z. B. das Östrogen, das den Kindern mit dem Kalbfleisch in der Babykost verabreicht wurde. Die gesetzlichen Bestimmungen schützen das Kind derzeit nur vor zuviel Nitrat und Pflanzenschutzmitteln.

Selbstverständlich kann Babykost auch in der eigenen Küche zubereitet werden. Nach Möglichkeit sollten dazu Produkte aus biologisch-dynamischem Anbau verwendet werden. Wenn Sie sich nicht ganz sicher sind, wie die Nahrung sinnvoll zusammengesetzt wird, dann können Sie sich bei den Verbraucherzentralen Hilfe holen. Dort bekommen Sie eine Beratung, die sich nicht vornehmlich an der Industriewerbung orientiert. Ein abwechslungsreicher Speiseplan versorgt das Kind ausreichend mit Vitaminen und Eisen. Künstliche Vitaminzusätze sind unnötig. Mit Fertigkost ernährte Kinder essen z. B. oft mehr als das Doppelte der benötigten Menge an Vitamin C.

5.4.4. Die Teeflasche

Muttermilch oder adaptierte Milch sind so dünnflüssig, daß mit ihnen auch der Flüssigkeitsbedarf des Kindes bis etwa zum 6. Monat gedeckt wird. Es ist ein Widerspruch, einerseits dickflüssigere Milch zu füttern und andererseits die fehlende Flüssigkeit mit einer Teeflasche zu ergänzen. Außerdem erschwert man sich die Entscheidung: Wann hat das Kind Hunger, wann hat es Durst? Dennoch stehen die kleinen, leichten Plastikflaschen hoch im Kurs. Da die Kinder sie schon recht früh selbst halten können, bekommen die Eltern damit etwas mehr Freiheit. Dagegen ist so lange nichts einzuwenden, wie die Flaschen mit ungesüßtem Tee oder verdünntem Fruchtsaft gefüllt werden und die Kinder damit nicht am »Dauertropf« hängen. Das Dauernuckeln kann nämlich auch zur Gewohnheit werden. Und das schadet in jedem Fall den Zähnen. Werden sie nicht mehr vom Speichel, sondern von einer anderen Flüssigkeit umspült – womöglich sogar noch einer zuckerhaltigen –, dann hat die Karies leichtes Spiel[19]. Offenkundig wurde das Problem ab 1982, als sich die Firma Milupa vor Gericht gegen den Vorwurf wehren mußte, mit ihrem gesüßten Instanttee die Frontzähne der Kinder zu gefährden. Wenn sich dabei die Frage nach der »Schuld« auch nicht beantworten ließ, so hat es doch zur Folge gehabt, daß die Dosen mit Teeextrakten seit 1985 einen Hinweis tragen müssen, mit dem vor Mißbrauch gewarnt wird. Außerdem taten die Hersteller das, was bis dahin als unmöglich galt: Der Zuckergehalt des Teegranulats wurde drastisch verringert[20]. Heute bekommt man Instanttees in vielen Geschmacksrichtungen, gesüßt und ungesüßt. Dabei versteckt sich der Zuckerzusatz oft unter Bezeichnungen wie Dextrose, Maltose oder Saccharose. Und sie sind alle entbehrlich. Einen Tee aus heißem Wasser und getrockneten Blättern zuzubereiten ist kaum mehr Arbeit. Die Industrie macht keinen besseren Tee, sondern versucht, Ihnen Bequemlichkeit und Sorglosigkeit zu verkaufen.

5.5. Pflege

Spätestens wenn eine Frau mit ihrem Kind die Klinik verläßt, hat sie eine ganze Tasche voller Produkte geschenkt bekommen, mit denen sie Babys Haut weich, zart und rosig halten soll. Was aber notwendig ist und was eher schadet als nützt, kann sie immer weniger durchschauen. Eine Babyhaut muß aber nicht erst »gemacht« werden, sie ist einfach da. Allzuviel »machen« kann sie eher beeinträchtigen. Zum Reinigen benötigt man Wasser und einen Lappen; schon die Seife ist entbehrlich[21]. Ein Säugling sollte gebadet werden, wenn und weil es ihm Spaß macht, im Wasser zu sein. Die Hautstellen, die in den Windeln immer wieder mit den Exkrementen in Kontakt kommen, können mit Babyöl gesäubert werden. Um sie anschließend zu schützen, ist das Eincremen mit Babycreme sinnvoll. Allerdings sollte die Creme nicht aufgeschichtet werden: Die Feuchtigkeit der Haut staut sich sonst unter dem Belag, die Haut wird wund. Eine dünne Schicht Puder kann statt der Creme auch den Babypo schützen. Zuviel davon backt aber zu Krümeln zusammen und drückt.

1986 ergaben Untersuchungen des Bremer Umweltlabors, daß Babycremes nicht unbedingt das Beste auf Kinderhaut bringen. Mit dem Wollfett, das in ihnen enthalten ist, wurden Giftstoffe wie Lindan und Dieldrin aufgetragen. So werden bereits geringe Mengen durch die Haut in den Körper aufgenommen. Dort wirken sie als Krampfgift auf das Nervensystem[22]. Die umsatzstärksten Produkte enthielten die größten Giftmengen, aber auch die Präparate besonders »biologisch« ausgerichteter Firmen waren betroffen. Nach der Veröffentlichung reagierten manche Firmen schnell, andere gar nicht. Anfang 1988 waren allerdings die meisten Babycremes wieder ohne Giftstoffe[23].

Der »Hygiene« wird häufig eine zu große Bedeutung beigemessen. Hände, die durch Waschen gesäubert werden, sind hygienisch genug. Eine Desinfektion ist vollkommen überflüssig. Zum einen gelingt es ohnehin nicht, eine keimarme Umgebung zu errichten, zum anderen ist auch ein junger Säugling schnell mit den Keimen seiner Umgebung vertraut. Außerdem braucht das Kind die Auseinandersetzung mit Keimen, um sein Abwehrsystem zu trainieren (siehe Erkältungen, Seite 105). Wenn Sie den Körper des Babys pflegen, sollten Sie auch gleich seine Seele streicheln: Nutzen Sie die Zeit zum Schmusen mit dem Kind.

Kinder sind gerne nackt, wenn die Umgebung warm genug ist. So können Säuglinge ihr größtes Sinnesorgan, die Haut, einmal richtig einsetzen.
Die Haut eines Neugeborenen reagiert manchmal mit Pickeln, Rötungen oder Ausschlag auf die ungewohnte Luft, die es umgibt. Nach einiger Zeit der Gewöhnung verschwindet das meistens von selbst. Eine Behandlung ist nicht notwendig.

5.6. Häufige Krankheiten des ersten Lebensjahres

5.6.1. Gelbsucht (Neugeborenen-Ikterus)

Vor der Geburt hat das Kind mehr und andere rote Blutkörperchen als danach. In der Zeit der Umstellung müssen die vorgeburtlichen roten Blutkörperchen abgebaut werden. Dabei entsteht aus ihnen ein Gallenfarbstoff. Da das Abtransportsystem beim Neugeborenen noch nicht vollständig entwickelt ist, wird der überschüssige Farbstoff im Gewebe abgelagert: Das Kind hat Gelbsucht. Normalerweise klingt sie nach wenigen Tagen von selbst ab. Bei gestillten Kindern kann sich das manchmal bis zu drei Wochen hinziehen. *Das ist jedoch kein Grund zum Abstillen.* Statt dessen sollte der Kinderarzt regelmäßig das Blut kontrollieren. Besonders bei zu früh geborenen Kindern kann die Konzentration an Gallenfarbstoffen im Blut soweit ansteigen, daß das Gehirn dadurch geschädigt werden könnte. Hier sollte man nicht mehr allein auf die Selbstheilungskräfte des Körpers vertrauen. Die Kinder werden im Krankenhaus – nur mit einer Windel bekleidet – unter eine Lampe mit Blaulicht gelegt (kein UV-Licht). Bei dieser »Phototherapie« werden die Gallenfarbstoffe in der Haut in wasserlösliche Stoffe umgewandelt, die dann leicht ausgeschieden werden können. Das Kind verliert dabei relativ viel Flüssigkeit, die es durch Trinken wieder ersetzen muß. Die Augen sollten während der Behandlung durch eine Abdeckung geschützt werden[24].

5.6.2. Drei-Monats-Koliken

Es ist nichts Ungewöhnliches, wenn Säuglinge von Blähungen gequält werden. Doch bei etwa einem Viertel aller Kinder beginnt um die 4. Lebenswoche herum eine abendliche Schreiphase, die bis zu drei Stunden dauern kann. Mit hochrotem Kopf, geballten Fäusten und angezogenen Beinen brüllen diese Kinder und lassen sich durch nichts beruhigen. Manchmal geht ein wenig Luft nach oben oder unten ab, aber auch das hilft kaum. Das Kind leidet unter den sogenannten »Drei-Monats-Koliken«. Ihre Ursache ist nicht sicher bekannt, man vermutet, daß mitgeschluckte Luft, die in der Milch »festhängt«, das Kind quält. Unter diesen Koliken leiden auch gestillte Kinder – wenn auch nicht so häufig wie Flaschenkinder. Es ist verständlich, daß die Betreuer alles Erdenkliche versuchen, um wieder Ruhe ins Haus zu bringen. Sicher wirksam ist jedoch nur das Abwarten und sich währenddessen von anderen bei der Kinderbetreuung helfen zu lassen, um selbst nicht völlig zu verzweifeln: Ab etwa dem 4. Monat ist alles wieder vorbei.

Was man selbst tun kann

Zunächst einmal sollten Sie Ruhe bewahren. Angst und Schuldgefühle, »etwas falsch gemacht zu haben«, belasten die Stimmung. Drei-Monats-Koliken hängen mit der körperlichen Entwicklung des Kindes zusammen und sind kein Zeichen fehlender Liebe zum Kind.

Nehmen Sie das Kind hoch, tragen Sie es herum, massieren Sie seinen Bauch. Wechseln Sie sich darin mit anderen ab. Das schont die Nerven.

Halten Sie alle Räume, in denen sich das Kind aufhalten kann, nikotinfrei.

Wenn Sie stillen: Verzichten Sie auf Kaffee oder Tee. Probieren Sie aus, ob sich etwas ändert, wenn Sie für vier bis sechs Tage keine Milchprodukte zu sich nehmen.

Wenn Sie mit der Flasche füttern: Versuchen Sie ein anderes Saugersystem. Lösen Sie das Pulver für die abendliche Flasche in zuckerfreiem Fencheltee auf[25].

Der Kinderarzt sollte aufgesucht werden, wenn

- das Kind zwischen den Schreiphasen irgendwie auffällig ist;
- es nicht mehr trinken mag.

Arzneimittel

Naturheilmittel

Dem Kind kann ungesüßter Tee gegeben werden, der gegen Blähungen wirkt (siehe Blähungen, Seite 147).

Auf alkoholhaltige Kräuterextrakte soll verzichtet werden.

Medikamente
Das »Entschäumungsmittel« Dimethylpolysiloxan (z. B. in *Sab* Tropfen) kann auch Säuglingen gegeben werden. Die Wirksamkeit ließ sich bisher jedoch nicht nachweisen.
Beruhigungsmittel sind abzulehnen. Um zu wirken, brauchen Säuglinge davon so geringe Dosen, daß sie auch dann noch benommen sind, wenn sie wach sein sollen. Dadurch wird ihr Gehirn in einer Zeit in einem Dämmerungszustand gehalten, in dem es sich jeden Tag durch neue Reize fortentwickeln müßte.

5.6.3. Zahnungsbeschwerden

Etwa ab dem 5. Lebensmonat wird jede Unmutsäußerung des Kindes den kommenden Zähnen zugeschrieben. In dieser Zeit sabbern die Kinder besonders stark, die Nase läuft öfter, Ohrenentzündungen sind häufiger, auch dünner Stuhl tritt auf. Der ist dann die Ursache für ein schnelleres Wundwerden, besonders dann, wenn der Po mit Höschenwindeln luftdicht verklebt ist[26]. Manche Kinder bekommen beim Zahnen vorübergehend leicht erhöhte Temperatur. Möglicherweise haben die häufigeren Infektionen aber auch gar nichts mit dem Zahnen zu tun. Sie fallen nämlich in die Zeit, in der der Infektionsschutz nachläßt, den das Kind von der Mutter mitbekommen hat.

Was man selbst tun kann
Geben Sie dem Kind eine harte Brotrinde oder eine Karotte zum Draufbeißen. Der Druck lindert das unangenehme Gefühl im Kiefer. Auf die Veilchenwurzel, die unsere Großeltern an einem Band um den Hals trugen, sollten Sie besser verzichten. In ihr gedeihen Keime besonders gut.

Der Kinderarzt sollte aufgesucht werden, wenn
- deutliche Krankheitszeichen wie Fieber über mehrere Tage, starke Ohrenschmerzen u. ä. auftreten.

Arzneimittel
Die Industrie bietet auch für einen so natürlichen Vorgang wie das Zahnen ihre Dienste an. Bei den Lösungen und Salben ist jedoch Vorsicht geboten: *Pyralvex* Gel *z. B.* enthält 30 Prozent Alkohol. Auch andere Zubereitungen, die das Zahnfleisch vorübergehend schmerzunempfindlich machen sollen, sind alkoholhaltig. Noch merkwürdiger mutet die

Zusammensetzung von *Dentinox* flüssig an: In Österreich wird dieses »Zahnungsmittel« mit 17,38 Prozent Honig und 32,46 Prozent Zucker süß und klebrig gemacht. In der BRD trägt man statt dessen der Erkenntnis Rechnung, daß Zucker Karies fördert: Die Zuckeranteile wurden hier durch die Süßungsmittel Sorbit und Xylit ersetzt.

5.6.4. Milchschorf

Nach dem 3. Lebensmonat bekommen manche Kinder rote Bäckchen mit trockener, schuppiger Haut, die zudem auch jucken. Das Kind ist unruhig und versucht, sich an den lädierten Hautstellen zu kratzen. Das Ekzem kann sich nach und nach auf die Kopfhaut, den Hals, die Innenseiten der Arme und die Rückseiten der Beine ausbreiten. Der »Milchschorf« des Säuglingsalters ist manchmal der Beginn einer Hauterkrankung, die sich in unterschiedlichen Ausprägungen über das ganze Leben hinziehen kann (siehe Neurodermitis, Seite 174).

Was man selbst tun kann

Es ist wichtig, das Kind am Kratzen zu hindern, damit sich die Stellen nicht entzünden. Baumwollkleidung reizt die Haut am wenigsten. Feuchte Umschläge kühlen, fetthaltige Badezusätze lindern den Juckreiz. Auch die Kopfhaut kann (mitsamt den Haaren) mit Salben, Öl oder Paraffin gefettet werden.

Der Kinderarzt sollte aufgesucht werden, wenn

- der Ausschlag näßt oder gelblich-eitriges Sekret absondert;
- der Juckreiz dem Kind keine Ruhe mehr läßt.

Arzneimittel (siehe Neurodermitis, Seite 174)

5.6.5. Mundsoor

Einem hungrigen Säugling, der beim Trinken weint und dem das Saugen offensichtlich weh tut, sollten Sie einmal in den Mund schauen: Wenn Zunge, Zahnfleisch und Gaumen stärker gerötet und mit kleinen, weißen Flecken übersät sind, könnte das Kind einen Mundsoor oder »Schwämmchen« haben. Die Flecken sehen aus wie Milchreste, lassen sich jedoch nicht abwischen. Ohne Behandlung werden sie immer größer, bis sie als weißlicher »Rasen« die ganze Mundhöhle bedecken. Soor ist eine Infektion mit Hefepilzen. Sie kommen überall vor, können aber nur dann krank machen, wenn Haut oder Schleimhaut (vorübergehend) verändert sind. Besonders leicht erkranken solche Kinder, deren Abwehr geschwächt ist oder deren Schleimhaut nicht mehr durch die normalen Bakterien geschützt ist, weil z. B. eine Behandlung mit Antibiotika diese Bakterien vernichtet hat. Manchmal kommen Kinder auch schon mit einem Soor zur Welt: Sie haben sich dann während der Geburt bei der Mutter infiziert, die Hefepilze in ihrer Scheide hatte. Die Hefepilze des Mundes breiten sich meistens unbemerkt auch auf den Darm aus. Von dort können sie die strapazierte Haut im Windelpaket infizieren: Es entsteht eine Windeldermatitis (siehe Seite 103).

Was man selbst tun kann
Alle Gegenstände, die der Säugling in den Mund nimmt, mehrmals täglich gründlich auskochen (Flaschen, Sauger, Schnuller, Spielzeug)[28].

Der Kinderarzt sollte aufgesucht werden, wenn
– das Kind beim Trinken weint und die beschriebenen Krankheitszeichen zu sehen sind.

Arzneimittel
Gegen Hefepilze gibt es mehrere sicher wirkende Substanzen. Zunächst sollte Nystatin (z. B. in *Moronal* (BRD), *Macostatin* (Ö)) angewandt werden. Die Lösung kann dem Kind mit einer Pipette in den Mund getropft werden. Besser ist es jedoch, das Mittel auf Sauger oder Schnuller aufzutropfen. Durch das Saugen verteilt sich die Substanz dann besser im Mund. Diese Lösungen dürfen und sollen heruntergeschluckt werden. So wird der Darm gleich mitbehandelt.
Stillende Mütter sollten ihre Brustwarze mit demselben Mittel behandeln. Mundsoor ist kein Grund abzustillen.
Wenn Soorinfektionen trotz ausreichender Behandlung immer wiederkehren, sollten auch die anderen Familienmitglieder auf Hefepilzinfektionen untersucht werden. Auch eine Genitalmykose der Betreuer kann eine Infektionsquelle sein. Wenn alle Hygiene- und Behandlungsvorschriften eingehalten werden und Nystatin die Infektion nicht beseitigt hat, kann der Kinderarzt andere Pilzmittel wie Miconazol (z. B. in *Daktar* (BRD), *Daktarin* (Ö)) verordnen.

5.6.6. Der wunde Po

Der Urin, der in der Windel aufgefangen wird, zersetzt sich. Dabei entsteht Ammoniak. Aus luftdichten Windelpackungen kann er nicht entweichen und reizt die Haut. Damit wird sie empfindlicher für Keime. Setzen sich Hefepilze auf ihr fest, dann zeigen sich rote Flecken mit leicht schuppigem Saum, vielleicht auch Pusteln (Windeldermatitis). Dem Kind tut die offene Haut weh; die Eltern müssen durch sorgfältige Pflege und Behandlung dafür sorgen, daß nicht noch bakterielle Infektionen hinzukommen.

Die derzeit üblichen Höschenwindeln verpacken den Kinderpopo allerdings nicht mehr so luftdicht wie die früheren. Auch die Saugfähigkeit ist so weit verbessert worden, daß der Urin die Kinderhaut nicht sofort reizt. Damit ist nicht mehr grundsätzlich zu sagen, daß Höschenwindeln für den wunden Po verantwortlich sind. Mit ihnen bleibt aber dennoch das Problem verknüpft, daß der Kunststoffanteil nicht kompostierbar ist[29].

Was man selbst tun kann

Luft und Trockenheit sind die Feinde jedes wunden Pos. Auch Hefepilze wachsen nur im feucht-warmen Klima.

- Lassen Sie das Kind so oft wie möglich im geheizten Raum auf einer wasserdichten Unterlage ohne Windeln strampeln.
  Wenn Windeln, dann solche aus Mull mit Frottee- oder Baumwollhosen darüber. Eine weiche Papiereinlage hilft, die festen Ausscheidungen zu beseitigen. Das Verbannen aller Kunststoffschichten ist die wirksamste Behandlungsmethode für wunde Babypos und Windeldermatitis[30]. Wer die viele Arbeit des Waschens scheut, kann versuchen, ob es schon eine Besserung bringt, einmal am Tag die Plastik- durch eine Mullwindel zu ersetzen.
- Setzen Sie dem Badewasser einen Kleie-Molke-Extrakt zu.
- Fönen Sie nach dem Baden oder Waschen den Windelbereich mit gelinder Wärme trocken.
- Tragen Sie auf gerötete Hautstellen dünn eine möglichst fettarme Creme auf (weiche Zinkpaste aus der Apotheke). Unter dicken Puder- oder Cremeschichten bildet sich sonst wieder eine »feuchte Kammer».

Der Kinderarzt sollte aufgesucht werden, wenn
- die oben beschriebenen Krankheitszeichen zu sehen sind;
- die Haut näßt, gelbe oder grünliche Bläschen oder Krusten zu sehen sind;
- andere Krankheitszeichen (Fieber, Durchfall) hinzukommen.

Arzneimittel
Die auf Seite 102 unter »Mundsoor« beschriebenen Substanzen werden auch bei der Windeldermatitis angewandt. Hier sollen sie als möglichst fettarme Salbe dünn aufgetragen werden. Wenn eine Windeldermatitis immer wieder auftritt, verordnet der Arzt manchmal Pilzmittel zum Einnehmen. Damit sollen die Hefepilze im Darm vernichtet werden. Das ist jedoch unnötig, wenn man statt dessen dafür sorgt, daß die Pilze kein Klima vorfinden, in dem sie wachsen können.
Manchmal ist die durch Pilze angegriffene Haut noch zusätzlich mit Bakterien infiziert. Dann ist die abwechselnde Verwendung von Mitteln gegen Pilz- und Bakterieninfektionen notwendig.

6. Krankheitszeichen und Krankheiten

6.1. Erkältung (Grippaler Infekt)

Wenn man von »Erkältung« spricht, ist eine Infektion der oberen Atemwege mit verschiedenen Krankheitszeichen wie Schnupfen, Husten, Heiserkeit, Halsweh gemeint. Oft kommen dazu allgemeine Krankheitszeichen wie Fieber, Abgeschlagenheit, Gliederschmerzen und Appetitlosigkeit. Normalerweise klingen die Beschwerden nach drei bis sieben Tagen wieder ab – die »Erkältung« ist vorbei. Wenn das Fieber am vierten oder fünften Tag nicht vorüber ist bzw. nach kurzem Abklingen wieder stärker wird, handelt es sich nicht um eine einfache, durch Viren hervorgerufene Erkältung. Komplikationen durch zusätzliche bakterielle Infektionen (Ohrenentzündung, Nebenhöhlenentzündung, Bronchitis, Lungenentzündung etc.) können auftreten. »Erkältungen« sind die häufigste Erkrankung bei Kindern überhaupt. Bei ein bis fünf Jahre alten Kindern gelten vier bis zwölf Infektionen jährlich als durchaus normal[1]. Der Grund dafür ist, daß das Abwehrsystem des Körpers erst nach und nach durch immer wiederkehrende Infektionen »lernt«, gegen Virusinfektionen immun zu sein. Es ist nicht nur unmöglich, sondern auch unsinnig, Kinder z. B. durch Desinfektionsmittel vor Infektionen schützen zu wollen. Wenn Kinder die häusliche Umgebung verlassen und z. B. täglich in den Kindergarten gehen, kommen sie wieder mit vielen Keimen in Berührung, die ihnen fremd sind. Sie sind deshalb anfänglich häufiger krank. Später sind »Erkältungen« seltener. Der Körper hat gelernt, sich gegen bestimmte Krankheitserreger zu wehren. »Erkältungen« treten in der kalten Jahreszeit besonders oft auf – aber nicht deshalb, weil es kalt ist, sondern weil die Menschen dann enger in geschlossenen Räumen zusammensitzen und der Körper durch die sonnenarme Jahreszeit nicht so abwehrfähig ist. So können Keime leichter weitergegeben werden.

Zu 90 Prozent werden Erkältungskrankheiten durch Viren hervorgerufen[2]. Bei ihnen sind Antibiotika völlig wirkungslos. Es muß als Behandlungsfehler angesehen werden, wenn ein Arzt sie trotzdem verschreibt und damit riskiert, eine Allergie hervorzurufen. Außerdem wird die Behandlung unnötig verteuert. Bei den restlichen 10 Prozent sind die Erreger Bakterien, häufig Streptokokken. Sie bedingen oft Folgekrankheiten wie Nierenentzündung, Herzmuskelentzündung und infektionsbedingten Rheumatismus. Streptokokkeninfektionen müssen daher mit Antibiotika behandelt werden. Ob die Infektion durch Viren oder Bakterien hervorgerufen wird, kann der Kinderarzt erkennen, wenn er das Kind untersucht.

Eine »Erkältung« kann man also nicht »heilen« – auch wenn die Pharmaindustrie nicht müde wird, es Eltern und Ärzten einzureden. Man kann jedoch versuchen, einige der Beschwerden, die bei »Erkältungen« auftreten, zu lindern.

Was man selbst tun kann

Informationen dazu finden sich bei der Beschreibung der einzelnen Beschwerden:

Siehe Kapitel Fieber, Seite 108
Kapitel Husten, Seite 118
Kapitel Schnupfen, Seite 114

Wichtig bei Kindern bis zu einem Jahr

Da bei Kindern unter drei Monaten eine »Erkältung« unbemerkt zu einer schwereren Infektion werden kann, sollte auf jeden Fall ein Kinderarzt aufgesucht werden.

Der Kinderarzt sollte aufgesucht werden, wenn

- eines der Krankheitszeichen besonders stark oder ein Organ besonders betroffen ist;
- die Erkrankung nach einer Woche nicht abzuklingen beginnt.

Der Kinderarzt/eine Kinderklinik sollte ***sofort*** *aufgesucht werden, wenn*

- das Kind schwer krank wirkt. Man erkennt das daran, ob das Kind noch trinkt, wie seine Haut aussieht und sich anfühlt, ob es besonders berührungsempfindlich ist und ob es noch spielt.

Arzneimittel

Auch heute noch gilt für die Behandlung einer Erkältung: Mit Medikamenten dauert sie eine Woche, ohne Medikamente dauert sie sieben Tage. Sogenannte »Grippemittel« bestehen meistens aus einer Mischung verschiedener Wirkstoffe wie Fiebermittel, Hustenmittel, anregenden bzw. beruhigenden Mitteln. Solche Mischungen sind nicht nur sinnlos, sondern können in vielen Fällen auch schädlich sein. Derartige Kombinationsmittel sollten nicht angewendet werden[3].

Einige Grippemittel enthalten noch immer Chinin z. B. *Chinaspin* (BRD), *Chinavit* (BRD). Chinin ist als Malariamittel heute noch im Gebrauch, bei fieberhaften »Erkältungen« ist es jedoch nicht nur unwirksam, sondern ausgesprochen schädlich. Ein sinnvolles Grippemittel gibt es nicht. Manchmal kann es notwendig sein, die einzelnen Krankheitszeichen zu behandeln. Siehe dazu Fieber Seite 108, Husten Seite 118, Schnupfen Seite 114.

Mittel zum Einreiben von Brust und Rücken enthalten immer ätherische Öle, die aus Pflanzen gewonnen werden. Trotzdem können diese »natürlichen Mittel« nicht unbedenklich angewandt werden. Sie sind oft die Ursache von Allergien. Kampfer kann außerdem bei empfindlichen Personen und Kindern einen Krampf der Stimmritze verursachen. Bei Kindern unter zweieinhalb Jahren sollen kampferhaltige Salben darum nicht angewandt werden[4]. Wird Kampfer versehentlich eingenommen, kann es zu Vergiftungen kommen. Man erkennt sie am Herzrasen, Muskelzuckungen und Verhaltensstörungen wie im Rausch. Darum sollen kampferhaltige Mittel vor Kindern besonders gut verwahrt werden.

Wer beim Einatmen die Nase über Menthol hält, der glaubt, »besser Luft zu bekommen«. Dennoch gibt es keinen Beweis dafür, daß Menthol eine Wirkung auf den Verlauf von Erkältungskrankheiten hat[5]. Das gleiche gilt für alle anderen ätherischen Öle, wie sie den Einreibemitteln beigegeben werden. *Auf keinen Fall sollten mentholhaltige Salben um die Nasen von Säuglingen herumgestrichen werden*[6]. Bei einigen Kindern ist es danach schon zu einem Kreislaufzusammenbruch gekommen. Auch wenn ein Einreibemittel mit »S« oder »mild« gekennzeichnet ist, bedeutet das nicht, daß es kampfer- und/oder mentholfrei ist. Fragen Sie im Zweifelsfall Ihren Arzt oder Apotheker.

Präparate mit Kampfer, z. B.:

Baby-Liberol (BRD)
Baby Luuf (BRD/Ö)
Liberol Salbe (BRD)
Pe-Ce Salbe (Ö)
Piniol Balsam (BRD/Ö)
Rhinotussal S-Balsam (BRD)
Soledum Balsam (BRD)
Stas-Salbe mild (BRD)
Transpulmin Kinderbalsam (BRD)

Präparate mit Menthol, z. B.:

Bronchoforton Salbe (BRD)
Kinder-Luuf (BRD/Ö)
Luuf Balsam (BRD/Ö)
Pinimenthol Salbe (BRD/Ö)
Resol Salbe (Ö)
Rhinotussal Balsam (BRD)
Scottopect Gelee (Ö)
Stas Salbe (BRD)
Transpulmin Balsam (BRD)
Wick Vapo Rub Salbe (BRD/Ö)

6.2. Fieber

Von Fieber spricht man ab einer Körpertemperatur von 38 Grad Celsius. Temperaturen unter 38 Grad Celsius, die nicht von Beschwerden begleitet werden, sind ein sehr unsicheres Krankheitszeichen[7]. Sie können dadurch zustande kommen, daß das Kind etwas Heißes gegessen hat, sich angestrengt hat, zu warm angezogen oder aufgeregt ist. Ein Temperaturunterschied von 0,5 bis ein Grad Celsius zwischen dem Morgen und dem späten Nachmittag ist ganz natürlich. Nur in den allerseltensten Fällen übersteigt die Körpertemperatur 41 Grad Celsius.

Messen

Am genauesten wird die Körpertemperatur rektal gemessen. Dazu schiebt man das Fieberthermometer mit der Spitze in den After hinein. Mit etwas Creme kann das Thermometer geschmeidig gemacht werden. Wichtig ist, daß das Thermometer tatsächlich im After steckt und nicht nur zwischen den Pobacken eingeklemmt ist. Das Kind sollte beim Messen auf der Seite liegen und die Beine anziehen. Bei Kleinkindern und Säuglingen muß man das Thermometer unbedingt festhalten. Nach zwei bis drei Minuten kann die Temperatur abgelesen werden. Es ist allerdings meist sinnvoller, auf den Allgemeinzustand des Kindes zu achten, als häufig Fieber zu messen.

Fieber kann gesund sein

Fieber ist ein sinnvoller Abwehrmechanismus des Körpers gegen Krankheitserreger. Der Temperaturanstieg hemmt die Vermehrung von Viren und stärkt die körpereigene Abwehr. Fieber sollte deshalb nicht unter allen Umständen gesenkt werden[8].

Bei einer fieberhaften Erkrankung wird der »Thermostat« des Körpers verstellt, der den Wärmehaushalt reguliert. Signalisiert er dann »zu kalt«, versucht der Körper, durch Muskelzittern (Schüttelfrost) und das Engerstellen der Blutgefäße (kalte Hände, kalte Füße) sich aufzuheizen. In dieser Phase kann man ihn durch warme Wickel, heiße Getränke und eine warme Decke unterstützen. Ist die höhere Temperatur erreicht, wird dem Kind zu warm. Dann kann man ihm mit kühlen Getränken und kühlenden Wickeln Erleichterung verschaffen. In diesen Regulationsmechanismus des Körpers sollte man – nach Anweisung des Arztes – erst dann mit Medikamenten eingreifen, wenn das Fieber bedrohlich angestiegen ist.

Was man selbst tun kann

Die Bettruhe hilft dem Körper, Energie zu sparen und alle Reserven für die Krankheitsabwehr einzusetzen. Ein ernstlich krankes Kind bleibt darum freiwillig liegen. Es ist aber unsinnig, ein Kleinkind wegen erhöhter Temperatur mit Gewalt im Bett halten zu wollen. Wenn es ihm nicht gar so schlecht geht, darf es sich bewegen, herumlaufen und spielen.
Durch die erhöhte Temperatur und das Schwitzen verliert das Kind Flüssigkeit. Sie sollten es deshalb ermuntern, möglichst viel zu trinken. Geeignet sind Früchtetees, die mit Zitronensaft abgeschmeckt und mit Honig gesüßt werden.
Oft werden fiebernde Kinder zu warm angezogen. Eine »Erkältung« kann nicht durch warme Kleidung rückgängig gemacht werden. Günstiger ist Baumwollkleidung bzw. eine leichte Decke und eine etwas kühlere Zimmertemperatur (ca. 18–20 Grad Celsius). Beim Lüften muß Zugluft vermieden werden!
Wadenwickel sind ein natürliches und sinnvolles Mittel, um dem Körper zu helfen, sich abzukühlen. Sie sollten erst dann angewandt werden, wenn Hände und Füße des Kindes warm sind. Vorher können Waden-

wickel nicht nur unangenehm, sondern auch belastend für den Kreislauf sein. Für Wadenwickel wird ein schmales Nessel- oder Leinentuch in kaltes (nicht eisiges) Wasser getaucht und ausgewrungen. Dann legt man es auf ein etwas breiteres, weiches Tuch. Mit der feuchten Seite nach innen werden die Waden (bei Säuglingen das ganze Bein) locker umwickelt und die Tücher mit einer Sicherheitsnadel befestigt. Die Wikkel sollten gewechselt werden, sobald sie sich erwärmt haben.
Eine andere Möglichkeit, um das Fieber zu senken, ist, einen Eisbeutel in die Leistengegend zu legen.

Der Kinderarzt sollte aufgesucht werden, wenn
- die Temperatur trotz fiebersenkender Medikamente (siehe Seite 111) nicht sinkt;
- die Körpertemperatur länger als 2 Tage mehr als 38 Grad Celsius beträgt, ohne dazwischen abzusinken;
- das Kind länger als drei Tage vor allem abends immer wieder erhöhte Temperaturen hat;
- andere schwere Krankheitszeichen hinzukommen (z. B. Schmerzen beim Wasserlassen) oder ein Organ besonders betroffen ist.

Der Kinderarzt/eine Kinderklinik sollte **sofort** *aufgesucht werden, wenn*
- die Temperatur höher als 40 Grad Celsius bleibt;
- das Kind unablässig schreit;
- das Kind zeitweise nicht ansprechbar ist;
- sich die Krankheitszeichen bedrohlich verschlimmern oder andere hinzukommen (Krämpfe, Nackensteifigkeit).

Wichtig bei Kindern bis zu einem Jahr
Bei Kindern unter drei Monaten kann Fieber auftreten, dessen Ursache für die Betreuer nicht sichtbare Infektionen sind. Der Kinderarzt sollte in jedem Fall aufgesucht werden. Das sogenannte Drei-Tage-Fieber beruht auf einer Virusinfektion. Es wird daran erkannt, daß nach drei bis vier Tagen hohen Fiebers die Temperatur plötzlich abfällt und gleichzeitig ein roter Hautausschlag zu sehen ist. Einen Tag später ist meistens alles überstanden.

Arzneimittel

Die meisten Medikamente, die das Fieber senken, haben gleichzeitig schmerzlindernde Eigenschaften. Damit können sie gleich zwei Warnzeichen des Körpers (Fieber und Schmerzen) »verdecken« und so eine unter Umständen notwendige Behandlung der Ursache verzögern. Durch Medikamente baut man eine Temperaturwippe: Fieber – Temperatursenkung durch Medikamente – erneuter Fieberanstieg. Dadurch wird der Körper zusätzlich belastet[9]. Es sollten nur dann fiebersenkende Mittel verwendet werden, wenn das Befinden des Kindes anhaltend stark beeinträchtigt oder das Fieber höher als 40 Grad ist. Das Mittel, dessen Anwendung bei Kindern am ehesten zu vertreten ist, ist Paracetamol[10]. Es wird in Tablettenform, als Saft und Zäpfchen und in unterschiedlicher Dosierung angeboten. Kinder unter 12 Jahren sollten nicht öfter als 5mal pro Tag und nicht länger als fünf Tage lang die ihrem Alter angemessene Dosis erhalten. Dann gilt Paracetamol von allen Schmerzmitteln als die unbedenklichste Substanz.
Bei Medikamenten, die den Wirkstoff Acetylsalicylsäure (ASS, z. B. *Aspirin, Aspro, ASS-Ratiopharm*) enthalten, ist bei Kindern Vorsicht geboten. Das gilt auch für das Präparat *Aspirin junior* (100 mg)! In England gibt es aus diesem Grunde keine acetylsalicylsäurehaltigen Mittel mehr für Kinder. Bei Erwachsenen ist ASS ein recht sicheres und gut wirksames Arzneimittel. Kinder, die an Viruserkrankungen mit Fieber (z. B. Grippe) oder an Windpocken leiden und ASS-haltige Präparate einnehmen, haben ein höheres Risiko, am »Reye-Syndrom« (Fieber, Krämpfe, Bewußtseinsstörungen) zu erkranken. ASS-Präparate sollten daher keinesfalls zur Behandlung von Grippe oder Windpocken bei Kindern und Jugendlichen bis zum Alter von 19 Jahren verwendet werden[11].
Ist ein fiebersenkendes Medikament verwendet worden, so sollte man unbedingt nach 20 bis 30 Minuten erneut die Temperatur kontrollieren. Nach spätestens einer Stunde sollte das Fieber gesunken sein.

Kombinationspräparate sollten zur Fiebersenkung grundsätzlich nicht verwendet werden. Sie wirken nicht besser, sind aber mit einem erhöhten Nebenwirkungsrisiko belastet.

Präparate, die nur Paracetamol enthalten, z. B.:
Apacet Sirup (Ö)
Ben-u-ron Kaps., Saft, Tabl. Zäpfchen (BRD)

Enelfa Saft, Tabl., Zäpfchen (BRD)
Eu-med Säuglings-, Kleinkinder-, Kinderzäpfchen (BRD)
Kinder-Tylenol Kautabl.; Tropfen, Zäpfchen (BRD)
Mexalen Saft, Tabl., Zäpfchen (Ö)
Momentum Kaps., Tabl. (BRD/Ö)
und diverse Präparate, bei denen an den Namen *Paracetamol* der Name der Herstellungsfirma angefügt ist.

Präparate, die für Kinder **nicht** empfehlenswert sind, z. B.:
Acetylsalicylsäure (BRD/Ö)
Acetylin (BRD)
Acetylosal (Ö)
Acidum acetylosalicylicum (BRD/Ö)
Adolorin (Ö)
Alka-Seltzer (BRD/Ö)
APA Kinderzäpfchen, Tabl. (Ö)
Arantil (BRD/Ö)
Ascorbisal (Ö)
Aspirin (BRD/Ö)
Aspirin junior (BRD)
Aspirin plus C (BRD/Ö)
Aspro (BRD/Ö)
ASS- (Firmenname) (BRD/Ö)
Boxazin (BRD)
Cibalen (BRD/Ö)
Contradol (BRD)
Dolomo (BRD)
Dolonerv (Ö)
Dolo-Neurobion (BRD/Ö)
Dolviran (BRD)
Doppel-Spalt (BRD)
Duan (Ö)
Gelonida (BRD/Ö)
Gewadal (Ö)
Godamed (BRD)
Inalgon (Ö)
Iromin (Ö)
Ivalol (Ö)
Lonarid N (BRD)
Malinert N (BRD)
Metodril Napa (Ö)
Migränin (BRD)
Neuralgin N (BRD)
Octadon (BRD)
Olfano (Ö)
Optalidon (BRD/Ö)
Prontopyrin (BRD)
Quadronal (BRD)
Saridon (Ö)
Seda-Toximer (Ö)
Silentan (BRD)
Sinpro (BRD)
Spalt (BRD/Ö)
Temagin (BRD)
Thomapyrin (BRD/Ö)
Togal (BRD/Ö)
Treupel (BRD/Ö)
Trineral (BRD)
Vivimed (BRD/Ö)

6.2.1. Fieberkrampf

Manche Kinder neigen zu Fieberkrämpfen. Am häufigsten treten sie im zweiten und dritten Lebensjahr auf. Die meisten Kinder haben nur einmal im Leben einen Fieberkrampf. Nach dem 5. Lebensjahr werden die Krämpfe nicht mehr beobachtet. Typischerweise treten sie vor oder im Fieberanstieg auf, nicht erst dann, wenn das Fieber am höchsten ist. Bei zwei Dritteln der Kinder sind die Krämpfe nach spätestens 15 Minuten vorbei. Dauert der Krampf länger oder ist das Kind jünger als 18 Monate, dann muß in jedem Fall der Arzt durch weitere Untersuchungen ausschließen, daß es sich um eine Gehirnhautentzündung oder eine Epilepsie handelt. Nach Möglichkeit sollte jedes Kind nach einem Krampfanfall seinem Kinderarzt vorgestellt werden.

Was man selbst tun kann

- Das Kind auf den Bauch oder die Seite legen, damit es nicht stürzt und frei atmen kann.
- Beengende Kleidungsstücke am Hals lockern.
- Bei dem Kind bleiben und den Anfall kontrollieren.
- Mit der Uhr die Dauer des Anfalls kontrollieren.
- Nach dem Anfall Temperatur messen.
- Bei Kindern, die bereits einmal einen Fieberkrampf hatten, sollte in der Hausapotheke ein rektal anzuwendendes krampflösendes Mittel bereitliegen, das der Kinderarzt für diesen Notfall verordnet hat.

Der Kinderarzt/eine Kinderklinik sollte ***sofort*** *aufgesucht werden, wenn*

- das Kind jünger ist als 18 Monate,
- der Krampf auf die Behandlung nicht unmittelbar anspricht,
- der Krampf länger als 15 Minuten dauert,
- ein zweiter Fieberkrampf auftritt.

Was man ***nicht*** *tun sollte*

- Zuckungen oder Krämpfe mit Gewalt zu unterbrechen versuchen.
- Durch schockierende Behandlung (Übergießen mit kaltem Wasser) oder
  Wiederbelebungsversuche (Herzmassage, Mund-zu-Mund-Beatmung) den Anfall beenden wollen.

Arzneimittel

Es ist wichtig, das Fieber in diesem Fall so rasch wie möglich zu senken. Wenn feuchte Wickel dazu allein nicht ausreichen, dann kann in sechsstündigem Abstand eine dem Alter des Kindes entsprechende Dosis Paracetamol gegeben werden (Präparate siehe Seite 111). Besteht die Gefahr, daß sich der Fieberkrampf wiederholt, sollte der Kinderarzt den Eltern das Beruhigungsmittel Diazepam (z. B. *Diazepam Desitin rectal tube (BRD))* verordnen, das im Notfall als Rektaleinlauf gegeben werden kann. Die Gabe von Diazepam wird wiederholt, bis das Fieber unter 38,5 Grad Celsius bleibt. Das sollte jedoch nicht öfter als viermal geschehen, ohne den Arzt davon zu verständigen. Vorbeugend sollten Medikamente nur Kindern gegeben werden, die ganz besonders gefährdet sind.

6.3. Schnupfen

Schnupfen ist eine Reaktion der Nasenschleimhaut auf Reize. Kälte, Hitze, Trockenheit, Staub, reizende Dämpfe, allergieauslösende Stoffe, Bakterien oder Viren sind solche Reize. Es kommt zur Entzündung, die Blutgefäße erweitern sich, und Flüssigkeit tritt aus: Die Nase läuft. Mit dieser Reaktion werden die Fremdstoffe aus der Nase hinausgespült. Nach einigen Tagen verstärkt sich die Tätigkeit der Schleimdrüsen, der Schnupfen wird schleimig. Schleim hat die Aufgabe, Viren und Bakterien einzuhüllen, damit sie leichter ausgeschneuzt oder ausgehustet werden können. Wenn der Schnupfen überwiegend durch Bakterien hervorgerufen ist, wird das Sekret eitrig und hat eine gelb-grünliche Farbe.

Manche Kinder haben eine besonders empfindliche Schleimhaut, und da immer irgendein Reiz vorhanden ist, läuft die Nase immer. Wenn das Allgemeinbefinden nicht beeinträchtigt ist, kann man das nicht als Krankheit ansehen.

Eigentlich braucht eine laufende Nase gar nicht behandelt zu werden. Man braucht nur viele Taschentücher, die nach Gebrauch am besten in die Toilette (Papiertaschentücher) oder gleich in die Waschmaschine (Stofftaschentücher) geworfen werden sollten. Wichtig ist, daß beim Naseputzen immer nur ein Loch verschlossen wird, damit durch den

beim Schneuzen erzeugten Druck der Schleim nicht in die Nasennebenhöhlen gepreßt wird. Die natürliche Reaktion der Kinder ist es, »die Nase hochzuziehen«. Immer wieder werden sie angehalten, das nicht zu tun, da sich »Hochziehen nicht gehört«. Dabei ist es eine natürliche und gute Reaktion. Beim Aufziehen entsteht ein Unterdruck, der Schleim und Sekrete aus allen Nischen und Höhlen absaugt. Das Verschlucken von Schleim ist völlig ungefährlich. Verschluckte Bakterien und Viren werden durch den Magensaft zerstört.
Wenn die Schleimhautschwellung die Nebenhöhleneingänge oder den Ohren-Nasen-Gang verschließt und das Sekret nicht abfließt, können sich dort Bakterien ansiedeln und eine Nebenhöhlenentzündung (Sinusitis) oder eine Mittelohrentzündung (Otitis) verursachen. Kommt es nach einer Erkältung nach vorübergehender, kurzdauernder Besserung wieder zu Fieber, Appetitlosigkeit und eitrigem Schnupfen, Ohren- und Kopfschmerzen, die besonders beim Bücken auftreten, dann sollte der Kinderarzt aufgesucht werden.
Bei einem allergischen Schnupfen (Heuschnupfen, siehe Seite 172) sind meistens gleichzeitig die Augen gerötet und brennen. (Siehe dazu Kapitel Allergien, Seite 170.)

Was man selbst tun kann

Trockene Luft ist ein zusätzlicher Reiz für die Nase. Deshalb sollte man für möglichst feuchte Zimmerluft sorgen. Das erreicht man z. B., indem man feuchte Tücher aufhängt. Einen Topf mit Wasser auf die Heizung zu stellen ist nicht ausreichend. Eine weitere Möglichkeit, das Kind feuchte Luft atmen zu lassen, ist es, sich mit ihm für zehn Minuten ins – nicht zu warme – Badezimmer zu setzen und die Dusche mit warmem Wasser aufzudrehen. Die Wirkung wird auch erreicht und Wasser gespart, wenn man das Kind unter einem Handtuch die feuchte Luft einatmen läßt, die von heißem Wasser aufsteigt. Auch ein Spaziergang an der kühlen Abendluft kann sinnvoll sein. Dadurch wird der Schleim verflüssigt und kann so besser ablaufen. Mit sogenannten »Kaltwasserverneblern« kann die Zimmerluft elektrisch befeuchtet werden. Diese Geräte müssen sorgfältig gereinigt und desinfiziert werden. Dieser Vorgang ist meistens so kompliziert und aufwendig, daß viele Benützer nach einiger Zeit darauf verzichten. Dann werden die Geräte zu Brutstätten für Keime[12].
Um den Schleim zu verflüssigen, sollte das Kind soviel wie möglich trinken. Dazu eignen sich am besten Tees.

Nasentropfen: Ein Gramm Speisesalz wird in hundert Kubikzentimeter (ein Deziliter) Wasser aufgelöst und mit einer Pipette fünfmal täglich vorsichtig in die Nase geträufelt. Diese Kochsalztropfen kann man sich auch in der Apotheke anfertigen lassen.

Der Kinderarzt sollte aufgesucht werden, wenn
- der Schnupfen nach zehn Tagen nicht abklingt;
- andere Krankheitszeichen (wie z. B. Fieber, Husten, Ohrenschmerzen) hinzukommen.

Wichtig bei Kindern bis zu einem Jahr
Bei Säuglingen kann die Nase so verstopft sein, daß sie kaum noch trinken können. Man muß also die Nase besonders sorgfältig reinigen, jedoch nicht mit einem Wattestäbchen! Am besten wird der Schleim vorsichtig mit einer Pipette aus der Nase abgesaugt. Kurze Glaspipetten mit einem Gummibällchen zum Ansaugen bekommt man in der Apotheke. Ein bewährtes Mittel zur Auflösung des Schleims ist Muttermilch. Einige Tropfen werden mit einer Pipette vorsichtig in das Nasenloch geträufelt.

Arzneimittel
Erst wenn die oben beschriebenen »Hausmittel« nichts helfen, kann man versuchen, mit Medikamenten den Schnupfen zu lindern. Solche Medikamente können jedoch nie den Schnupfen »heilen« oder abkürzen, sondern höchstens das Krankheitszeichen lindern. Gefäßverengende Mittel vermindern nur das Laufen der Nase, das ja an sich sinnvoll ist. Bei verstopfter Nase ist ihre Anwendung unsinnig. Werden solche Nasentropfen länger als drei bis fünf Tage verwendet, verstärkt sich nach dem Absetzen die Schwellung der Schleimhäute – ein Teufelskreis entsteht. Außerdem kann die Nasenschleimhaut geschädigt werden. Bei Dauergebrauch solcher Mittel wird sie funktionsunfähig[13]. Deshalb sollten Schnupfenmittel nicht länger als fünf Tage verwendet werden[14]. Zwischen den einzelnen Nasentropfen-Gaben sollte ein Abstand von mindestens vier Stunden liegen, am besten ist der Wechsel mit Kochsalz-Nasentropfen (siehe oben). Vor einer erneuten Anwendung sollten mindestens 10 Tage verstrichen sein. Bei Kleinkindern können schleimhautabschwellende Nasentropfen Nebenwirkungen wie Krämpfe, starke Ermüdung, Erregung, Schlaflosigkeit und Halluzinationen (Sehen von Spinnen und Schlangen) hervorrufen[15].

Solche Nebenwirkungen wurden vor allem bei Wirkstoffen, die in *Nasivin, Otriven, Olynth, Balkis* und *Rhinopront* enthalten sind, beobachtet[16]. Auf diese Nebenwirkungen werden Eltern und Ärzte von den Herstellern nicht hingewiesen. Wenn ein verschnupftes Kind nicht schläft, könnte der Grund dafür in den Nasentropfen liegen, die ihm vor dem Zu-Bett-Gehen eingetropft wurden. Weil diese Zusammenhänge kaum bekannt sind, wurden Kinder schon in eine neurologische oder psychiatrische Klinik eingewiesen wegen »Halluzinationen oder Anfällen von Schlaflosigkeit«[17].
Ölige Nasentropfen (z. B. *Endrine mild*) sollen bei Säuglingen und Kleinkindern *nicht* angewendet werden. Für sie könnte es gefährlich sein, die durch die Nase in den Rachen ablaufenden Tropfen einzuatmen.
Kinder ziehen die Anwendung eines Nasensprays den Tropfen meistens vor, weil dabei kaum etwas den Rachen hinabläuft[18]. Durch die feinere Verteilung des Wirkstoffs im Spray kann aber auch mehr vom Körper aufgenommen werden. Die Gefahr von unerwünschten Nebenwirkungen steigt an. Deshalb sollten Kindern lieber Nasentropfen gegeben werden.
Die Kombination verschiedener Wirkstoffe bringt für die Behandlung keinen Vorteil, vergrößert aber das Nebenwirkungsrisiko.

Präparate, die zur kurzfristigen Anwendung bei Kindern geeignet sind, z. B.:

Coldan (Ö)
Nasivin (BRD/Ö)
Olynth (BRD)
Otriven (BRD/Ö)
Privin (BRD/Ö)
Rhinon (Ö)
Rhinospray (BRD)
Snup (BRD)
Tyzine (BRD)

Schnupfenmittel, die Kindern **nicht** gegeben werden sollten, z. B.:

Actifed (BRD)
Arbid (BRD/Ö)
Balkis (BRD)
Coldargan (Ö)
Coldastop (BRD)
Coldistan (Ö)
Endrine (BRD/Ö)
Fentrinol (Ö)
Merfen (Ö)
Ornatos (BRD/Ö)
Rhinopront (BRD/Ö)
Stringan (Ö)

Coldistop (Ö)
Contac 700 (BRD/Ö)
Dexa-Rhinospray (BRD/Ö)
Vibrocil (BRD)
Wick (BRD/Ö)

6.4. Husten

Jede Entzündung der Atemwege läßt das Kind husten. Die Ursachen des Hustens können aber verschieden sein:

- Reizende Stoffe in der Atemluft. Staub, Chemikalien und Zigarettenluft können durch direkte Reizung Husten auslösen. Das Schwefeldioxid der Luft verbindet sich mit der Flüssigkeit in den Atemwegen zu Schwefelsäure. Infolge der Verätzung werden die Atemwege anfälliger für Infektionen. Gase, die leicht wasserlöslich sind, schädigen dabei eher die oberen Luftwege; solche, die sich in Wasser schlechter lösen, schädigen eher die Bronchien; schwerlösliche Gase schädigen die tieferen Lungengewebe. Kinder reagieren auf diesen Gascocktail u. a. deshalb heftiger als Erwachsene, weil sie kürzere Atemwege mit geringerem Durchmesser haben. Außerdem atmen sie häufiger. Kinder, deren Eltern rauchen, erkranken wesentlich häufiger an Bronchitis als Kinder von Nichtrauchern. In einem Zimmer, in dem sich auch Kinder aufhalten, sollte darum grundsätzlich nie geraucht werden. (Siehe auch Kapitel »Um uns herum«, Seite 42).
- Nächtlicher Husten während oder nach einem Schnupfen kann dadurch entstehen, daß nachts der Schleim in den Rachen abrinnt. Hier ist es am besten, den Schnupfen zu behandeln (siehe Kapitel Schnupfen, Seite 114).
- Bakterien- oder Virusinfektionen in Hals, Luftröhre, Kehlkopf oder Bronchien können zum Husten führen. Eine Sonderform des Hustens ist der Keuchhusten. Hier ist das Hustenzentrum erkrankt (siehe Keuchhusten, Seite 190).
- Husten kann auch durch eine Überempfindlichkeit gegen bestimmte Stoffe ausgelöst werden (siehe Kapitel Allergien, Seite 170).
- Selten kommt es vor, daß ein eingeatmeter Fremdkörper die Ursache des Hustens ist. Das können Nußstückchen, Körner, kleine Spielzeugteilchen und anderes sein.

Ähnlich wie das Fieber ist auch der Husten ein Schutzmechanismus des Körpers. Staub, Fremdkörper oder Keime werden in den Bronchien mit Schleim umhüllt und durch den Hustenstoß mit großer Geschwindigkeit (etwa 100 km/h) aus den Atemwegen entfernt. Deshalb ist es in den meisten Fällen schädlich, den Husten mit Medikamenten zu unterdrükken.
Wenn kleine Kinder einen starken Hustenanfall haben, kann es vorkommen, daß sie im Anschluß daran erbrechen. Das ist kein Grund zur Besorgnis.

Was man selbst tun kann
Sie sollten das Kind ermutigen, möglichst viel zu trinken. Flüssigkeit ist das wichtigste und wirksamste Mittel, um den Schleim zu lösen. Im Bett sollte das Kind den Oberkörper durch ein Matratzenteil oder Kissen hochlagern. Eine Temperatur von höchstens 18 Grad Celsius im Schlafzimmer und 20 Grad Celsius im Aufenthaltsraum bei genügender Luftfeuchtigkeit ist günstig. Hat das Kind kein Fieber, so sollte es sich – warm genug angezogen – im Freien aufhalten[19]. Eventuell kann man einen sogenannten »Kaltwasservernebler« aufstellen (siehe Kapitel Schnupfen, Seite 114). Hat das Kind nachts Hustenanfälle mit keuchenden Atemgeräuschen, sollte man es »gut verpackt« an die kühle Nachtluft tragen. Eine weitere Möglichkeit: sich mit dem Kind in das Badezimmer setzen und die Dusche mit heißem Wasser weit aufdrehen.
Älteren Kindern mit chronischer Bronchitis können regelmäßige Saunabesuche helfen[20].
Honigmilch oder Honig mit ein wenig Zitronensaft sind in kleinen Portionen ein wirksames Mittel, um den Hustenreiz zu dämpfen.
Brustwickel: Ölfleck – warmes Fett mit Tuch über Nacht auf die Brust binden.
Heiße Getränke und das Lutschen von Pastillen (z. B. *Emser Salz*) lindern den Husten ebenfalls.

Der Kinderarzt sollte aufgesucht werden, wenn
- ein leichter Husten länger als zehn Tage dauert;
- innerhalb von 24 Stunden immer wieder heftige und lang anhaltende Hustenattacken auftreten;
- der Husten hart und bellend ist und anfallsartig auftritt;
- beim Atmen sich unter den Rippen der Körper nach innen zieht oder die Nasenflügel schnell bewegt werden;

- andere Krankheitszeichen (wie hohes Fieber, Halsschmerzen) hinzukommen.

Der Kinderarzt/eine Kinderklinik sollte **sofort** *aufgesucht werden, wenn*

- Atemnot auftritt, sich die Gesichtsfarbe des Kindes bläulich verfärbt;
- sich die Hustenanfälle mit pfeifendem Atemgeräusch auch im Wasserdampf nicht bessern.

Wichtig bei Kindern bis zu einem Jahr
Da bei Kindern bis zu einem Jahr auch ein leichter Atemwegsinfekt schnell zu einer schweren Infektion führen kann, sollte auf jeden Fall ein Kinderarzt aufgesucht werden.

Arzneimittel
Naturheilmittel
Die meisten pflanzlichen Heilmittel sollen die Schleimproduktion fördern oder dafür sorgen, daß der Schleim leichter abgehustet werden kann. Solche Wirkstoffe sind vor allem enthalten in: Anis, Fenchel, Thymianblättern, Huflattichblättern und Primelwurzeln.
Teezubereitungen: Ein gehäufter Eßlöffel getrockneter Blätter wird mit einem Viertelliter kochendem Wasser übergossen und nach 10 Minuten abgeseiht. Von Primelwurzeln ist ein gehäufter Teelöffel ausreichend. Anis und Fenchel müssen vor der Teezubereitung gut zerquetscht werden.
Fertigpräparate sind z. B. *Huflattich-* oder *Thymian-Pflanzensaft* von *Kneipp*. Andere »pflanzliche« Hustensäfte sind oft sehr zuckerhaltig. Hustentropfen enthalten häufig Alkohol. Von diesen Mitteln ist abzuraten (z.B.*Melrosum* (BRD); *Pertussin* (BRD/Ö); *Prospan* (BRD) (enthält 47 % Alkohol); *Thymipin* (BRD); *Tussamag* (BRD/Ö)).

Medikamente
Nur in seltenen Fällen, wenn ein starker, trockener Reizhusten das Kind oder die Betreuer nachts gar nicht mehr schlafen läßt, sollte ein hustenunterdrückendes Mittel (z. B. Codein) verwendet werden. Diese Mittel muß der Kinderarzt verschreiben. Werden sie zu hoch dosiert, wird u. a. die Atmung beeinträchtigt. Werden sie zu lange eingenommen, ist u. a. eine Verstopfung die Folge. Außerdem besteht Suchtgefahr![21]

Codeinhaltige Mittel:

Cod(einum) phos(phoricum) (BRD)
Codipertussin (BRD/Ö)
Paracodin (BRD/Ö)
Remedacen (BRD)

Pentoxyverin ist ein hustendämpfender Wirkstoff, der in der BRD ohne Rezept in der Apotheke erhältlich ist. Er wird verdächtigt, bei Säuglingen die Atmung zu unterdrücken und das Kind so in Lebensgefahr zu bringen. Medikamente mit diesem Inhaltsstoff sollten darum nicht bei Kindern unter drei Monaten verwendet werden[22].

Präparate, z. B.:

Germapect (BRD)
Sedotussin (BRD)
Sedotussin Expectorans (BRD)
Tussa-Tablinen (BRD)
Tussoretardin Kaps.(Ö)

Die Wirkung der sogenannten schleimlösenden Stoffe wie Bromhexin (enthalten z. B. in *Bisolvon*) oder Ambroxol (enthalten z. B. in *Mucosolvan*) konnte bisher noch nicht eindeutig nachgewiesen werden. Sie sind vor allem deshalb entbehrlich, weil feststeht, daß eine reichliche Flüssigkeitszufuhr die beste und ungefährlichste Methode ist, den Schleim zu lösen.

Schleimlösende Mittel, z. B.:

Ambroxol (BRD) (an den Substanznamen können verschiedene Herstellernamen angehängt sein)
Bisolvon (BRD/Ö)
Bromhexin (BRD) (an den Substanznamen können verschiedene Herstellernamen angehängt sein)
Silomat (BRD/Ö)
Transbronchin (BRD)

N-Acetylcystein ist eine Substanz, von der man sicher weiß, daß sie den Bronchialschleim verändert. Als Präparat *Fluimucil* wird sie aber überflüssigerweise mit süßen Zusätzen und Orangengeschmack zu einer Art Limonade gemacht.

Präparate, z. B.:
Fluimucil (BRD)
Mucomyst (Ö)
Mucret (BRD)

Die meisten angebotenen Hustenmittel kombinieren die verschiedensten Inhaltsstoffe: Antibiotika, Pflanzenextrakte oder Zuckersirup mit schleimlösenden und/oder hustenunterdrückenden Substanzen. Auf solche Mischungen sollte man verzichten[23]. Damit schluckt das Kind ständig Stoffe mit, die unnötig oder sogar schädlich sind.

Hustenmittel, die Kindern **nicht** eingegeben werden sollten, z. B.:

Aspecton (BRD)
Benadryl expectorans (BRD/Ö)
Benadryl infant (BRD)
Bronchicum (BRD)
Bronchicum mit Codein (BRD)
Broncho-Euphyllin (BRD)
Codicaps (BRD)
Codipront (BRD/Ö)
Codipront cum Expectorans (BRD/Ö)
Eupatal (BRD)
Expectal (BRD/Ö)
Expectorans Solucampher (BRD)
Gelomyrtol (BRD)
Larylin (BRD)
Linctifed (BRD)
Makatussin (BRD)
Mucolytisches Expectorans (BRD)
Optipect (BRD)
Optipect mit Codein (BRD)
Ozothin (BRD)
Pilka (Ö)
Resyl (Ö)
Resyl mit Codein (Ö)
Rhinotussal (BRD)
Selvigon (BRD/Ö)
Soledum N (BRD)
Spirbon (Ö)
Tussipect (BRD)
Tussipect mit Codein (BRD)
Tussoretard (BRD)
Tussoretardin (Ö)
Wick Formel 44 (BRD/Ö)
Wick Medinait (BRD)
Wick-S Husten-Stiller (BRD/Ö)

6.4.1. Pseudokrupp

Der »echte Krupp« (eigentlich »croup«) ist ein Krankheitszeichen der Diphtherie. Treten solche Zeichen auf, ohne daß eine Diphtherie die Ursache ist, spricht man von Pseudokrupp. Der Pseudokrupp ist eine Anfallserkrankung: Er tritt entweder auf, nachdem das Kind Anzeichen einer ganz leichten Erkältung hatte, oder auch ohne Vorwarnung »aus heiterem Himmel«. Der Anfall ereignet sich meistens nachts. Es beginnt mit einem bellenden Husten, das Kind wird heiser. Weil sich die Stimmritze verengt, fällt das Atmen immer schwerer. Mit dem Gefühl, keine Luft mehr zu bekommen, verbindet sich Angst. Das Kind ist unruhig, hat Herzklopfen und einen ängstlichen Gesichtsausdruck. Nach kurzer Zeit geht der Anfall normalerweise von allein zurück. An nächsten Tag entwickelt sich meistens eine ausgeprägte Erkältung mit Husten und Fieber[24].

Wenn sich die Atemnot trotz Behandlung nicht bessert, sondern sich der Körper beim Einatmen »nach innen zieht« und das Gesicht sich bläulich verfärbt, muß **das Kind sofort in das nächste Krankenhaus gebracht werden**. Bleiben Sie dabei so ruhig wie möglich und vermeiden Sie jede Panik, die sich auf das Kind übertragen würde.

Derartige Pseudokrupp-Anfälle treten in den ersten drei Lebensjahren gehäuft auf. Jungen sind öfter betroffen als Mädchen, dicke Kinder eher als schlanke. Wer einmal einen solchen Pseudokrupp-Anfall gehabt hat, bekommt ihn bei weiteren Erkältungen leichter wieder.

Daß »dicke Luft« das Atmen erschwert, ist allgemein bekannt. So lag es nahe, nach Zusammenhängen zu suchen zwischen der Luftverschmutzung und den Erstickungsanfällen der Kinder. Amerikanische Studien wiesen nach, daß in verschmutzter Luft mehr Kinder Pseudokrupp-Anfälle hatten als anderswo[25]. Ähnliches wurde auch für den Duisburger Raum nachgewiesen. Eine Untersuchung des Bundesgesundheitsamtes in Berlin bestätigte den Zusammenhang von hoher Schwefeldioxid-Konzentration in der Luft und dem gehäuften Auftreten von Pseudokrupp-Anfällen[26]. Luftverschmutzung im kleinen Rahmen betreiben alle Menschen, die rauchen.

Daß der Zusammenhang von anderen Untersuchern nicht bestätigt werden konnte, liegt möglicherweise daran, daß die Pseudokrupp-Anfälle nicht gleichzeitig mit der hohen Schadstoffbelastung auftreten. Die Kinder reagieren erst einige Tage später auf den Anstieg der Schadstoffkonzentration. Demnach ist nicht allein der reale Wert an Schadstoffen für den Anfall verantwortlich, sondern die Konzentrationsänderung[27].

Mit den folgenden Maßnahmen können Sie versuchen, die Häufigkeit der Anfälle bei Ihrem Kind zu verringern:
- So oft wie möglich in Gegenden mit unbelasteter Luft fahren (See, Gebirge).
- In der Wohnung nicht rauchen.
- Belastung der Innenraumluft verringern (siehe Kapitel »Um uns herum«, Seite 42).

Was man selbst tun kann
- Das Kind aus dem Bett nehmen, es warm anziehen und sich mit ihm ans offene Fenster stellen. Kühle, feuchte Luft tut dem Kind gut. Wer Bedenken gegen die Außenluft hat, kann feuchte Tücher im Zimmer verteilen oder sich mit dem Kind ins Badezimmer setzen und dort die Dusche aufdrehen.
- Das Kind beruhigen. Durch ruhiges Sprechen und sicheres Handeln vermitteln Sie dem Kind Sicherheit. Tragen Sie es umher, damit es sich nicht allein fühlt.
- Wenn es sich um einen Wiederholungsfall handelt: Geben Sie dem Kind eines der Zäpfchen, die Ihnen der Arzt für diesen Notfall verordnet hat.

Der Kinderarzt sollte aufgesucht werden, wenn
- das Kind einen Pseudokrupp-Anfall gehabt hat.

Der Kinderarzt/eine Kinderklinik sollte **sofort** *aufgesucht werden, wenn*
- das Kind zwar nicht heiser ist, aber eine kloßige Sprache hat;
- hohes Fieber hinzukommt;
- die Atemnot sich trotz Behandlung innerhalb einer Stunde nicht bessert;
- das Kind eine bläuliche Hautfarbe bekommt.

Arzneimittel
Glukokortikoide bekämpfen die Atemnot des Kindes[28]. Sie stehen als Zäpfchen mit unterschiedlicher Dosierung zur Verfügung. So kann man die dem Gewicht des Kindes angepaßte Dosis verabreichen. Lassen Sie sich von Ihrem Kinderarzt sagen, welche Dosierung für Ihr Kind richtig ist. Liegen die Zäpfchen schon länger als ein halbes Jahr unbenutzt bei Ihnen, fragen Sie den Kinderarzt erneut nach der Dosierung. Notieren Sie Datum und Dosierung auf der Packung, damit Sie im Notfall die richtige Menge kennen.
Mit der Wirkung können Sie nach einer halben bis ganzen Stunde rechnen. Manchmal kann es notwendig sein, daß das Kind am darauffolgenden Tag Mittel in hoher Dosierung einnehmen muß, die den Schleim verflüssigen.
Präparat:
Rectodelt (BRD)

Wer mit seinem Kind unter Pseudokrupp leidet, Rat und Informationen sucht und sich mit anderen Betroffenen austauschen möchte, der kann sich an die folgende Adresse wenden:

Familie Kunkel
Josef-Hören-Str. 259
D-4300 Essen 12
Tel.: 0201/351957

6.4.2. Asthma

Asthma ist die häufigste langdauernde (chronische) Erkrankung bei Kindern. Es gehört zu den sogenannten obstruktiven Atemwegserkrankungen, bei denen die Luftwege derart verkrampft sind, daß dem Kind das Atmen sehr schwerfällt. Zu dieser Gruppe von Erkrankungen gehören auch der chronische Husten und die spastische Bronchitis.

Die Ursachen all dieser Erkrankungen sind vielfältig. Sicher ist, daß die Luft, die wir atmen, einen großen Anteil daran hat (siehe Husten, Seite 118 und »Um uns herum«, Seite 42). Es besteht auch kein Zweifel mehr daran, daß der seelische Zustand des Kindes einen entscheidenden Anteil an dieser Erkrankung hat. Ob und wie stark sich eine Asthmaerkrankung entwickelt, ist auch davon abhängig, wie wohl sich das Kind in seiner Umgebung fühlt. Konflikte können nicht nur Asthmaanfälle auslösen, sie schaffen auch die Basis dafür, daß die verschiedensten Reize die Bronchialschleimhaut anschwellen lassen (siehe auch Seele und Körper, Seite 37).

Kann das Kind die Vielzahl der Belastungen nicht mehr verkraften, kann es auf bestimmte Stoffe überempfindlich reagieren. Diese Reizstoffe (»Allergene«) können aus der Luft, der Nahrung oder anderen Quellen stammen. Man spricht dann von einem »allergischen Asthma«. Allergene, die durch die Luft übertragen werden, sind z. B. Blütenpollen, Tierhaare oder Hausstaub (siehe Allergien, Seite 170). Gerade die Hausstauballergie kann man als Ausdruck des Menschen dafür ansehen, daß er dem häuslichen Milieu Widerstand entgegenbringt.

Bei manchen Menschen wird ein Asthmaanfall durch Schwefelverbindungen ausgelöst[29]. Diese Sulfite kommen in Nahrungsmitteln und Medikamenten vor. »Geschwefelte« Nahrungsmittel wie z. B. Trockenfrüchte müssen in der BRD gekennzeichnet sein. So kann man sie meiden. Bei Arzneimitteln sind derartige Zusätze nicht immer zu erkennen. Mit dem *Merckoquant Sulfittest* kann man mit einem Teststäbchen jederzeit selbst prüfen, ob ein Lebens- oder Arzneimittel oder die Luft den asthmaauslösenden Stoff enthält, und kann abschätzen, in welcher Menge. Die Teststäbchen können in jeder Apotheke bestellt werden und kosten ca. DM 30,- (ÖS 230,-)[30].

Häufige Infektionen können die Bronchien so reizen, daß ein Krankheitsbild wie bei Asthma entsteht.

Manche Kinder bekommen einen Asthmaanfall, wenn sie sich körperlich belasten (z. B. laufen).

Asthma ist eine sehr ernstzunehmende Erkrankung, die dem Kind und den Eltern viel Geduld und überlegtes Handeln abverlangt. Wenn häufige Asthmaanfälle über Jahre hinweg auftreten, kann die Lunge bleibend geschädigt werden. Eine konsequente Behandlung kann die Häufigkeit der Asthmaanfälle allerdings vermindern.

Da es sich bei Asthma um eine chronische Erkrankung handelt, ist eine gute Zusammenarbeit zwischen dem Arzt, den Eltern und dem Kind unbedingt notwendig. In ausführlichen Gesprächen muß der Arzt mit den Eltern die für das Kind günstigste Behandlung, das richtige Verhalten bei einem Asthmaanfall und die Handhabung der Medikamente erklären. Er sollte mit den Eltern besprechen, welche Vorsichtsmaßnahmen notwendig sind und welche übertrieben oder schädlich sind[31].

Der Asthmaanfall

Die geschwollene Schleimhaut erschwert zu Beginn des Asthmaanfalls das Ausatmen. Dabei ist ein ziehendes Geräusch zu hören. Weil das Ausatmen so mühsam ist, atmet das Kind mehr Luft ein, als es ausatmet: Die Lunge wird überbläht, wodurch schließlich auch das Einatmen erschwert wird. Das Kind sitzt dann meistens mit aufgestützten Armen im Bett. Das Gesicht hat eine blasse oder bläuliche Farbe. Der Gesichtsausdruck zeigt, daß das Kind Angst hat zu ersticken. Schließlich kommt es zu einem quälenden Husten, bei dem klarer, zäher Schleim hochgewürgt wird[32].

Hält ein Asthmaanfall mit Atemnot trotz Behandlung über mehrere Stunden an, so spricht man von einem »Status asthmaticus«. Dies ist ein lebensbedrohlicher Zustand – **das Kind muß sofort in das nächste Krankenhaus gebracht werden.**

Behandlung

Die Behandlung des chronischen Asthmas sollte immer mehrgleisig sein. Weil beim Asthma nicht nur die Lunge, sondern auch die Seele des Kindes »verkrampft« ist, kann eine psychotherapeutische Behandlung die Erkrankung bessern. Durch enthemmende Verfahren (z. B. in der Musiktherapie) wird der Spannungsdruck des Kindes gelockert. Durch z. B. autogenes Training kann das Kind lernen, sich zu entspannen. In vielen Fällen ist es notwendig, die Familie, in der das Kind lebt, in die Beratung beim Familientherapeuten mit einzubeziehen (siehe Seite 38).

Zusätzlich sollten die Asthma-Auslöser ausfindig gemacht und dann möglichst beiseitigt werden. Wenn es sich um ein allergisches Asthma handelt und das Allergen bekannt ist, sollte es soweit wie möglich gemieden werden. Manchmal dürfen dann bestimmte Nahrungsmittel nicht mehr gegessen werden. Manchmal müssen auch – trotz der Tränen – liebgewordene Haustiere verschenkt werden. Unter Umständen kann eine sogenannte »Hyposensibilisierung« sinnvoll sein (siehe Allergien, Seite 170). Bei einer Hausstauballergie ist eine Hyposensibilisierung allerdings nur selten erfolgreich[33]. Mit geeigneten Maßnahmen können Sie die Belastung der Luft in den Wohnräumen vermindern (siehe »Um uns herum«, Seite 42). Bei infektbedingtem Asthma ist häufig die Behandlung mit Antibiotika notwendig, um die Infektion zu beseitigen. Kinder, die ihre Asthmaanfälle bei Anstrengungen bekommen, können sich mit regelmäßigem Schwimmen kräftigen.

Krankengymnastik und Klopfmassagen bessern das Asthma manchmal. Auch ein Klimawechsel ist oftmals hilfreich. Wenn es der Arzt verordnet, bezahlen die gesetzlichen Krankenkassen Kuren für das Kind und teilweise auch für ein begleitendes Elternteil. Auch die Behandlung in einer Klimakammer kann das Asthma bessern. Da diese Kammern aber meistens mit sehr vielen Kindern gleichzeitig besetzt sind, steigt wieder die Infektionsgefahr an. Zusätzlich zu diesen Behandlungsmethoden muß mit einer medikamentösen Therapie dafür gesorgt werden, daß die Asthmaanfälle möglichst selten auftreten.

Arzneimittel

Ältere Kinder müssen bei einem akuten Asthmaanfall ein Mittel inhalieren, das die Bronchien erweitert. Wie man ein solches »Aerosol« anwendet, sollte der Arzt oder Apotheker mit den Eltern oder dem Kind selbst einüben.

Folgende Reihenfolge sollte eingehalten werden[34]:

1. Flasche schütteln.
2. Die Öffnung der Flasche mit dem Dosierventil nach unten halten.
3. Das Dosierventil ca. 3 cm vor den weit geöffneten Mund halten[35].
4. Ruhig ausatmen.
5. Ventil drücken und gleichzeitig langsam einatmen.
6. Den Atem anhalten und dabei in Gedanken bis fünf zählen.

Präparate, z. B.:

Aludrin (BRD)
Alupent (BRD)
Atrovent (BRD/Ö)
Becotide (Ö)
Berodual (BRD/Ö)
Berotec (BRD/Ö)
Bricanyl (BRD/Ö)
Pulmicort (BRD)
Sanasthmyl (BRD)
Sultanol (BRD/Ö)

Wenn ein Kind einen besonders schweren Asthmaanfall hat, ist die **einmalige** Gabe einer Glukokortikoid-Tablette sinnvoll[36]. Das Kind erholt sich danach schneller, als wenn nur inhaliert würde.
Bei jüngeren Kindern wird der Arzt bei Atemnot eher zu Inhalationen raten. Dazu wird der Inhalationsflüssigkeit ein Mittel beigegeben, das die Bronchien erweitert (z. B. *Solosin* (BRD)).
Für die Behandlung des Asthmas gibt es ein Stufenschema, das sich nach der Häufigkeit der Anfälle richtet und danach, wie die verwendeten Medikamente wirken[37].
Treten die Anfälle nur selten auf, wird man sich bei jüngeren Kindern auf die Inhalationsbehandlung und bei älteren Kindern auf die Aerosolbehandlung beschränken. Wenn die Anfälle häufiger auftreten, ist es bei allen Kindern notwendig, daß sie regelmäßig inhalieren. Ist das Asthma allergisch bedingt, wird der Inhalationslösung Cromoglicinsäure (z. B. *Intal* (BRD/Ö)) hinzugegeben. In allen anderen Fällen wird mit Kochsalzlösung inhaliert. Das Kind muß lernen, daß es auch dann mehrmals täglich regelmäßig inhalieren muß, wenn es keine Anfälle hat.
Reichen Inhalationen nicht aus, um die Asthmaanfälle zu verhindern, muß das Kind eventuell Tabletten mit dem Wirkstoff Theophyllin einnehmen. Dieser muß so dosiert werden, daß den ganzen Tag über eine gleichmäßige Konzentration im Blut erhalten bleibt. Das geschieht am einfachsten mit sogenannten Retard-Präparaten, die über längere Zeit wirken, z. B. *Euphyllin retard* (BRD/Ö). Wenn derartige Kapseln zu

groß sind, um von dem Kind geschluckt zu werden, kann man sie öffnen und die darin enthaltenen kleinen Kügelchen dem Kind in mehreren Portionen eingeben[38]. Erst wenn all diese Möglichkeiten nicht dazu führen, daß die Asthmaanfälle seltener oder schwächer werden, kann der Arzt kurzzeitig Glukokortikoide verordnen. Werden diese über längere Zeit angewandt, nimmt u. a. die Festigkeit der Knochen ab, Knochenbrüche werden häufiger. Wenn diese Stoffe über längere Zeit eingenommen werden müssen, dann sollten sie frühmorgens gegeben werden. Abends eingenommen, stören sie das Wachstum noch mehr als ohnehin schon unvermeidlich, weil Kinder vor allem nachts wachsen[39]. Asthmakranke Kinder dürfen auf keinen Fall Acetylsalicylsäure (z. B. *Aspirin* (BRD / Ö)) oder ähnliche Stoffe erhalten, wie sie z. B. als Rheumamittel gebraucht werden.

Präparate, mit denen einem Asthmaanfall vorgebeut wird, z. B.:

Aarane Aerosol (BRD)
Allergospasmin Aerosol (BRD)
Bricanyl Lösung, Tabl. (BRD / Ö)
Intal zum Inhalieren (BRD / Ö)
Spiropent Saft, Tropfen (BRD / Ö)
Sultanol Kaps., Inhalat, Lsg., Tabl. (BRD / Ö)
Zaditen Kaps. (BRD / Ö)

Theophyllinhaltige Präparate, z. B.:

Afonilum (BRD)
Bronchoretard (BRD)
Euphyllin (BRD / Ö)
Isophyllen (Ö)
Mundiphyllin (Ö)
Phyllotemp (BRD)
Pulmi Dur (BRD / Ö)
Solosin (BRD)
Uniphyllin (BRD)

Asthmamittel, die Kindern **nicht** eingegeben werden sollten, z. B.:

Afpred (BRD)
Asthma 230 (Ö)
Asthma Bisolvon (BRD / Ö)
Bricanyl comp. (BRD / Ö)
Brondiletten (BRD / Ö)
Ditenate (BRD)
Eudur (BRD)
Neobiphyllin (BRD)
Perphyllon (BRD / Ö)
Perspiran (BRD)
Priatan (BRD / Ö)
Prospirol (Ö)

6.5. Halsschmerzen

Halsschmerzen bei Kindern sind ein tückisches Krankheitszeichen. Sie können bei einer einfachen Rachenentzündung durch Viren (z. B. im Verlauf einer Grippe) auftreten oder durch Bakterien hervorgerufen werden. Kinder bis ca. drei Jahren können noch nicht angeben, wo es ihnen genau weh tut. Weinen beim Füttern oder Appetitlosigkeit kann dann das Zeichen für eine Halsentzündung sein. Ob die Entzündung durch Viren oder Bakterien hervorgerufen ist, kann der Arzt feststellen, indem er dem Kind in den Mund schaut: Bei bakteriellen Infektionen sind die Mandeln weißlich-grau oder eitrig belegt.
Eine bakterielle Infektion, die Halsschmerzen mit Schluckbeschwerden verursacht, ist die Streptokokken-Angina, wie sie auch beim Scharlach auftritt (siehe Seite 188). Sie muß mit Antibiotika behandelt werden. Geschieht das nicht, können sich diese Entzündungen immer wiederholen und sogar Folgekrankheiten wie rheumatisches Fieber und Nierenerkrankungen nach sich ziehen.
Wer häufig Rachenentzündungen durchgemacht hat, dessen Gaumenmandeln sehen mehr oder minder stark zerklüftet aus. In ihren Taschen und Nischen siedeln sich die Erreger gerne an. Dort können sie nur durch die Einnahme eines Antibiotikums beseitigt werden. Lutschtabletten richten dagegen nichts aus. Auch Kinder, die häufig unter Mandelentzündungen leiden, sollten ihre Rachenmandeln so lange wie möglich behalten (siehe Operationen, Seite 207).

Was man selbst tun kann
Kühle Getränke, z. B. kalte Milch, lindern den Schmerz. Keine Fruchtsäfte verwenden, da die Säure die Rachenschleimhaut zusätzlich reizt. Wenn das Kind Schluckbeschwerden hat, sollten Sie ihm weiche oder pürierte Kost anbieten (Pudding, Kompott).
Kühle und feuchte Zimmerluft ist hilfreich.

Der Kinderarzt sollte aufgesucht werden, wenn
- das Kind neben den Halsschmerzen auch noch Erbrechen, Kopfschmerzen oder Bauchweh hat;
- das Fieber länger als 24 Stunden über 38 Grad Celsius liegt;
- ein feiner Ausschlag auftritt, der meist an der Innenseite der Oberschenkel beginnt (Verdacht auf Scharlach);

- die Lymphknoten im Nacken geschwollen sind;
- das Kind einige Zeit zuvor schon einmal eine Halsentzündung hatte, die mit Antibiotika behandelt werden mußte;
- jemand in der Umgebung des Kindes eine Halsentzündung hat, die mit Antibiotika behandelt wird;
- die Halsschmerzen länger als drei Tage andauern.

Der Kinderarzt/eine Kinderklinik sollte **sofort** *aufgesucht werden, wenn*
- Atemnot auftritt;
- das Fieber über 40 Grad Celsius steigt, obwohl fiebersenkende Medikamente gegeben wurden.

Arzneimittel

Naturheilmittel

Besonders Salbei ist ein bekanntes Hausmittel zur Anwendung bei Halsentzündungen. Salbeiblätter werden wie ein Tee aufgebrüht: ein Eßlöffel auf ein Viertelliter Wasser, anschließend abseihen. Mit dieser Lösung wird gegurgelt. Den ausgepreßten Saft der Salbeipflanze gibt es auch als Fertigprodukt (z. B. *Salvysat* (BRD)). Wenige Tropfen davon werden mit Wasser vermischt zum Gurgeln genommen. Salbei desinfiziert die Schleimhaut leicht und wirkt zusammenziehend. Ob das tatsächlich die Halsschmerzen lindert, ist zweifelhaft. Der Spüleffekt, den jede Art von Tee beim Gurgeln haben kann, wird allerdings als angenehm empfunden.

Medikamente

Es gibt unzählige Gurgelmittel gegen Halsschmerzen, die nicht nur unnötig, sondern unter Umständen auch schädlich sind. Das Gurgeln mit Salbeitee ist durch den Spüleffekt genauso wirksam wie die Verwendung irgendwelcher Gurgel-Medikamente[40].
Ebenso kann man das Kind mit Salzwasser (ein Viertel Teelöffel Salz auf ein Glas Wasser) gurgeln lassen[41].

Lutschtabletten

In Lutschtabletten sind oft Antibiotika, Desinfektionsmittel und/oder Mittel zur örtlichen Betäubung enthalten. Bei Lutschtabletten mit Antibiotika besteht die Gefahr, daß die Keime überleben, die gegen die Behandlung unempfindlich sind. Außerdem wirken die darin enthaltenen

Stoffe nur an der Oberfläche und erreichen den eigentlichen Ort der Entzündung nicht. Solche Lutschtabletten ersetzen keinesfalls das Antibiotikum in Saft- oder Tablettenform, mit dem solche Entzündungen manchmal behandelt werden müssen. Auch die in Lutschtabletten enthaltenen desinfizierenden Wirkstoffe sind nicht empfehlenswert[42]. Eine Behandlung von Halsentzündungen mit Halsschmerztabletten wird von Fachleuten als so unsinnig angesehen, daß beim Bundesgesundheitsamt beantragt wurde, sie zu verbieten[43].
Einfache Bonbons oder Salzpastillen (z. B. *Emser Pastillen echt*) regen den Speichelfluß an und lindern dadurch kurzfristig die Beschwerden.

6.6. Ohrenschmerzen (Laufendes Ohr)

Starke Ohrenschmerzen weisen bei Kindern meistens auf eine Mittelohrentzündung hin, die durch Viren hervorgerufen wird. Plötzlich (oft nachts) treten starke Ohrenschmerzen zusammen mit Fieber auf. Häufig geschieht das nach einer Erkältung. Kleinere Kinder schlagen sich als Reaktion auf die Schmerzen manchmal weinend an die Ohren. Der Schmerz entsteht, weil sich durch die Entzündung rasch Flüssigkeit im Ohr ansammelt und deshalb der Druck im Ohr ansteigt. Nach einigen Stunden öffnet sich manchmal das Trommelfell, und die Flüssigkeit beginnt, aus dem Ohr zu rinnen. Die Schmerzen lassen nach.

Zweierlei sollte beachtet werden:
- Die für das Kind sehr schmerzhafte Anfangsphase ist nicht so bedrohlich, wie sie aussieht. Sie müssen also nicht sofort in ein Krankenhaus fahren.
- Hören die Schmerzen nach einigen Stunden auf, so bedeutet das auf keinen Fall, daß Sie sich nicht weiter darum zu kümmern brauchen.

Jedes Kind, das starke Ohrenschmerzen hat/hatte oder dem das Ohr »läuft«, sollte innerhalb eines Tages von einem Kinderarzt untersucht werden!
Er muß das Trommelfell anschauen und abklären, ob Komplikationen drohen[44].

Andere Ursachen für Ohrenschmerzen können eine Verletzung am Ohr sein oder z. B. Zahnschmerzen, die zum Ohr hin ausstrahlen. Auch eine Halsentzündung kann die Lymphknoten unter dem Ohr anschwellen lassen und so Schmerzen verursachen. Unter Umständen kann auch ein Fremdkörper (z. B. eine kleine Murmel) im Ohr Schmerzen verursachen. Sie sind jedoch meistens nicht so heftig wie bei einer Mittelohrentzündung.

Die Ohren bilden in unterschiedlicher Menge Ohrenschmalz. Die braune, klebrige Masse besteht aus Fett und kleinsten Hautzellen. Ohrenschmalz ist weder ein Krankheitszeichen noch ein Zeichen mangelnder Reinlichkeit. Auf keinen Fall sollte man mit Wattestäbchen oder anderen Gegeständen versuchen, das Ohrenschmalz aus dem Gehörgang zu entfernen. Es kann dadurch nach hinten gedrängt werden und so den Gehörgang verstopfen. Es genügt vollkommen, die Ohrmuschel zu reinigen.
Wenn aus dem Ohr eine bräunliche oder gelbliche Flüssigkeit rinnt, so kann es bei einer fieberhaften Erkrankung das normale Ohrenschmalz sein, das sich durch die erhöhte Temperatur verflüssigt hat. Es kann aber auch das ernstzunehmende Krankheitszeichen einer Mittelohrentzündung sein.

Was man selbst tun kann
- Den Oberkörper hochlagern. So lassen die Schmerzen etwas nach.
- Auch Wärme direkt auf dem Ohr kann den Schmerz lindern. Am besten eignet sich dafür eine Wärmflasche, die gut verschlossen und in ein weiches Tuch eingeschlagen wird. Der Verschluß sollte sicherheitshalber zum Fußende des Bettes zeigen. Aus Sicherheitsgründen sollten Heizkissen bei Kindern unter zehn Jahren nicht verwendet werden.

Der Kinderarzt sollte aufgesucht werden
- immer innerhalb von 24 Stunden, wenn ein Kind starke Ohrenschmerzen hat oder Flüssigkeit aus dem Ohr rinnt.

Der Kinderarzt/eine Kinderklinik sollte ***sofort*** *aufgesucht werden, wenn*
- eine äußerlich sichtbare Verletzung vorliegt;
- der sichtbare Teil des Gehörganges verändert ist oder sich ein Gegenstand darin befindet.

Arzneimittel
Bei Ohrenschmerzen werden Nasentropfen gegeben, damit die Belüftungswege zum Mittelohr frei bleiben. Sind die Schmerzen unerträglich, kann man sie mit einem Medikament bekämpfen. Die Medikamente gegen Fieber sind gleichzeitig Schmerzmittel (siehe Fieber, Seite 111). Besteht die Gefahr, daß sich die Infektion ausbreitet, so muß der Kinderarzt ein Antibiotikum verordnen.

Ohrentropfen
Es werden sowohl Ohrentropfen angeboten, die den Schmerz lindern sollen, als auch Mittel, die Antibiotika enthalten. Auch wenn es einleuchtend klingt, Ohrenschmerzen mit Ohrentropfen zu behandeln, so ist es doch nicht sinnvoll. Manchmal kann es sogar schädlich sein.
»Schmerzlindernde« Ohrentropfen gelten als unwirksam, haben aber das Risiko, allergische Reaktionen auszulösen. Ohrentropfen, die Antibiotika enthalten, gelten als fragwürdig. Die Behandlung einer Mittelohrentzündung mit solchen Tropfen gilt als »Kunstfehler«.

6.7. Kopfschmerzen

Kleine Kinder klagen nicht so oft über Kopfschmerzen. Ab und zu wiederkehrende Kopfschmerzen ohne weitere Krankheitszeichen treten am häufigsten bei Kindern über zehn Jahren auf. Sie haben fast immer die gleiche Ursache wie die Kopfschmerzen, die Erwachsene mehr oder weniger oft haben: Lebensumstände, die Kopfzerbrechen machen.
Kinder bekommen Kopfschmerzen häufig bei Überforderung in der Schule, zu hohen Leistungsansprüchen durch die Eltern und/oder zu großem Ehrgeiz des Kindes selbst. Aber auch viele andere Probleme, die die Erwachsenen vielleicht gar nicht wahrnehmen, können einem Kind Kopfzerbrechen bereiten. Gegen Kopfzerbrechen gibt es keine Medikamente. Sie können also nur versuchen, die Umstände, die die Kopfschmerzen hervorrufen, herauszufinden und zu ändern. Da sich solche Probleme nicht in ein paar Tagen lösen lassen, können Sie in der Zwischenzeit das Kind zu viel Bewegung, z. B. Schwimmen oder Laufen an der frischen Luft ermuntern. Genug Schlaf und weniger Fernsehen können ebenfalls helfen. Wenn sich die Eltern an solchen Aktivitäten

beteiligen, hilft das dem Kind und auch den Eltern, die selbst oft Kopfschmerzen haben. Klagt ein Kind während Grippe, Schnupfen oder Scharlach über leichte Kopfschmerzen, so ist das ein Krankheitszeichen wie Fieber auch.

Stirnkopfschmerz, der sich beim Bücken verstärkt, deutet auf eine Nebenhöhlenentzündung hin. Auch kranke Zähne können Kopfschmerzen verursachen.

Kopfschmerzen können auch durch eine schlechte Sitzhaltung beim Arbeiten verursacht werden. Die verkrampfte Nacken- und Schultermuskulatur bedingt dann die Kopfschmerzen. Abhilfe schafft eine schräggestellte Schreibtischplatte.

Treten die Kopfschmerzen vorwiegend abends zusammen mit tränenden und brennenden Augen auf, sollte ein Augenarzt die Sehfähigkeit des Kindes überprüfen.

Heranwachsende haben manchmal Kopfschmerzen infolge ihres niedrigen Blutdruckes.

Nur selten sind Kopfschmerzen bei Kindern ein Krankheitszeichen für andere Erkrankungen wie Migräne, Entzündungen der Hirnhäute oder Tumoren.

Was man selbst tun kann

- Das Kind in einem stillen, abgedunkelten Zimmer hinlegen. Schlaf ist oft eine wirksame Medizin gegen Kopfschmerzen.
- Manchmal lassen sich kleine »Rituale« finden, die dem Kind Erleichterung bringen: Nacken, Schläfen oder Kopfhaut massieren, heiß duschen, am offenen Fenster tief atmen und unzählige andere Möglichkeiten.

  Liebevolle Zuwendung ohne Zeitdruck kann manches Kopfzerbrechen verschwinden lassen.

Der Kinderarzt sollte aufgesucht werden, wenn

- der Kopfschmerz beim Bücken auftritt oder stärker wird;
- der Schmerz anfallsartig auftritt und nur eine Kopfhälfte betroffen ist;
- die Schmerzen während einer Grippe sehr stark sind und sich auch nach der Einnahme von schmerzlindernden Medikamenten nicht bessern;
- der Schmerz nach dem Schlafen am stärksten ist;
- der Schmerz schon einige Tage anhält.

Der Kinderarzt/eine Kinderklinik sollte ***sofort*** *aufgesucht werden, wenn*

- andere Krankheitszeichen hinzukommen, wie: Übelkeit, Erbrechen, hohes Fieber, Nackensteifigkeit (das Kinn läßt sich nicht auf die Brust drücken), Sehstörungen (Schielen), Lähmungserscheinungen, torkelnder Gang, Bewußtseinsstörungen;
- dem Kopfschmerz ein Sturz oder eine Verletzung vorausging.

Arzneimittel

Medikamente sollten nur ausnahmsweise verwendet werden: Wenn das Kind durch den Schmerz sehr beeinträchtigt ist oder bei Kopfschmerzen, die während einer Grippe auftreten. In diesem Fall sollte aber vorher der Arzt das Kind anschauen, um sicherzustellen, daß nicht eine Gehirnhautentzündung übersehen wird. Die gleichen Medikamente, die Fieber senken, wirken auch gegen Schmerzen (siehe Seite 111). Es darf jedoch auf keinen Fall zur Gewohnheit werden, dem Kind, das über Kopfschmerzen klagt, sogleich ein Medikament einzugeben. Wie fast alle Medikamente sind auch Kopfschmerzmittel schädlich, wenn sie zu häufig eingenommen werden. Das Kopfschmerzmittel kann die Zuwendung, deren Fehlen dem Kind das Kopfzerbrechen bereitet, nicht ersetzen. Auch die Eltern sollten sich überprüfen, wie sie auf eigene Schmerzen reagieren.

6.8. Zahnschmerzen

Zahnschmerzen sind immer ein eindeutiges Warnsignal. Leider sind Schmerzen nicht das erste Anzeichen einer Zahnerkrankung. Sie treten meist erst auf, wenn der Schaden schon weit fortgeschritten ist. Deshalb ist es gefährlich, bei Zahnschmerzen »abzuwarten«. Auch wenn die Schmerzen nur kurze Zeit andauern, müssen sie als Warnsignal ernst genommen werden. Die Ursache muß gefunden und behandelt werden.

Unabhängig von der Stärke und der Dauer der Zahnschmerzen sollte immer so bald wie möglich ein Zahnarzt aufgesucht werden. Es gibt auch einen zahnärztlichen Notdienst, der bei dem allgemeinen ärztlichen Notdienst oder dem Roten Kreuz zu erfragen ist.

Eine Selbstbehandlung mit Schmerzmitteln ist sinnlos und gefährlich. Einzige Ausnahme: Bei starken Schmerzen kann versucht werden, die Stunden bis zum Behandlungstermin mit Schmerzmitteln zu überbrükken. Allerdings sind Schmerzmittel gerade bei Zahnschmerzen oft genug ohne Wirkung.

Was man selbst tun kann
Noch für denselben Tag sollte ein Behandlungstermin mit dem Zahnarzt ausgemacht werden. Bei akuten Zahnschmerzen sollten Sie sich in jedem Fall an den Notdienst wenden. Hierbei ist es nicht sinnvoll zu warten, bis der Arzt verfügbar ist, dessen Fähigkeiten und Gewissenhaftigkeit man kennt.
Während der Zeit bis zur Behandlung – auch während der Wartezeit beim Zahnarzt – sollte das Kind durch Spiele oder Bücher abgelenkt werden. Je spannender die Beschäftigung, um so weniger werden Schmerz und Angst empfunden.

Beim Zahnarzt
Je angstfreier der erste Zahnarztbesuch eines Kindes verlaufen ist, um so leichter wird es zu Kontrollbesuchen zu bewegen sein, die für die Gesunderhaltung der Zähne wichtig sind. Vertrauen kann sich aber nur entwickeln, wenn das Kind nicht mit falschen Versprechungen (»Das tut überhaupt nicht weh«) getäuscht wird. Damit der Zanarzt unbehindert arbeiten kann, ist es manchmal notwendig, dem Kind eine Spritze zur örtlichen Betäubung zu geben. (»Der Zahn bekommt ein Mittel, damit er einschläft.«) Außerdem spürt das Kind dann von einer schmerzhaften Behandlung nichts und bekommt keine unnötige Anst vor Zahnarztbesuchen. Eine Vollnarkose ist jedoch nur in ganz besonderen Ausnahmefällen notwendig und als Routinemaßnahme abzulehnen. Außerdem ist es notwendig, daß der Zahnarzt nach der Behandlung *mit dem Kind* über die richtige Zahnpflege spricht.

Arzneimittel
Naturheilmittel
Von sogenannten Hausmitteln wie einem Wattebausch mit Alkohol oder Gewürznelken ist unbedingt abzuraten. Wenn der Zahnnerv bereits freiliegt, kann das Nelkenöl ihn schädigen[45].

Medikamente
Hat das Kind sehr starke Schmerzen, so kann man versuchen, die Zeit bis zur Behandlung mit einem Schmerzmittel zu überbrücken. Fiebersenkende Mittel sind gleichzeitig auch Schmerzmittel (siehe Seite 111). Acetylsalicylsäure (z. B. in *Aspirin* (BRD/Ö)) soll bei Zahnschmerzen nicht eingenommen werden, da es die Gerinnungszeit des Blutes verlangsamt. Wenn der Zahn unerwartet gezogen werden muß, könnte es dann zu besonders starken Blutungen kommen. Das gilt für Kinder wie für Erwachsene gleichermaßen.

6.9. Gliederschmerzen

Während einer Grippe klagen Kinder manchmal über Gliederschmerzen. Sie sind dann ein Krankheitszeichen der Grippe wie Fieber oder Kopfschmerzen. Nach einigen Tagen legt sich das auch ohne Behandlung.
Klagen sonst gesunde Kinder über Gliederschmerzen, so handelt es sich meistens um »Wachstumsschmerzen«, für die es keine Erklärung gibt. Auch hier kann man nur abwarten, bis die Beschwerden von selbst wieder aufhören. Manchmal hat sich das Kind – ohne es zu bemerken – einen »Muskelkater« zugezogen. Solche Schmerzen treten dann immer im Zusammenhang mit einer bestimmten Bewegung auf. Kinder wissen oftmals (noch) gar nicht, daß es so etwas gibt, und können die Schmerzen nicht der ungewohnten Beschäftigung zuordnen. Nur in manchen Fällen sind Gliederschmerzen der Hinweis auf eine ernstere Erkrankung.

Was man selbst tun kann
Treten die Gliederschmerzen während einer Grippe auf, so können Wärme und Bettruhe Erleichterung bringen. Sind sie auf einen Muskelkater zurückzuführen, so können warme Bäder, leichtes Massieren der betroffenen Muskeln und langsam sich steigernde Bewegung die Zeit der Beschwerden verkürzen.

Der Kinderarzt sollte aufgesucht werden, wenn
- die Schmerzen ein oder mehrere Gelenke betreffen und das Gelenk geschwollen ist oder nicht mehr bewegt werden kann oder sich heiß anfühlt;
- zu den Gelenkschmerzen auch noch Fieber hinzukommt;
- die Schmerzen vor allem morgens und an verschiedenen Gelenken auftreten;
- die Schmerzen über einen längeren Zeitraum andauern.

6.10. Geschwollene Drüsen

Bei den im Volksmund sogenannten »Drüsen« handelt es sich meistens um Lymphknoten. Sie sind wichtige Organe des Körpers zur Abwehr und Bekämpfung von Infektionen. Schwellen sie an, so heißt das meistens, daß sie sich gegen eine Infektion zur Wehr setzen. Oft ist die Infektion so geringfügig, daß sie vom Kind selbst gar nicht bemerkt wird.

Geschwollene Lymphknoten im Kopfbereich
Bei einer Halsentzündung sind die Lymphknoten am Kieferwinkel oder am Hals häufig geschwollen. Bei Röteln sind die Nackenlymphknoten angeschwollen. Auch Zahnerkrankungen können zu Lymphknotenschwellungen im Kieferbereich führen. Manchmal sind sogar Kopfläuse die Ursache (siehe Seite 179).

Geschwollene Lymphknoten in der Leistenbeuge
Die Lymphknoten in der Leistenbeuge schwellen bei Kindern besonders leicht an. Oft sind es nur geringfügige Ursachen wie z. B. eine kleine unbemerkte Wunde oder ein Insektenstich. Meistens haben solche Schwellungen in der Leistenbeuge keine ernste Bedeutung.

An verschiedenen Körperteilen gleichzeitig geschwollene Lymphknoten
In den meisten Fällen ist das ein Zeichen für bestimmte Virusinfektionen wie z. B. Röteln. Nur in seltenen Fällen bedeuten die Schwellungen eine Erkrankung der Lymphknoten selbst.

Was man selbst tun kann

Ist die Schwellung nicht schmerzhaft, besteht kein Grund, sie zu behandeln. Gibt es für die Lymphknotenschwellung eine eindeutige Ursache, so muß die ursächliche Erkrankung behandelt werden.
Leidet das Kind unter einer schmerzhaften Lymphknotenschwellung im Halsbereich, kann eine Eiskrawatte Linderung bringen (siehe Mumps, Seite 193).

Der Kinderarzt sollte aufgesucht werden, wenn

- die Lymphknoten unter der Achsel, in der Ellenbeuge oder über dem Schlüsselbein geschwollen sind;
- die Lymphknotenschwellung zunehmend stärker schmerzt;
- die Schwellung länger als zwei Wochen bestehen bleibt;
- Lymphknoten in verschiedenen Körperregionen geschwollen sind.

Der Kinderarzt/eine Kinderklinik sollte ***sofort*** *aufgesucht werden, wenn*

- die Schwellung sehr weich (wie mit Flüssigkeit gefüllt) zu tasten ist.

6.11. Nasenbluten

In der Nase liegen die Blutgefäße ganz dicht unter der Oberfläche. Deshalb kann schon eine leichte Verletzung, heftiges Schneuzen oder eine allgemeine Reizung der Nasenschleimhaut durch Schnupfen oder zu trockene Luft zu Nasenbluten führen. Auch kalte Winterluft ist besonders trockene Luft. Meistens ist der Schreck des Kindes über das Blut aus der Nase das Schlimmste an dem Vorfall. Das Wichtigste ist also, selbst einen klaren Kopf zu behalten, damit Sie das Kind beruhigen können. Gelegentliches Nasenbluten ist kein Grund zur Sorge.
Nur in ausgesprochen seltenen Fällen ist das Nasenbluten Zeichen einer schweren Grundkrankheit. Bei derartigen Störungen der Gerinnungsfähigkeit des Blutes hat das Kind aber neben dem Nasenbluten noch andere Krankheitszeichen wie z. B. starke Gelenkbeschwerden, Blutungen auch an anderen Schleimhäuten, kleine punktförmige Blutungen unter der Haut oder blaue Flecken, die schon nach leichtem Kneifen entstehen.

Was man selbst tun kann
Das Kind beruhigen, denn Schreien verstärkt die Blutung.
Das Kind aufsetzen.
Es ist wichtig, das Blut abtropfen zu lassen. Wird es verschluckt, stellt sich anschließend leicht Übelkeit ein.
Es gibt verschiedene Möglichkeiten, einen Reflex auszulösen, der die kleinen Blutgefäße verengt: Entweder legt man für kurze Zeit ein in eiskaltes Wasser getauchtes Tuch oder andere sehr kalte Gegenstände in den Nacken des Kindes[46], oder man umwickelt für kurze Zeit das Ende des kleinen Fingers der Hand, die dem blutenden Nasenloch entgegengesetzt ist, mit einem Gummiband.
Eine weitere Möglichkeit ist, einen mit Nasentropfen (z. B. *Otriven*) getränkten Wattebausch in das blutende Nasenloch zu drücken.

Der Kinderarzt sollte aufgesucht werden, wenn
- es immer wieder aus demselben Nasenloch blutet;
- das Kind immerzu blaue Flecken, kleine rote Punkte unter der Haut und Gelenkschmerzen hat.

Der Kinderarzt/eine Kinderklinik sollte ***sofort*** *aufgesucht werden, wenn*
- das Nasenbluten länger als eine halbe Stunde nicht zu stillen ist.

6.12. Rote Augen (Bindehautentzündung)

Die Augenbindehaut ist das oberste Häutchen, das den Augapfel (mit Ausnahme der Hornhaut) und die Innenseite der Augenlider überzieht. Rote, brennende oder juckende Augen bedeuten, daß die Augenbindehaut gereizt oder entzündet ist. Ursache können sowohl chemische (Putzmittel) oder physikalische (Ruß, Rauch) Reize sein als auch Bakterien oder Viren. Eine Bindehautentzündung während einer Grippe oder einer anderen Virusinfektion (z. B. Masern) wird – wie die anderen Krankheitszeichen auch – abklingen, sobald die Virusinfektion durchgestanden ist.
Sind starke Luftverschmutzung, verrauchte Räume, hohe Schadstoffkonzentrationen in den Innenräumen (siehe Seite 44), Staub oder z. B.

chlorhaltiges Schwimmbadwasser die Ursache, sollte das Kind möglichst von diesen reizenden Einflüssen ferngehalten werden.
Eine andere Ursache hat die allergische Bindehautentzündung. Hier führt ein Stoff nur bei bestimmten Kindern zur Reizung (siehe Allergien, Seite 170). Bei einer Allergie sind die Augen gerötet und jucken stark. Außerdem läuft die Nase, und man muß häufig niesen.
Ist nur ein Auge stark gerötet, so kann auch ein Fremdkörper die Ursache sein. Besteht dieser Verdacht, sollten Sie unbedingt den Augenarzt aufsuchen, wenn eine Spülung mit Wasser den Reiz nicht mildert.

Was man selbst tun kann
Bei einer Bindehautentzündung sind besonders morgens die Augen durch Schleim und Eiter verklebt. Das wird am behutsamsten mit einem Wattebausch entfernt, der vorher in lauwarmes Wasser getaucht wurde. Wichtig ist, daß immer frische Wattebäusche verwendet werden – und zwar für jedes Auge ein neuer.
Um eine Übertragung auf andere Familienmitglieder zu vermeiden, müssen bei einer Bindehautentzündung die Handtücher des Erkrankten besonders streng von denen der übrigen Familienmitglieder getrennt werden.

Jede zusätzliche Reizung der Augen muß vermieden werden. Das Kind sollte sich nicht die Augen reiben, keiner Zugluft oder starker Sonneneinstrahlung ausgesetzt sein.

Der Kinder- bzw. Augenarzt sollte aufgesucht werden, wenn
- die Absonderung aus den Augen eitrig wirkt oder eine gelbliche Färbung hat;
- die Lider angeschwollen sind;
- eine Bindehautreizung länger als drei Tage andauert oder sich verschlimmert.

Der Augenarzt/eine Augenklinik sollte ***sofort*** *aufgesucht werden, wenn*
- starke Augenschmerzen auftreten;
- das Sehvermögen eingeschränkt ist;
- die Lider ständig zusammengekniffen werden und die Augen tränen;
- die Vermutung besteht, daß ein Fremdkörper die Ursache ist.

Wichtig bei Kindern bis zu einem Jahr
Neugeborene haben manchmal ein schleimig-verklebtes Auge, mit oder ohne geröteter Bindehaut. Meistens handelt es sich dann um einen noch verschlossenen Tränennasengang. In den ersten Lebenswochen öffnet sich dieser oft von selbst. Bis dahin ist es ausreichend, das Auge mit einem feuchten Tuch vom Sekret zu befreien. Durch ganz sanften Druck auf die Stelle zwischen Nasenwurzel und Auge kann versucht werden, das Sekret auszudrücken und den Gang zu öffnen. Bleibt das erfolglos, muß nach dem 3. Lebensmonat der Augenarzt über die weitere Behandlung entscheiden. Unter Umständen muß er den Tränenkanal eröffnen.

Arzneimittel
Bei einer Bindehautreizung ohne eitrige oder schleimige Absonderungen kann man versuchen, mit Augentropfen Linderung zu verschaffen. Ist die Reizung jedoch nach einem Tag noch nicht behoben, so muß der Arzt die Ursache abklären. Diese Ein-Tages-Frist gilt auch für Bindehautentzündungen. Vor der Verordnung eines Antibiotikums sollte der Kinder- oder Augenarzt durch eine Laboruntersuchung abklären, welche Erreger die Entzündung hervorgerufen haben. Handelt es sich um eine bakterielle Infektion, so kann sie mit Antibiotika-Tropfen behandelt werden. Für eine ausreichende Wirkung müssen die Tropfen alle zwei Stunden gegeben werden, nachdem jedesmal zuvor die Augen ausgewaschen wurden. Ist die Entzündung durch Viren hervorgerufen, muß sie mit Virusmitteln bekämpft werden; sind Pilze die Ursache, müssen spezielle Pilzmittel verwendet werden. Glukokortikoide beseitigen zwar schnell die Erscheinungen der Entzündung, ihre Anwendung ist jedoch nur in besonderen Fällen sinnvoll. Werden sie unkritisch angewandt, kann das schwerwiegende Folgen haben[47].

Präparate, mit der eine Bindehautreizung kurzzeitig behandelt werden kann, z. B.:

Biciron Augentropfen(BRD)
Cleer Augentropfen (BRD)
Coldan Augentropfen(Ö)
Naphazolin Augentropfen(BRD)
Noviform Augensalbe (BRD)
Otriven Augentropfen(BRD)
Visadron Augentopfen (BRD/Ö)
Yxin Augentopfen (BRD)

Präparate, die nicht angewendet werden sollten (Kombinationsmittel), z. B.:

Berberil (BRD)
Dacrin (BRD)
Oculosan (BRD)
Ophthopur (BRD)
Solan (BRD)
Vasopos (BRD)

6.13. Bauchschmerzen

Bauchweh ist nicht nur eines der häufigsten, sondern auch eines der unsichersten Krankheitszeichen. Bauchweh tritt bei harmloseren Blähungen auf, es kann Magen-Darm-Beschwerden oder Erkältungskrankheiten begleiten, aber z. B. auch eine Blinddarmentzündung ankündigen. Meistens vergeht es nach kurzer Zeit von selbst. Für kleine Kinder ist der Nabel das Zentrum ihres Körpers. Wo auch immer es weh tut – viele Kinder zeigen automatisch auf den Bauch –, beispielweise auch bei einer Halsentzündung. Genau wie bei Erwachsenen, kann Kummer auch Kindern Bauchschmerzen bereiten. Sogar Kleinkindern schlägt schon vieles auf den Magen. Was für Erwachsene »chronischer Streß« heißt, entspricht bei Kindern etwa der ständigen Angst, alles falsch zu machen, nicht mehr geliebt zu werden, dem Gefühl, sich ununterbrochen gegen Eltern und Geschwister behaupten zu müssen, und ähnlichem seelischem Druck. Kinder spüren Stimmungen, merken, wenn etwas nicht stimmt, können sich aber vieles nicht erklären. Wenn ihnen niemand diese Last erleichtert, dann kann Seelenweh auch zu Bauchweh werden. Bei Schulkindern ist Bauchweh auch manchmal ein Zeichen dafür, daß sie sich überfordert fühlen. Oft ist es sehr schwer, herauszufinden, was das Kind so sehr bedrückt. Wenn Bauchweh immer wieder vorkommt, harmlose Ursachen wie z. B. Blähungen ausgeschlossen sind und keine organischen Krankheiten vorliegen, dann kann das Gespräch mit einem Kinder-Psychotherapeuten hilfreich sein (siehe Seite 38).
Nur bei einem Drittel der Kinder vergehen solche Bauchschmerzen mit den Jahren von selbst, wenn die seelischen Ursachen nicht behandelt werden. Ein anderes Drittel behält die Bauchschmerzen sein Leben lang. Das restliche Drittel verwandelt die Bauchschmerzen des Kindes-

alters in andere Krankheiten, die für Erwachsene angemessener erscheinen. Migräne, Herzneurose oder allgemein »nervöse Beschwerden« sind bei Erwachsenen solche körperlichen Anzeichen einer seelischen Belastung, die schon im Kindesalter bestanden haben kann[48].

Wenn ein Kind über Bauchschmerzen klagt, ist es in den meisten Fällen »nichts Schlimmes«. Mit den unten und unter »Blähungen« auf Seite 147 beschriebenen Maßnahmen kann man die Unpäßlichkeit meistens beseitigen. Oftmals ist es schon heilsam, sich dem Kind liebevoll zuzuwenden.
Ein ernstes Krankheitszeichen ist ein plötzlich einsetzender starker Bauchschmerz, der länger andauert. Der Sitz der Schmerzen ist kein eindeutiges Zeichen dafür, welches Organ erkrankt ist. Die Schmerzen eines entzündeten Blinddarms können z. B. im gesamten Bauchraum auftreten. Ein Zeichen für eine Blinddarmentzündung kann ein »harter« Bauch sein, der dem Druck der aufgelegten Hand nicht nachgibt. Meist mag das Kind nicht auftreten, manchmal hat es auch Fieber. In einem solchen Fall sollte das Kind nichts essen und sofort von einem Kinderarzt untersucht werden. Auch bei einer Klinikeinweisung sollten die Eltern darum bitten, daß das Kind von einem *Kinderarzt* untersucht wird. Wenn dieser das Kind mehrmals täglich abtastet und zusätzlich eine Urinuntersuchung vorgenommen wird, dann ist am ehesten gewährleistet, daß ein Blinddarm nicht unnötig operiert wird, aber eine akute Entzündung auch nicht übersehen wird.

Was man selbst tun kann

- Das Kind auf die Toilette schicken. Manchmal muß nur eine »Luftblase« herausgedrückt werden.
- Warme Bauchwickel machen. Ein großes Handtuch wird in ca. 45 Grad Celsius warmes Wasser getaucht, ausgewrungen und um den Bauch des Kindes gelegt. Darüber kommt ein trockenes Tuch und eine zusammengelegte Wolldecke. Nach ca. 15 Minuten muß man den Leibwickel erneuern.
- Eine Wärmflasche auflegen.
- Leicht mit warmen Händen die Nabelgegend im Uhrzeigersinn massieren.

Der Kinderarzt sollte aufgesucht werden, wenn
- andere Krankheitszeichen hinzukommen und länger als einen Tag andauern, z. B. Fieber, Durchfall, Erbrechen;
- das Kind länger als 24 Stunden hindurch über Bauchschmerzen klagt;
- sich die Schmerzen nach Auflegen einer Wärmflasche oder eines Bauchwickels nicht bessern.

Der Kinderarzt/eine Kinderklinik sollte **sofort** *aufgesucht werden, wenn*
- sich die Schmerzen nach dem Auflegen einer Wärmflasche oder eines Bauchwickels verstärken;
- starke Schmerzen länger andauern;
- mehrmaliges grünliches oder gelbliches Erbrechen hinzukommt;
- das Kind vor Schmerzen mit angezogenem Bein im Bett liegt und nicht auftreten mag;
- das Kind blaß und schwitzig ist und einen sehr ängstlichen Eindruck macht.

Wichtig bei Kindern bis zu einem Jahr
Das noch unausgereifte Verdauungssystem der Säuglinge läßt sie sehr oft unter Blähungen leiden. Manchmal werden sie so schmerzhaft, daß man sie als Drei-Monats-Koliken bezeichnet (siehe Seite 98).

Arzneimittel
Mittel gegen »Bauchweh« gibt es nicht. Haben Bauchschmerzen eine körperliche Ursache, so wird durch Medikamente das Warnsignal »Schmerz« nur verdeckt und eine Verschlimmerung nicht erkannt. Sind die Bauchschmerzen das Zeichen harmloser Störungen (z. B. Blähungen), so lassen sie sich meist durch Hausmittel wie Wärme oder einen Tee beheben.

6.14. Blähungen

Blähungen oder krampfartige Leibschmerzen, die abrupt einsetzen und genauso abrupt aufhören, sind oft Zeichen eines vermehrten Gasgehaltes im Magen-Darm-Trakt. Meistens ist die Ursache ein bestimmtes Nahrungsmittel, z. B. Hülsenfrüchte. Ein Säugling hat vielleicht beim hastigen Trinken viel Luft mitgeschluckt, und ein Teil davon ist nicht aus dem Magen »aufgestoßen« worden, sondern in den Darm gelangt. Blähungen sind zwar unangenehm, jedoch völlig harmlos. Auch Angst kann Blähungen verursachen.

Was man selbst tun kann
Während der Schmerzen helfen die gleichen Methoden, die auch andere Bauchschmerzen lindern: leichtes Massieren im Uhrzeigersinn, Wärme (siehe Bauchschmerzen, Seite 144). Hüpfen, laufen oder »Radfahrbewegungen« mit den Beinen machen, kann »Winde« auslösen und so Erleichterung bringen.
Ernährung: Leidet das Kind häufig unter Blähungen, so sollte man versuchen, die »schuldigen« Nahrungsmittel ausfindig zu machen und diese möglichst nicht zu verwenden.

Der Kinderarzt sollte aufgesucht werden, wenn
- die Blähungen so häufig und stark auftreten, daß sie das Kind sehr beeinträchtigen, und wenn sie durch die oben genannten Methoden nicht zu beseitigen sind.

Der Kinderarzt / eine Kinderklinik sollte ***sofort*** *aufgesucht werden, wenn*
- das Kind zwischen den krampfartigen Schmerzanfällen krank und verfallen aussieht und einen sehr ängstlichen Eindruck macht.

Wichtig bei Kindern bis zu einem Jahr
Siehe Drei-Monats-Koliken Seite 98.

Arzneimittel
Naturheilmittel
Pflanzliche Mittel gegen Blähungen sind z. B. Kümmel und Fenchel. Sie enthalten krampflösende Wirkstoffe.
Teezubereitung (z. B. Kümmeltee): Ein halber Teelöffel Kümmel wird

frisch gequetscht oder im Mörser zerstoßen, mit kochendem Wasser übergossen und nach zehn Minuten abgeseiht. Fertigpräparate gegen Blähungen bestehen oft aus alkoholischen Pflanzenauszügen. Das Präparat *Carminativum Hetterich* (BRD) enthält z. B. 34% Alkohol, *Carminativum Babynos* 24%. Das ist ungefähr so, als ob man dem Kind einen Teelöffel Magenbitter eingäbe. Alkoholhaltige Mittel sollten bei Säuglingen und Kleinkindern nicht angewandt werden.

Medikamente
Die meisten Mittel gegen Blähungen enthalten als »Entschäumungsmittel« Dimethylpolysiloxan. Der Nutzen dieser Präparate ist nicht nachgewiesen[49].

Präparate, z. B.:
Ceolat (BRD)
Elugan (BRD/Ö)
Lefax (BRD/Ö)
Paractol (BRD)
Sab (BRD/Ö)

6.15. Übelkeit und Erbrechen

In den meisten Fällen ist Übelkeit mit Erbrechen verbunden und hat die gleichen Ursachen: Einfache Magen-Darm-Infektionen, Ernährungsstörungen, Aufregung, Überanstrengung, Vergiftungen. Nur selten sind schwerwiegende Magen-Darm-Störungen die Ursache.
Erbrechen kann jedoch auch durch einen beginnenden grippalen Infekt, einen Sonnenstich, eine Kopfverletzung oder durch Medikamente ausgelöst werden[50]. Manchmal kann es bei Klein- und Schulkindern zu gehäuftem Erbrechen ohne erkennbare Ursache kommen: Man spricht dann von einem »azetonämischen« Erbrechen. Wie in einem Teufelskreis löst ein Erbrechen das nächste aus. Ein solches »azetonämisches« Erbrechen erkennt man daran, daß das Kind besonders tief einatmet und der Atem nach Obst riecht.
Eine weitere Ursache von Übelkeit können Kreislaufstörungen sein. Sie treten manchmal bei Kindern in der Pubertät auf und sind oft mit Schwindelgefühl verbunden. Manchmal wird es dem Kind dann auch schwarz vor den Augen.

Wenn ein Kind sagt »mir ist schlecht«, ohne daß andere Krankheitszeichen vorhanden sind, sollten Sie auch an die Möglichkeit denken, daß ihm vor Angst schlecht ist. Vielleicht steht ihm etwas Unangenehmes bevor (siehe auch Bauchschmerzen, Seite 144).

Einmaliges oder nur kurz andauerndes Erbrechen im Zusammenhang mit einer Atemwegs- oder Magen-Darm-Infektion ist gewöhnlich harmlos. Nach einer kurzen Nahrungspause sollten die Betreuer dem Kind leichte Kost geben und abwarten.

Bei plötzlichem Erbrechen sollte immer auch an die Möglichkeit einer Vergiftung gedacht werden. Hatte das Kind Zugang zu irgendwelchen Medikamenten? Besteht die Möglichkeit, daß es Haushaltsprodukte, giftige Beeren oder Blätter gegessen haben könnte? (Siehe Vergiftungen, Seite 198).

Erbricht ein Kind häufig, dann sollte unbedingt ein Kinderarzt oder eine Kinderklinik aufgesucht werden.

Kinder können ihren Körper noch nicht so gut kontrollieren wie Erwachsene. Oft merken sie das herannahende Erbrechen nicht rechtzeitig und schaffen darum den Weg zur Toilette nicht schnell genug. Vorwürfe helfen ihnen dabei nicht. Stellen Sie ihnen zur Vorsicht lieber einen Eimer oder eine große Schüssel vors Bett.

Übelkeit mit Kreislaufstörungen

Die wirksamste Methode gegen Übelkeit bei Kindern in der Pubertät ist, den Kreislauf durch viel Bewegung (Sport) zu stärken. Auch regelmäßige Saunabesuche können helfen. Wechsel-Fußbäder regen den Kreislauf ebenfalls an: 2 Minuten die Füße in einen Eimer mit heißem Wasser stellen, dann für 20 Sekunden in kaltes Wasser tauchen. Mehrmals wiederholen, mit warmem Wasser aufhören. Wenn ein Kind zu schnell »in die Höhe geschossen« ist, kann es ratsam sein, ein paar Kilogramm an Gewicht zuzunehmen.

Was man selbst tun kann

Es kann den Brechreiz schon lindern, wenn man sich flach hinlegt.

Wichtig ist, das durch Erbrechen verlorengegangene Wasser und die Salze zu ersetzen. Darum sollte das Kind in den ersten sechs Stunden nach dem Erbrechen vorsichtig alle zehn Minuten 3-4 Teelöffel lauwarmer Flüssigkeit bekommen. Das kann entweder Tee mit Traubenzucker (kein Haushaltszucker!) und einer Prise Salz sein, eine Lösung wie auf Seite 154 beschrieben oder Wasser mit sogenannten »Elektrolyt-Tabletten« (z. B. *Oralpädon* (BRD/Ö)). Bei älteren Kindern können Salz

und Wasser auch durch eins zu eins mit Wasser verdünnte Cola-Getränke, aus denen die Kohlensäure gerührt werden muß, und Salzgebäck ersetzt werden.
In den ersten sechs Stunden nach dem Erbrechen sollte man keine Nahrung geben. Wenn kein Erbrechen mehr auftritt, kann man mit leichter Kost (z. B. trockenem Toast, geriebenem Apfel oder Bananen, Salzgebäck, Reis, Einbrennsuppe) beginnen.

Der Kinderarzt sollte aufgesucht werden, wenn
- die Übelkeit länger als einen Tag anhält oder innerhalb einer Woche wieder auftritt.

Der Kinderarzt sollte **noch am gleichen Tag** *aufgesucht werden, wenn*
- das Kind über einen Zeitraum von zwölf Stunden hinaus immer wieder erbricht;
- das Erbrechen unstillbar ist, d. h. jeder Trinkversuch von Erbrechen gefolgt ist.

Der Kinderarzt/eine Kinderklinik sollte **sofort** *aufgesucht werden, wenn*
- dem Erbrechen ein Sturz oder eine Kopfverletzung vorausgegangen ist;
- das Kind besonders tief einatmet oder der Atem nach Obst riecht;
- andere Krankheitszeichen hinzukommen wie z. B. starke Bauchschmerzen, Kopfschmerzen, starke Nackensteifigkeit (das Kinn läßt sich nicht auf die Brust drücken), hohes Fieber;
- das Erbrechen blutig oder gelblich-grünlich ist;
- das Kind nicht genügend Flüssigkeit im Magen behält. Das ist dann der Fall, wenn ein 1 bis 2 Jahre altes Kind länger als sechs Stunden, ein 2 bis 6 Jahre altes Kind länger als acht Stunden und ein 6 bis 10 Jahre altes Kind länger als zehn Stunden keinen Harn ausscheidet. Auch sehr schlaffe Haut, eingesunkene Augen, taumeliger Zustand und trockene Zunge können Zeichen einer bedrohlichen Austrocknung sein;
- zusätzlich kein Stuhl abgesetzt werden kann;
- der Verdacht auf eine Vergiftung besteht.

Wichtig bei Kindern bis zu einem Jahr
Bei Säuglingen wird oft »Spucken« als Erbrechen fehlgedeutet. Das Ausspeien kleiner Mengen (bis 20 ml) nach dem Trinken ist kein Grund zur Beunruhigung. Beim Speien läuft einfach etwas Nahrung über, beim Erbrechen wird sie dagegen mit Druck aus dem Magen herausgepreßt. Säuglinge reagieren besonders empfindlich auf Flüssigkeitsverlust. Es ist also wichtig, auf die Zeichen einer Austrocknung zu achten und rechtzeitig einen Arzt aufzusuchen.
Kommt es in den ersten Lebenstagen zu heftigem Erbrechen, sollte sofort ein Arzt aufgesucht werden. In seltenen Fällen kann es in der dritten bis vierten Lebenswoche zu Erbrechen »im Schwall« kommen. Auch hier sollte das Kind sofort von einem Kinderarzt untersucht werden. Möglicherweise ist eine Verengung des Magenausgangs die Ursache, die durch eine einfache Operation schnell zu beheben ist.

Arzneimittel
Besonders bei Vergiftungen ist das Erbrechen ein schützender Reflex des Körpers, um Stoffe auszuscheiden, bevor größere Mengen davon in den Darm und in die Blutbahn gelangen können. Auch in anderen Fällen kann es gefährlich sein, den Brechreiz zu unterdrücken. Besonders bei anhaltendem Erbrechen wird dadurch die Aufklärung der Ursachen erschwert (z. B. bei einer Blinddarmentzündung). Erst wenn die Ursache sicher geklärt ist, kann in seltenen Fällen ein Medikament sinnvoll sein. Gegen Erbrechen wird vornehmlich der Wirkstoff Dimenhydrinat (z. B. in *Dramamine* (BRD), *Emedyl* Zäpfchen (Ö), *Epha-retard* (BRD), *Nausex* (Ö), *Novomina* Tabl. (BRD), *Vomex A* Zäpfchen (BRD)) angeboten. Dieses Mittel macht gleichzeitig ein wenig müde. Diese Nebenwirkung soll bei manchen Präparaten dadurch ausgeglichen werden, daß ihnen Koffein zugemischt wird (z. B. *Reisegold depot* (BRD), *Neo-Emedyl* (Ö)). Eine solche Kombination ist *abzulehnen*. Der Wirkstoff Metoclopramid (z. B. in *Paspertin* (BRD / Ö)) soll bei Kindern und Jugendlichen nicht angewandt werden, weil er bei ihnen zu Muskelverkrampfungen führen kann. Die Wirksamkeit von Vitamin-B-6 bei Erbrechen ist bisher noch nicht nachgewiesen worden. Auch in Kombinationspräparaten ist sein Zusatz sinnlos (z. B. in: *Dimenhydrinat comp.* Zäpfchen (BRD), *Novomina* Zäpfchen (BRD), *Vertigo-Vomex* Kaps., Zäpfchen (BRD), *Vertirosan B6* Drag., Zäpfchen (Ö)).

6.15.1. Reisekrankheit

Kleinkinder und Greise kennen keine Reisekrankheit, bei Heranwachsenden tritt sie am häufigsten auf. Sie können die gegensätzlichen Reize noch nicht »verstehen«, denen sie z. B. bei einer Schiffsreise ausgesetzt werden: Während die Augen das ruhige Bild der Kajüte sehen, registriert das Gleichgewichtsorgan die schlingernden Bewegungen des Schiffes. Erklärungen helfen dem Kind dabei jedoch nicht. Mit Verständnis und ruhigem Zuspruch kann man ihm allerdings die Angst vor dem »Malheur« nehmen.
Erste Anzeichen einer Reisekrankheit sind Müdigkeit, Blässe und zwanghaftes Gähnen. Verschlimmert sich der Zustand, sinkt der Blutdruck ab und Kopfschmerzen können hinzukommen. Der Höhepunkt der Krankheit ist ein immer wiederkehrendes Erbrechen.

Was man selbst tun kann

Nicht so viel Aufhebens um die Reisekrankheit machen, um sie so nicht geradezu »herbeizureden«. Wenn sich ein Betreuer während der Fahrt neben das Kind setzt und eine Plastiktüte griffbereit hat, bleibt der Schaden begrenzt. Manchmal gelingt es, die Kinder mit Beschäftigungen vom Fahrtgeschehen abzulenken.
Im Auto sollten hinten sitzende Kinder nach vorne schauen und Kopfbewegungen vermeiden. Frische Luft und lockere Kleidung sind hilfreich.
Im Schiff sollte man mit dem Kind an Deck (draußen) bleiben und den Horizont beobachten. Wer drinnen bleiben muß, sollte sich einen Platz in der Mitte des Schiffes suchen. Wer sich hinlegen muß, sollte sich auf den Rücken legen und den Kopf möglichst weit zurückgebeugt halten.
Im Flugzeug ist ein Sitzplatz am Mittelgang über den Tragflächen am besten geeignet.
Das Kind sollte möglichst viel trinken und Salziges z. B. in Form von Salzgebäck zu sich nehmen. Die Kost sollte leicht sein und in kleinen Portionen gegeben werden.

Der Kinderarzt sollte aufgesucht werden, wenn

bei langdauernden Reisen sich das Kind sehr oft übergeben hat und die auf Seite 150 genannten Zeichen auftreten.

Arzneimittel
Die Medikamente, die gegen Reisekrankheit angewandt werden, sind die gleichen, wie sie auch gegen Erbrechen verwendet werden (siehe Seite 151). Will man sie dem Kind vorbeugend eingeben, so müssen sie mindestens eine halbe Stunde vor Antritt der Fahrt genommen werden. Um das vorbeugende Einnehmen von Medikamenten zu vermeiden, ist für Kinder ab etwa vier Jahren die Verwendung eines Kaugummis sinnvoll, das das Mittel enthält, welches gegen das Erbrechen wirkt (z. B. *Superpep* (BRD), *Travel Gum* (Ö)). Es wird dann gekaut, wenn man spürt, daß der Magen zu rebellieren beginnt.
Ein Pflaster mit einem Wirkstoff gegen Reisekrankheit, das hinters Ohr geklebt wird, schützt für drei Tage (*Scopoderm TTS* (BRD)). Kinder unter 10 Jahren sollten dieses Pflaster nicht verwenden. Sie sind stärker gefährdet, sich durch den Wirkstoff Scopolamin zu vergiften. Vergiftungszeichen sind Verwirrtheit, Mund- und Hauttrockenheit, vergrößerte Pupillen[51].

6.16. Durchfall

Wenn ein Kind häufig »muß«, muß das noch kein Durchfall sein[52]. Auch wenn der Stuhl einmal dünn ist, ist das nicht außergewöhnlich und braucht nicht zu beunruhigen. Erst wenn der Stuhlgang sehr oft, zu flüssig und in ungewöhnlichen Mengen erfolgt, ist es notwendig, auf den »Durchfall« zu reagieren. Ein einmaliger oder kurzzeitiger Durchfall kann durch psychische Belastung, durch ungewohnte oder verdorbene Nahrung, durch Medikamente (z. B. führen Antibiotika oft zu leichten Durchfällen) oder durch eine Infektion des Darmes ausgelöst werden. Solche Darminfektionen werden meistens von Viren und nur in seltenen Fällen von Bakterien hervorgerufen und sind in unseren Breitengraden meist harmlos[53].
In anderen Teilen der Welt ist das nicht so. Dort sind Durchfallerkrankungen der größte Kindestöter, weil der Austrocknung der Kinder nicht rechtzeitig entgegengewirkt wird und die Kinder unterernährt sind. Wie beim Erbrechen auch, besteht die wichtigste und sinnvollste Behandlung des Durchfalls darin, den Wasser- und Mineralsalzverlust auszugleichen. Diese Behandlung hat keine Auswirkung auf die Beschaffen-

heit des Stuhlganges. Sie verhindert aber, daß das Kind »austrocknet«, und kann bei kleinen Kindern und schweren Durchfällen lebensrettend sein.
Ein Kind mit Durchfall macht nicht nur Sorgen – Durchfall ist auch lästig. Deshalb ist es durchaus verständlich, daß Eltern ein Medikament verlangen, das den Durchfall selbst stoppt. Solche Medikamente gibt es auch. Sie können jedoch gefährliche Nebenwirkungen haben. Außerdem bleiben durch die verzögerte Darmentleerung die schädigenden Keime oder Gifte länger im Darm und können so die Heilung hinauszögern[54].

Was man selbst tun kann
Lassen Sie das Kind so viel wie möglich trinken. Früher nannte man das eine »Teepause« machen. Der ideale Ersatz für verlorengegangene Flüssigkeit besteht in folgender, von der WHO empfohlenen Lösung:
2,5 Gramm (= ¼ Teelöffel)
Natriumhydrogencarbonat (Speisesoda)
3,5 Gramm (= ½ Teelöffel) Kochsalz
1,5 Gramm (= ¼ Teelöffel) Kaliumchlorid
20 Gramm (= 2 Eßlöffel) Glukose (Traubenzucker)
werden in einem Liter abgekochtem Wasser aufgelöst[55].
All diese Stoffe sind preiswert in der Apotheke erhältlich. Eine – allerdings sehr teure – Fertigmischung dieser Stoffe ist in der BRD unter dem Namen *Elotrans*, in Österreich unter dem Namen *Normolyt* erhältlich. Allerdings schmeckt die Lösung so salzig, daß sie Kindern nach dem ersten Lebenshalbjahr nur schwer eingegeben werden kann. Angenehmer ist das Produkt *Oralpädon* (BRD/Ö). Etwas aufwendiger, doch ebenso wirksam ist die Karottensuppe nach Moro: Ein halbes Kilo Karotten wird geschält und in einem Liter Wasser ein bis zwei Stunden gekocht. Dann werden die Karotten durch ein Sieb gestrichen oder püriert. Der so entstandene Brei wird wiederum mit einem Liter abgekochtem Wasser und einem gestrichenen Teelöffel Salz aufgegossen[56]. Bei älteren Kleinkindern und Schulkindern genügen oft auch Salzgebäck und Cola-Getränke, aus denen jedoch die Kohlensäure gerührt werden muß.

Nahrung
Über die Notwendigkeit und den Nutzen einer Diät bzw. Heilnahrung bei Durchfall gibt es unterschiedliche Meinungen. Viele Kinderärzte raten zunächst zu einer milch- und fettfreien leichten Kost, bis sich der

Stuhlgang normalisiert hat. Andere sind der Auffassung, daß eine solche Diät keinen Einfluß auf den Heilungsverlauf hat und man nach acht Stunden Flüssigkeitsersatz mit der gewohnten Kost fortfahren kann. Wer seinem Kind eine leichte Aufbaunahrung geben will, kann das mit den auf Seite 150 genannten Nahrungsmitteln tun. Die teuren Industrieprodukte sind dazu nicht erforderlich.

Der Kinderarzt sollte aufgesucht werden, wenn
- der Durchfall länger als drei Tage andauert;
- das Kind in kürzeren Abständen immer wieder unter Durchfall leidet: Dann sollte das Kind am besten in einer Kinderklinik untersucht werden;
- die Körpertemperatur länger als 24 Stunden mehr als 38 Grad Celsius beträgt.

Der Kinderarzt/eine Kinderklinik sollte **sofort** *aufgesucht werden, wenn*
- das Kind schwer krank wirkt;
- der Durchfall von anhaltendem Erbrechen begleitet ist.

Wichtig bei Kindern bis zu einem Jahr
Manchmal bekommen Kinder Durchfall, deren Nahrung von Muttermilch auf Kuhmilch umgestellt wurde. Bessert sich das nach zwei Tagen nicht von selbst, kann eine Kuhmilchunverträglichkeit die Ursache sein. Solche Kinder müssen mit kuhmilchfreier Diät ernährt werden.
Durchfall ist niemals ein Grund abzustillen. Muttermilch ist die beste »Heilnahrung«. Allgemein gilt: Säuglinge reagieren besonders empfindlich auf Flüssigkeitsverluste. Es ist also wichtig, genau auf die Zeichen einer Austrocknung zu achten:
- Wird länger als vier Stunden kein Urin ausgeschieden,
- wirkt die Haut schlaff und »bleibt stehen«, wenn man sie zwischen zwei Fingern abhebt,
- wirken die Augen und die Fontanellen eingesunken,

muß **sofort** ein Kinderarzt aufgesucht werden.
Bei Säuglingen bis zum 4. Monat kann nach der »Teepause« die Ernährung mit Reisschleim wieder aufgebaut werden. Dazu wird Reis mit Wasser ganz weich gekocht, abgeseiht und nur die schleimige Flüssigkeit verfüttert (Fertigprodukt z. B. *Trockenreisschleim Bessau*). Nach und nach werden dann kleine Portionen Reisschleim wieder durch Säug-

lingsmilch ersetzt. Bei Säuglingen ab dem 4. Monat kann der Reisschleim durch die Karottensuppe nach Moro (siehe Seite 154) ergänzt werden. Beides wird dann zu gleichen Teilen gefüttert. Wer die Karottensuppe nicht selbst kochen mag, kann auch fettfreie Karotten (»Frühkarotten«) aus dem Glas verwenden. Dann wird ein Teil Frühkarotten mit der doppelten Menge Reisschleim gemischt.

Arzneimittel

Naturheilmittel

Naturheilmittel, die gegen Durchfall angewandt werden, enthalten entweder quellende Wirkstoffe (z. B. in Apfelschalen) oder gerbende Stoffe (z. B. in Heidelbeeren, Brombeerblättern). Die Quellstoffe verfestigen zwar den Stuhl, doch kann diese »kosmetische« Maßnahme böse Folgen haben: Die Quellmittel entziehen dem Körper Wasser, damit sie aufquellen können. Weil aber der Durchfall gestoppt zu sein scheint, wird nicht mehr genügend Flüssigkeit zugeführt. So wird die Austrocknung des Körpers beschleunigt.

Medikamente

Mittel gegen Durchfall, die ohne Rezept in der Apotheke gekauft werden können, enthalten entweder Quellstoffe (z. B. *Kaoprompt* (BRD), *Noventerol* Kaps. (Ö)) oder Gerbstoffe (z. B. *Tannalbin* (BRD)). Für sie gilt das unter »Naturheilmittel« Gesagte. Gerbstoffe wirken wie ein oberflächliches Ätzmittel. Ihre Wirksamkeit bei Durchfall ist jedoch nicht gesichert. Das gleiche gilt für Aktivkohle (z. B. in *Kohle-Compretten* (BRD), *Kohle-Granulat* (BRD / Ö)).

Viele der verschreibungspflichtigen Medikamente gegen Durchfall sind vom Opium abgeleitet. Bei Kleinkindern können sie die Atmung unterdrücken. Anzeichen einer solchen Vergiftung wurden schon nach der Einnahme einer einzigen Tablette beobachtet[57]. Diese Durchfallmittel wirken, indem sie die Darmbewegungen lähmen. So wird der Durchfall gestoppt, es können aber auch die Erreger nicht mehr ausgeschieden werden.

Etlichen Durchfallmitteln sind Antibiotika beigemengt (z. B. *Kaopectate N* (BRD)). Ihre Anwendung bei virusbedingtem Durchfall ist unsinnig.

In seltenen Fällen ist ein Durchfall durch Bakterien bedingt und kann vom Arzt mit Antibiotika behandelt werden. Vorher muß der Erreger jedoch eindeutig nachgewiesen werden. Der Ersatz von Flüssigkeit und

Salzen ist in jedem Fall notwendig und kann bei keinem Durchfall durch andere Maßnahmen ersetzt werden.

6.17. Verstopfung

In vielen Fällen haben nicht die Kinder Verstopfung, sondern die Eltern falsche Vorstellungen vom »normalen« Stuhlgang.
Zwei Stuhlentleerungen pro Tag sind genauso normal wie alle zwei Tage Stuhlgang. Auch seltenere Stuhlentleerungen sind meistens kein Krankheitszeichen, sie können aber sehr unangenehm für das Kind sein. Durch die lange verzögerte Entleerung dickt der Kot ein, und der Stuhlgang wird schmerzhaft. Manchmal können sogar kleinste Einrisse im After entstehen. Weil sie beim Stuhlgang schmerzen, hält das Kind den Stuhl dann erst recht zurück – ein Teufelskreis entsteht. Ursachen für sehr seltenen Stuhlgang können sein:

- Ernährungsfehler (zu viele Süßigkeiten, zu wenige Ballaststoffe),
- psychische Faktoren (siehe Seite 34),
- mangelnde Bewegung,
- organische Erkrankungen,
- Medikamente.

Diese Ursachen zu beheben ist das gesündeste und wirksamste Mittel gegen Verstopfung.

Was man selbst tun kann
Schlackenreiche Kost wie Vollkornbrot, Müsli, faserreiches Gemüse und Obst (z. B. Äpfel) füllen den Darm und fördern die Entleerung. Weißbrot, Milch- und Süßspeisen, Fleisch- und Wurstwaren lösen den Entleerungsreflex nicht aus, weil sie den Darm kaum füllen. Mehr als ein halber Liter Milch pro Tag kann ebenfalls die Verstopfung verstärken[58]. Verschiedene Nahrungsmittel haben eine abführende Wirkung (z. B. Pflaumen). Ein Glas Birnen- oder Aprikosensaft am Morgen auf nüchternen Magen zu trinken regt die Verdauung ebenso an wie Weizenkleie und Leinsamen.
Bleibt der Stuhlgang einmal aus, sollte dem nicht allzuviel Beachtung geschenkt werden. Es nützt meistens nichts, das Kind aufs Töpfchen oder auf die Toilette zu zwingen. Auch Zwang kann zu Verstopfung führen.

Manchmal ist es für das Kind auch hilfreich, wenn es sich zu einer »Sitzung« in die Toilette zurückziehen kann. Dort kann die Atmosphäre vielleicht mit einigen Bilderbüchern gemütlicher gestaltet werden. Manche Kinder brauchen einen Zeitplan, nach dem sie zu bestimmten Zeiten für eine verabredete Zeit auf der Toilette sitzen. Das darf jedoch für das Kind kein erzwungenes »Strafsitzen« werden.

Der Kinderarzt sollte aufgesucht werden, wenn
- mehr als einmal Blutbeimengungen im Stuhl gefunden werden;
- die Verstopfung trotz der oben genannten Maßnahmen andauert und es daneben zu Appetitmangel oder einem aufgeblähten Bauch kommt.

Der Kinderarzt/eine Kinderklinik sollte ***sofort*** *aufgesucht werden, wenn*
- die Verstopfung mit starkem Erbrechen und/oder starken Bauchschmerzen und Unruhe verbunden ist.

Wichtig bei Kindern bis zu einem Jahr
Muttermilch wird von gestillten Kindern manchmal so vollkommen verwertet, daß nur alle 4 bis 5 Tage die Windel »voll« ist. Das ist ein ganz normaler Vorgang und keine Verstopfung. In der ersten Lebenswoche sollte das Kind aber mindestens zweimal Stuhlgang gehabt haben. Ist das nicht der Fall, sollten Sie Ihren Kinderarzt informieren.
Wird das Kind von Muttermilch auf teiladaptierte Pulvernahrung umgestellt (siehe Seite 90), kann es manchmal Verstopfung bekommen, weil nicht genügend Flüssigkeit für einen weichen Stuhlgang vorhanden ist. Verwendet man statt dessen volladaptierte Nahrung, entfällt dieses Problem.
Durch Pfirsich- oder Aprikosenbrei kann der Stuhl von Kindern, die schon Beikost erhalten, weicher werden.

Arzneimittel
Naturheilmittel
»Natürliche« Abführmittel sind ein Beispiel dafür, daß auch mit »Natur« drastische Wirkungen und Nebenwirkungen verbunden sein können. Viele pflanzliche Abführmittel enthalten darmreizende Wirkstoffe (z. B. Sennesblätter, Faulbaumrinde, Rhabarber). Sie sind für Kinder nicht geeignet. Besser geeignet sind dann schon pflanzliche Mittel, die

einen hohen Gehalt an unverdaulichen Fasern haben. Sie füllen den Darm und regen ihn so zu vermehrter Tätigkeit an. Ein solches Mittel ist z. B. Weizenkleie. Wer sich ballaststoffreich ernährt oder Weizenkleie zu sich nimmt, der sollte viel trinken, damit sich diese aufquellenden Stoffe nicht an einer Stelle im Darm zu einem Pfropf zusammenballen.
Auch Quellmittel wie z. B. Leinsamen regen die Darmtätigkeit an. Geschroteter Leinsamen wird abends und morgens teelöffelweise eingenommen. Manchen Kindern schmeckt er besser, wenn er in Quark (Topfen) oder Joghurt eingerührt wird. Hinterher muß ein großes Glas Wasser getrunken werden.

Medikamente
Es gibt genug Möglichkeiten, mit der Ernährung die Verdauung zu beeinflussen – *Abführmittel sollten für Kinder überhaupt nicht verwendet werden.* Wenn jedoch einmal eine echte Verstopfung entstanden sein sollte (z. B. durch Ernährungsumstellung im Urlaub oder durch Medikamente), dann kann sie mit einem Einlauf leicht durchbrochen werden. Für Säuglinge gibt es einen Glycerin-Einlauf als Fertigpräparat z. B. *Babylax* (BRD/Ö). Ein Einlauf mit Stoffen, die Flüssigkeit aus dem übrigen Körper in den Darm hineinziehen, ist z. B. das *Mikroklist* (BRD). In fester Form gibt es Glycerin z. B. als *Glycilax* Zäpfchen (BRD). 15 bis 30 Minuten nach dem Einlauf wird der Erfolg sichtbar.
Wenn das Kind kleine Risse am After hat, die beim Stuhlgang schmerzen, dann muß bis zur Heilung dafür gesorgt werden, daß der Darminhalt weich bleibt. Quellstoffe sind dafür das geeignete Mittel. Bei kleineren Kindern kann auch Milchzucker oder Lactulose (z. B. als *Bifiteral* (BRD), *Laevolac* (Ö)) gegeben werden.

6.18. Appetitmangel

Appetitmangel bedeutet, daß ein Kind nicht gerne und darum zu wenig ißt. Ob ein Kind tatsächlich *zu wenig* ißt, läßt sich am leichtesten dadurch feststellen, daß man nicht die Größe der Portionen, sondern das Kind beobachtet.
Wie bei den Erwachsenen auch, gibt es unter Kindern »Vielesser« und

»Wenigesser« (gute Futterverwerter), Vieleß- und Wenigeß-Perioden. Oft ißt das Kind bei Tisch wenig, weil es zwischen den Mahlzeiten Kleinigkeiten oder kalorienhaltige Getränke zu sich nimmt, was von den Eltern oft nicht als »Essen« wahrgenommen wird.
Erst wenn das Kind an Gewicht verliert, krank und blaß wirkt, erhöhte Körpertemperatur (morgens mehr als 37,5 Grad Celsius) oder andere Krankheitszeichen hat, besteht Grund zur Sorge.
»Echten« Appetitmangel können auch bestimmte Medikamente oder zu hohe Dosen von Vitamin A und D auslösen. Nicht selten essen Kinder zu wenig, weil die Eltern versuchen, sie zum Essen zu zwingen. Ein Kind, dem Nahrung angeboten wird, verhungert jedoch nicht. Der Körper weiß sehr wohl, wann er Nahrung aufnehmen muß.
Ein Sonderfall von Appetitmangel ist die sogenannte »Magersucht«. Dieses zwanghafte Fasten hat psychische Ursachen, mit denen das Kind auf seine Situation im Elternhaus reagiert. Es betrifft vornehmlich junge Mädchen ab zehn Jahren. Für die Behandlung der Magersucht (Anorexia nervosa) ist in jedem Fall der Psychiater zuständig.

Was man selbst tun kann

- Das Essen nicht zum Problem machen. Wenn ein Kind merkt, daß die Eltern den Eßgewohnheiten große Bedeutung zumessen, kann Nicht-Essen zur Trotzreaktion werden oder zur Erpressung benutzt werden, wie andere Verhaltensweisen auch.
- Das Kind die Größe der Portionen selbst bestimmen lassen. Auf keinen Fall sollten Sie es zwingen, eine bestimmte Menge zu essen. Sonst wird aus dem Essen, das eigentlich etwas Lustvolles sein sollte, eine unangenehme Anstrengung.
- Das Kind möglichst mit anderen Kindern gemeinsam essen lassen. Appetit ist »ansteckend«.
- Das Kind dazu anhalten, zwischen den Mahlzeiten keine Süßigkeiten oder kalorienhaltigen Getränke wie Limonaden zu sich zu nehmen. Sie sättigen, geben dem Kind aber nicht die Nährstoffe, die es braucht.
- Die Atmosphäre am Eßtisch überprüfen: Schlechte Laune, unterdrückter Ärger, offener Streit, Kritik usw. können manchem Kind den Appetit verderben.

Der Kinderarzt sollte aufgesucht werden, wenn
- das Kind ständig an Gewicht verliert oder über längere Zeit nicht zunimmt;
- andere Krankheitszeichen hinzukommen.

Arzneimittel
Medikamente gegen Appetitlosigkeit gibt es nicht. Allerdings gibt es Medikamente mit der möglichen Nebenwirkung, an Gewicht zuzunehmen. Der Wirkstoff Cyproheptadin (z. B. in *Nuran* (BRD), *Periactinol* (BRD), *Periactin* (Ö)), der gegen Allergien und Juckreiz angewendet wird, ist ein Beispiel dafür. Weitere mögliche Nebenwirkungen dieser Mittel sind Müdigkeit, Mundtrockenheit und Veränderungen des Blutbildes.

6.19. Übergewicht

Von Übergewicht spricht man dann, wenn das Normalgewicht um mehr als 10 Prozent überschritten wird. Bei Kindern ist das Normalgewicht jedoch nicht so leicht zu ermitteln wie bei Erwachsenen. Bei ihnen macht man es stärker vom Alter und der Körpergröße abhängig. Doch auch ohne Tabellen werden aufmerksame Eltern bemerken, ob ein Kind »zu dick« geworden ist. Wenn sich am Hinterteil (Schwangerschafts-)-Streifen zeigen, ist das ein deutliches Zeichen für übermäßigen Fettansatz[59].

Übergewicht entsteht in fast allen Fällen durch Überernährung und bewegungsarme Lebensweise. In den westlichen Industrieländern ist Übergewicht die häufigste Ernährungsstörung[60]. Mindestens ein Viertel der Kinder in der Bundesrepublik Deutschland hat Übergewicht. Das ist keinesfalls so harmlos, wie es von wohlmeinenden Verwandten oft dargestellt wird (»Das Kind hat eben guten Appetit«). Ein Kind mit Übergewicht hat eine geringere Lebenserwartung: Die Gefahr, daß es als Erwachsener an Bluthochdruck, Zuckerkrankheit (Diabetes), Gicht oder Arterienverkalkung erkranken wird, ist wesentlich höher als bei einem normalgewichtigen Kind. Auch die Gelenke des Kindes werden stärker belastet, und nicht zuletzt wird Übergewicht zu einem psychischen Problem. Die wichtigste Maßnahme gegen Übergewicht ist die Vorbeugung.

Schon im Säuglingsalter sollte nicht jedes Unlustgefühl und jedes Bedürfnis mit Nahrung befriedigt werden. Wenn ein Baby weint, heißt das nicht unbedingt, daß es hungrig ist. Vielleicht wünscht es sich einfach Zuwendung. Der Reflex Unzufriedenheit – Essen kann so schon in den ersten Monaten erlernt werden. Kinder, die Kummer haben und ihn nicht lösen oder besprechen können, werden ihn »in sich hineinessen« und Kummerspeck ansetzen. Auch mangelnde Zuwendung wird manchmal mit Essen ausgeglichen. Häufig wird dieses Verhalten noch dadurch gefördert, daß das Kind von den Betreuern »zum Trost« Süßigkeiten bekommt.

Mangelnde Bewegung begünstigt die Entstehung von Übergewicht. Ein Kind, das normal ißt, sich aber wenig bewegt, z. B. weil es viel Zeit mit Fernsehen zubringt, wird eher übergewichtig. Ist es das erst einmal, bleibt das Übergewicht auch bei normalem Essen bestehen. Dem Kind wird es schwerer fallen, sich zu bewegen, und so noch mehr an Gewicht zunehmen.

Gegen Übergewicht sollte daher möglichst frühzeitig etwas getan werden. Allerdings erfordert das den Willen und den Einsatz sowohl der Erwachsenen als auch des Kindes. Ein bequemes Mittel wie z. B. Medikamente zur Gewichtsabnahme gibt es nicht. Auch bei einer Abmagerungskur in einer Klinik besteht die Gefahr, daß nach der Entlassung der größte Teil der Pfunde wieder zugelegt wird[61]. Entscheidend für die bleibende Gewichtsabnahme ist das, was man selbst tut. Dabei kann es sehr helfen, genau über alles Buch zu führen, was das Kind zu sich genommen hat, auch »Kleinigkeiten«. Schulkinder können diese Art der »Buchführung« bereits selbst erlernen. Auch eine Zeichnung, auf der die tägliche Gewichtsabnahme als »Talfahrt« zu sehen ist, spornt das Kind an.

Was man selbst tun kann

Ernährung: Jede Diät sollte eine ausgewogene Mischkost mit verringertem Kaloriengehalt sein. Besonders wichtig ist, daß das Kind genug Eiweiß und Vitamine bekommt. Besonders geeignet sind mageres Fleisch, Magerkäse, Magermilch und fettarmer Fisch. Der Vitaminbedarf wird durch Rohkostsalate und Obst (keine Bananen, da zu kalorienreich) gedeckt. Weißbrot sollte durch Vollkornbrot ersetzt werden. Da meistens nicht nur das Kind allein, sondern auch die Eltern übergewichtig

sind, sollte möglichst die Ernährung der ganzen Familie umgestellt werden. (Siehe auch Kapitel Ernährung, Seite 47)
Getränke: Das Kind sollte auf alle kalorienhaltigen Getränke (z. B. Limonade) verzichten. Jeder Saft ist ein Nahrungsmittel. Statt dessen kann Leitungs- oder Tafelwasser getrunken werden.
Bewegung gehört genauso zur Gewichtsabnahme wie die kalorienarme Ernährung. Schwimmen, Laufen und Radfahren sind dazu besonders geeignet. Zusammen mit anderen Kindern oder den Eltern wird dem Kind die zunächst ungewohnte Anstrengung wesentlich leichter fallen.
Ziel der Diät sollte eine Gewichtsabnahme von ein bis zwei Kilogramm pro Monat sein. Wird das Ziel erreicht, kann man das Kind durch eine Belohnung zum Weitermachen ermutigen. Geeignet wäre z. B. ein großer Ausflug, ein Spielfest mit Freunden oder auch ein Theater- oder Kinobesuch.

Der Kinderarzt sollte aufgesucht werden, wenn
- man sich bei der Zusammenstellung des Ernährungsplanes unsicher ist;
- sich das Gewicht durch Nahrungseinschränkung und Bewegung allein nicht reduzieren läßt.

Meistens spielen dann psychische Probleme eine Rolle, und man sollte sich von dem Arzt, der das Kind gut kennt, über die Möglichkeiten einer psychotherapeutischen Behandlung beraten lassen. Oft genug bedeutet das auch eine Familientherapie. Organische Ursachen für Übergewicht sind sehr selten.

Arzneimittel
Von sämtlichen Medikamenten, die zur Gewichtsabnahme angepriesen werden – sogenannten Appetitzüglern –, muß unbedingt abgeraten werden. Auch wenn sie kurzzeitig das Gewicht reduzieren, wird das Ausgangsgewicht fast immer wieder erreicht. Appetitzügler können außerdem schwere Nebenwirkungen haben.

6.20. Schmerzen/Schwierigkeiten beim Wasserlassen

Schmerzen bzw. Brennen beim Wasserlassen sowie häufiger Harndrang oder häufiges Wasserlassen sind sehr ernstzunehmende Krankheitszeichen. In vielen Fällen bedeuten sie eine Harnwegsinfektion. Mädchen sind davon besonders häufig betroffen. Bei Kleinkindern kann auch Bettnässen ein Hinweis sein, nachdem das Kind schon »trocken« war. Manchmal ist jedoch auch eine äußerliche Entzündung der Genitale die Ursache – der Urin brennt auf der entzündeten Schleimhaut. Eine solche äußerliche Entzündung schließt jedoch eine zusätzliche Harnwegsinfektion nicht aus.

Kinder mit diesen Krankheitszeichen müssen von einem Arzt untersucht werden. Auch eine Laboruntersuchung des Urins ist notwendig. Häufig wird die Infektion jedoch nur vermutet, ohne diese Annahme durch eine Harnuntersuchung zu bestätigen. Wenn es sich um eine Harnwegsinfektion handelt, dann muß das Kind mit Antibiotika behandelt werden. Die Behandlung darf sich nicht nur auf die augenblickliche Antibiotikagabe beschränken. Kontrolluntersuchungen und manchmal sogar langdauernde Antibiotikagabe sind notwendig, weil Harnwegsinfekte sonst immer wiederkehren können und im Erwachsenenalter schwere Leiden zur Folge haben.

Um dem vorzubeugen, gibt es ein anerkanntes Behandlungs- und Kontrollschema. Mädchen werden bei der ersten Infektion mit Antibiotika behandelt und anschließend in den ersten drei Monaten nach der Infektion einmal pro Monat untersucht, dann noch dreimal im Abstand von drei Monaten. Tritt eine zweite Harnwegsinfektion auf, dann wird ebenfalls behandelt und kontrolliert und zusätzlich eine Ultraschall-Untersuchung durchgeführt. Bei der dritten Infektion werden alle genannten Verfahren wiederholt und zusätzlich noch Blase und Niere geröntgt. Bei Jungen verfährt man ähnlich, nur verschieben sich hier die Untersuchungsverfahren um einen Schritt nach vorn, das heißt, daß bei Jungen bereits bei der ersten Infektion eine Ultraschalluntersuchung gemacht werden sollte. Mit diesen weitgehenden Untersuchungen will man ausschließen, daß irgendwelche Fehlbildungen unbemerkt bleiben, die neue Infektionen immer wieder begünstigen können. Jungen sind davon zehnmal öfter betroffen als Mädchen.

Was man selbst tun kann
Durch das Trinken von viel Flüssigkeit kann man erreichen, daß ein Teil der Erreger aus dem Harntrakt »ausgeschwemmt« wird. Fruchtsäfte sind wegen des Säuregehaltes hierfür besonders geeignet. Das Trinken – auch von sogenannten Nierentees – reicht aber allein nicht aus, um eine Harnwegsinfektion zu bekämpfen.
Kinder mit Harnwegsinfekten haben häufig Schwierigkeiten beim Wasserlassen, weil es so schmerzt. Man kann dem Kind helfen, indem man es in eine Wanne mit lauwarmem Wasser setzt und direkt in das Wasser urinieren läßt.

Der Kinderarzt sollte aufgesucht werden, wenn sich folgende Krankheitszeichen bemerkbar machen:
- Schmerzen bzw. Brennen beim Wasserlassen;
- häufiger Harndrang, häufiges Wasserlassen (mehr als einmal in zwei Stunden);
- Schwierigkeiten beim Wasserlassen;
- Einnässen tagsüber und nachts bei Kindern, die schon »trocken« waren.

Arzneimittel
Naturheilmittel
Zur Unterstützung der Antibiotika-Behandlung können Sie dem Kind einen Blasentee zu trinken geben. Er ersetzt jedoch keinesfalls die Behandlung mit Antibiotika!
Folgende Pflanzen sind dazu geeignet: Bärentraubenblätter, Birkenblätter, Orthosiphonblätter.
Teezubereitung (z. B. Bärentraubenblätter): Ein halber Teelöffel gepulverte Bärentraubenblätter (aus der Apotheke) werden mit kaltem Wasser übergossen und über Nacht stehengelassen. Am nächsten Tag wird abgeseiht und der nachträglich angewärmte Tee getrunken. Die anderen Blattdrogen werden wie sonst allgemein üblich heiß aufgegossen[62]. Wem das Teekochen zu umständlich ist, der kann auch ein Fertigpräparat (z. B. *Solubitrat* (BRD), *Uroflux* (BRD)) nehmen und mit heißem Wasser aufgießen.

Medikamente
Ein Harnwegsinfekt wird vom Arzt mit Antibiotika wie Ampicillin (z. B. *Binotal* (BRD / Ö)) oder Chemotherapeutika wie Cotrimoxazol (z. B. *Bactrim* (BRD / Ö)) behandelt. Erst wenn nachgewiesen ist, daß die Erreger gegen diese Wirkstoffe widerstandsfähig sind, kann auf andere Stoffe ausgewichen werden (z. B. Nitrofurantoin in *Furadantin* (BRD / Ö)). Wenn sich die Harnwegsinfekte wiederholen, war früher immer eine Langzeitbehandlung üblich. Das sollte heute nur noch dann gemacht werden, wenn z. B. organische Fehlbildungen nicht korrigiert werden können oder wenn die Infektionen aus anderen Gründen, die nicht behoben werden können, immer wiederkehren[63]. In solchen Fällen wird nach einer ca. 10tägigen Behandlung mit hohen Dosen Antibiotika die Behandlung mit kleineren Mengen fortgesetzt.

6.21. Bettnässen

Als nächtliches Bettnässen bezeichnet man das wiederholte und nicht bemerkte Harnlassen während des Schlafes *in einem Alter von mehr als fünf Jahren, ohne daß eine Erkrankung der Harnwege vorliegt.*
Ein Kind, das mit vier Jahren noch ab und zu das Bett naß macht, ist also keineswegs behandlungsbedürftig. Möglicherweise beruht das Bettnässen auch auf einer Harnwegsinfektion oder anderen Erkrankungen. Daran sollte vor allem dann gedacht werden, wenn ein Kind, das schon »trocken« war, wieder einnäßt. (Siehe Schmerzen / Schwierigkeiten beim Harnlassen, Seite 164)
Erst wenn mögliche Erkrankungen ausgeschlossen sind, kann man von Bettnässen sprechen. Sehr oft sind dann seelische Probleme beteiligt: Streit in der Familie, neue Geschwister, Schulprobleme. Bettnässen nach längerer »Trockenperiode« tritt dann häufig auf, wenn das Selbstvertrauen des Kindes erschüttert ist.
Ein Kind, das einnäßt, ist damit meist selbst unglücklich. Weil es aber seine Sorgen nicht aussprechen und mit jemandem teilen kann, weint es dann vielleicht manchmal »nach unten«. Bettnässen ist keine Unart des Kindes. Wird es dafür bestraft oder werden ihm Vorwürfe gemacht, dann verliert es noch mehr an Selbstbewußtsein. Das an sich harmlose, vorübergehende Bettnässen wird ein Teufelskreis.

Meistens hört das Bettnässen irgendwann von selbst wieder auf. Mit der Pubertät sind dann auch »schwierige Fälle« vorbei.

Behandlung

Behandlungen bei Bettnässen sind nur selten erforderlich und erfolgreich. Sicher ist: Das Aufwecken zu bestimmten Zeiten hilft nicht. Die Kinder sind meist nicht richtig wach, wenig später »passiert es« trotzdem. Es hilft auch nicht, den Kindern ab nachmittags das Trinken zu verbieten.

Kleine Belohnungen für jede »trockene« Nacht und das Führen eines Kalenders, in dem die »trockenen« Nächte besonders gekennzeichnet werden, können das Selbstbewußtsein des Kindes zusätzlich stärken. Mißerfolge sollte man übergehen.
Genau das Gegenteil erreicht man mit Klingelmatratzen und ähnlichen Geräten. Sie arbeiten alle nach dem gleichen Prinzip: Wenn Urin auf die Unterlage fließt, wird das Kind durch ein Signal geweckt. Möglicherweise gelingt es manchmal, dem Kind damit sein Bettnässen abzugewöhnen. Das geschieht dann jedoch eher nach Art einer Dressur. Die zugrundeliegenden Probleme bleiben unbearbeitet.

Blasentraining: Diese Methode kann bei Schulkindern angewendet werden, wenn das Bettnässen nicht von selbst wieder aufhört. Das Training sollte zwanzig Tage durchgeführt werden. Mehrere Tage lang wird das Kind dazu angehalten, einmal täglich den Harn so lange wie möglich anzuhalten. Während dieser Zeit sollte es so viel wie möglich trinken und durch Spiele abgelenkt werden. Nach möglichst langem Harnanhalten soll das Kind in ein Gefäß mit Meßeinteilung urinieren. Über die tägliche Steigerung der Urinmenge wird genau Buch geführt. Nach einigen Tagen, wenn es zu einer Steigerung der Urinmenge gekommen ist, beginnt die Übung des Harnstrahls. Man zeigt dem Kind, wie es den Harnstrahl anhalten und wieder neu beginnen kann. Danach sollte das Kind diese Übung mehrmals täglich durchführen.
Sehr häufig ist das nasse Bett weniger ein Problem des Kindes als vielmehr der ganzen Familie. In einem solchen Fall sollten Sie sich nicht scheuen, die Hilfe einer Beratungsstelle in Anspruch zu nehmen. Bettnässen gehört zu den »klassischen« Themen der Kinder-Psychotherapie (siehe Seite 38).

Arzneimittel
Die Anwendung von Medikamenten bei Bettnässen wird von Kinderärzten und Kinderpsychiatern nur als letzte Möglichkeit betrachtet. Ein Mittel gegen Depressionen (*Tofranil* (BRD/Ö)) beseitigt bei 30 Prozent der Kinder das Bettnässen vorübergehend. Viele der so behandelten Kinder machen allerdings schon drei Monate danach wieder ins Bett[64]. Nebenwirkungen wie Mundtrockenheit, Kreislaufstörungen und Sehstörungen sind bei diesem Mittel relativ häufig. Vor allem bei Kindern, die jünger als acht Jahre sind, wird die Wirksamkeit dieses Medikaments bestritten.

6.22. Ausschläge und andere Krankheitszeichen auf der Haut

Hauterkrankungen sind bei Kindern sehr häufig, jedoch nur selten gefährlich. Es gibt die unterschiedlichsten Krankheitszeichen an der Haut, und sie können auch unzählige Ursachen haben.
Bei Kinderkrankheiten wie Masern oder Windpocken (Feuchtblattern) kommt es zu typischen Hautausschlägen (siehe Kinderkrankheiten, ab Seite 183), meist kombiniert mit Fieber. Auch einige Erkrankungen innerer Organe können sich zunächst auf der Haut bemerkbar machen. Es gibt Hautinfektionen durch Pilze oder Bakterien, die ausgesprochen ansteckend sind. Andere Erkrankungen der Haut wirken zwar sehr erschreckend, sind aber weder gefährlich noch ansteckend – z. B. die Schuppenflechte (Psoriasis). Viele Ausschläge haben ähnlich vielfältige Ursachen wie die Atemwegserkrankungen: Schadstoffe in der Luft und in der Nahrung, bestimmte Gewebe, Chemikalien, Waschmittel oder Medikamente. Auch psychische Faktoren spielen dabei eine wichtige Rolle. Zu diesen Hautkrankheiten gehört die Neurodermitis (siehe Seite 174). Die Beschreibung aller Krankheitszeichen, die die Haut betreffen, die Erklärung ihrer Ursachen und ihrer Behandlung, würde den Rahmen dieses Ratgebers sprengen.

Was man selbst tun kann

Da Ungeschulte nur schwer harmlose Hauterkrankungen von ernsteren unterscheiden können, lassen sich nur wenige allgemeingültige Ratschläge geben.

Grundsätzlich gilt: Zeigt sich beim Kind eine auffällige Veränderung an der Haut oder klagt es über starken Juckreiz, so sollte man den Kinderarzt aufsuchen, der das Kind auch sonst behandelt und daher gut kennt. Wenn er es für notwendig hält, wird er die Überweisung zum Hautfacharzt veranlassen.

Tritt ein Hautausschlag gleichzeitig mit Fieber auf, könnte eine ansteckende Kinderkrankheit die Ursache sein.

Mit einigen allgemeinen Maßnahmen kann man nicht nur die Heilung der meisten Hauterkrankungen unterstützen, sondern auch eine Reihe von Beschwerden von vornherein verhindern:

Die direkt am Körper getragenen Kleidungsstücke sollten möglichst aus Naturfasern sein (Baumwolle, Seide). Synthetische Stoffe können die Haut reizen und behindern den Austausch von Luft und Feuchtigkeit.

Die Kleidungsstücke sollten nach dem Waschen gut gespült werden, damit keine Waschmittelsubstanzen im Gewebe bleiben. Verzichten Sie auf Weichspüler.

Reizende Badezusätze sollten vermieden werden (siehe Kapitel Pflege, Seite 97).

Das Kind sollte daran gewöhnt werden, seine eigenen Handtücher und Waschlappen zu verwenden.

Besteht der Verdacht, daß die Hautveränderung ansteckend ist, z. B. bei nässenden oder eitrigen Pusteln, so sollten bei jedem Waschen frische Handtücher und Waschlappen verwendet und die Bett- und Leibwäsche häufig gewechselt werden.

Nässende Hautveränderungen sollten eher mit lauwarmen, feuchten Kompressen, trockene Hautveränderungen mit Fettcremes (keine »Feuchtigkeitscremes«) versorgt werden.

Wichtig bei Kindern bis zu einem Jahr

Neugeborene entwickeln sehr häufig einen leichten Ausschlag. Die Haut rötet sich und schuppt ein wenig, oft bilden sich kleine Pickel. Dieses sind harmlose Zeichen der Umstellung. Sie verschwinden ohne Behandlung von selbst, wenn sich das Kind an die neue Umgebung gewöhnt hat.

6.23. Allergien

Allergien sind ein großes Gesundheitsproblem in der sogenannten zivilisierten Welt. Ihre Bedeutung nimmt ständig zu. Für Österreich hat eine Untersuchung ergeben, daß im Jahre 1991 jedes zweite Kind Allergiker sein wird[65]. Wissenschaftler geben als Ursache für die Entwicklung an:
- Die zunehmende Belastung der Luft in den industrialisierten Ländern.
- Belastende Stoffe in Haushalt, Wohnräumen und in Lebensmitteln (siehe »Um uns herum«, Seite 42).
- Die häufige Einnahme von Medikamenten.

Zu diesen äußeren Belastungen kommt für viele Kinder noch hinzu, daß auch ihre Seele leidet. Sie fühlen sich nicht wohl in ihrer Haut. All das zusammengenommen kann nicht mehr verkraftet werden: die Kinder reagieren allergisch. Allergien äußern sich in unterschiedlicher Form: als Heuschnupfen (allergische Rhinitis), Asthma, Augenbindehautentzündung (Konjunktivitis), Nesselsucht (Urtikaria), Juckreiz (Pruritus), Ekzem u. a.

Die Allergie ist eine Überempfindlichkeit

Der Körper hat ein Abwehrsystem, das ihm hilft, sich gegen schädliche »Eindringlinge« (z. B. Viren) zu wehren. Dieses Abwehrsystem ist in der Lage, einen »Eindringling«, den es schon einmal bekämpft hat, wiederzuerkennen und ihn sehr schnell unschädlich zu machen. Deshalb bekommt man bestimmte Erkrankungen nur einmal (siehe Impfungen, Seite 60). Manchmal reagiert das Abwehrsystem auf einen Stoff überempfindlich, der ganz harmlos sein kann und vielleicht bisher nie Probleme verursacht hat. Einen solchen Stoff nennt man dann Allergen. Allergene können u. a. sein: Hausstaub, Milben, Pollen, Tierhaare, Nahrungsmittel, Insektengifte, Medikamente. Manchmal reagiert auch ein bis dahin ganz »normaler« Mensch plötzlich überempfindlich: Seine Kraft, sich immer mehr belastenden Umweltbedingungen anzupassen, ist erschöpft.

Bei fast allen Medikamenten, Chemikalien und Nahrungsmitteln können Allergien auftreten[66]. Sie machen schätzungsweise 30–40 Prozent aller Nebenwirkungen von Arzneimitteln aus[67] und lassen sich bereits durch kleinste Wirkstoffmengen auslösen. Auch Hilfsstoffe bei der Zubereitung von Arzneimitteln, wie z. B. Konservierungsmittel, Salbengrundlagen, Lösungsmittel oder Grundmassen, die vom Hersteller nicht einmal deklariert werden müssen, können häufig Ursache einer Allergie sein[68]. Nachdem der Körper erst einmal gegen einen Stoff überempfindlich geworden ist, reichen immer geringere Mengen aus, um eine heftige Abwehrreaktion auszulösen. Solche Arzneimittel-Allergien sind zumeist Hautkrankheiten. Allergische Asthmaanfälle oder Schockreaktionen (anaphylaktischer Schock) können sogar lebensbedrohlich sein. Hauptauslöser dieser Allergien sind Penicilline, Acetylsalicylsäure (ASS) und verschiedene Hormone, z. B. Insulin[69]. Doch auch Medikamente, die gegen Allergien angepriesen werden, können selbst Allergien hervorrufen. Allergien, die im Kindesalter auftreten, verschwinden manchmal in der Pubertät wieder. Sie können sich aber auch verschlimmern oder sich in andere allergische Erkrankungen umwandeln.

Behandlung

Für Allergien gilt das gleiche wie für Atemwegserkrankungen: Alle Selbsthilfemaßnahmen kurieren das Symptom. Ursächliches können nur jene Eltern bewirken, die gemeinsam mit anderen die Lebensbedingungen aller zu verändern suchen. Gemeinsam mit dem Kinderarzt sollten Sie überlegen, ob innere Konflikte des Kindes oder die Familiensituation so belastend sind, daß eine psychotherapeutische Beratung den Krankheitsverlauf bessern kann (siehe Seite 38).

Eine weitere Behandlungsmethode besteht darin, den Kontakt mit dem Allergen völlig zu vermeiden. Dazu muß man das Allergen zunächst einmal kennen. Oft gestaltet sich die Suche danach zur Detektivarbeit. Ausführliche, geduldige Gespräche zwischen Arzt, Eltern und Kind sind dazu notwendig. Der Arzt kann auch versuchen, mit Hilfe von verschiedenen Tests das Allergen zu finden. Solche Tests können jedoch die ausführlichen Befragungen nur ergänzen – nicht ersetzen. Bei verschiedenen Selbsthilfeorganisationen (Adresse siehe unten) kann man Protokollbögen bekommen, die die Suche systematischer gestalten. Oft ist es jedoch unmöglich, den Kontakt mit dem Allergen völlig zu vermeiden. Dann kann eine Hyposensibilisierung sinnvoll sein. Dabei wird das Allergen in kleinsten Mengen unter die Haut gespritzt oder manchmal auch geschluckt. Mit langsam ansteigenden Mengen soll der Körper so an das Allergen gewöhnt werden. Mit dieser Behandlungsmethode ist es manchmal möglich, die Allergie zum Verschwinden zu bringen oder zumindest die Beschwerden erheblich zu lindern.

Alle anderen Behandlungsmethoden versuchen nur, dem Allergiker das Leben zu erleichtern.

Was man selbst tun kann:
- in Zusammenarbeit mit dem Arzt das auslösende Allergen ausfindig zu machen versuchen;
- vermeiden, daß das Kind mit dem Allergen in Kontakt kommt. Dazu ist es notwendig, daß auch das Kind selbst ausführlich über die Stoffe Bescheid weiß, die es meiden muß.

Der Kinderarzt sollte aufgesucht werden, wenn
- der Verdacht besteht, daß das Kind eine Allergie hat.

Der Kinderarzt/eine Kinderklinik sollte **sofort** *aufgesucht werden, wenn*
- eine allergische Schockreaktion zu befürchten ist. Sie tritt innerhalb von Sekunden oder Minuten nach dem Kontakt auf und äußert sich durch Hautveränderungen, Bauchschmerzen und Atemnot.

Wer ein Kind mit einer Allergie hat, kann sich bei folgenden Stellen Hilfe holen und über sie mit anderen Betroffenen Kontakt aufnehmen:

BRD: Arbeitsgemeinschaft Allergiekrankes Kind
Hilfen für Kinder mit Asthma, Ekzem oder Heuschnupfen e. V.
Postfach 1141
D-6340 Herborn
Tel.: 02772/41237

Ö: Die kinderpsychosomatischen Ambulanzen der Krankenkassen oder die entsprechenden Abteilungen der Kinderspitäler.

6.23.1. Allergischer Schnupfen

Ein allergischer Schnupfen ist meistens mit häufigem Niesen, Juckreiz in der Nase und am Gaumen und juckenden, tränenden Augen verbunden. Weil diese Form des Schnupfens oft durch Pollen von blühenden Bäumen oder Gräsern hervorgerufen wird, nennt man ihn auch »Heuschnupfen«. Dem Pollenflug kann man schwer entgehen. Sie können sich allerdings darauf einstellen, indem Sie sich in der »gefährlichen« Jahreszeit danach erkundigen, wie groß die Belastung werden wird. Dazu gibt es Polleninformationsdienste. In der BRD besteht unter der Telefonnummer (0)11601 vom 1.4.–31.8. ein bundesweiter Dienst des Wetteramtes, bei dem die Menge, Flugrichtung und Fluggeschwindigkeit der Pollen angegeben werden[70]. In Österreich erteilt diese Auskünfte der Pollenwarndienst Tel. Nr. 1529. Eine Vorhersage für Europa, die sich auf den kommenden Monat bezieht, kann unter der Tel. Nr. 0222/367582 erfragt werden[71].

Arzneimittel
Mit Cromoglicinsäure steht ein Stoff zur Verfügung, der Zellen im Körper des Kindes daran hindert, auf die Allergieauslöser so heftig zu reagieren. Diese Zellstabilisierung muß durchgeführt werden, bevor das Kind mit den Allergieauslösern in Kontakt kommt. Wer z. B. auf die Frühblüher Birke, Haselnuß und Weide allergisch reagiert, der sollte schon zu Frühlingsbeginn einen cromoglicinhaltigen Spray in die Nase sprühen. Möglicherweise verhindert das Mittel den Heuschnupfen nicht vollkommen, aber es erleichtert die Zeit sehr. Cromoglicin zeigt kaum Nebenwirkungen.

Präparate, z. B.:
Lomupren (BRD)
Intal (BRD/Ö)
Vividrin (BRD)

Bei schweren allergischen Reaktionen kann es manchmal notwendig sein, Glukokortikoide in die Nase zu sprühen.

Präparate, z. B.:
Beconase (BRD/Ö)
Pulmicort (BRD/Ö)

Innerlich angewendete Mittel gegen Allergien, die sogenannten Antihistaminika, sollten nach Möglichkeit vermieden werden. Sie machen im allgemeinen so müde, daß z. B. Schulkinder nicht mehr konzentriert arbeiten können.

Präparate, z. B.:

Avil (BRD/Ö)
Bonamid (Ö)
Celestamine (BRD)
Celestamin (Ö)
Copyronilum (BRD)
Fenistil (BRD/Ö)
Mereprine (BRD)
Omeril (BRD)
Optimine (BRD)
Polarmin (Ö)
Pro Actidil (Ö)
Tavegil (BRD)
Tavegyl (Ö)
Theralene (BRD)

Von einigen neueren Mitteln gegen Allergien wird behauptet, daß sie nicht mehr müde machen. Bei den meisten trifft das jedoch nur für sehr geringe Dosierungen zu. Am günstigsten wird noch der Wirkstoff Tritoqualin (z. B. *Inhibostamin* (BRD), *Hypostamin* (Ö)), bewertet. Für diese Substanzen liegen jedoch für Kinder unter 12 Jahren keine ausreichenden Erfahrungen vor, um sie sicher beurteilen zu können[72].

Präparate, z. B.:

Hismanal (BRD/Ö)
Hypostamin (Ö)
Inhibostamin (BRD)
Metaplexan (BRD)
Teldane (BRD)
Triludan (Ö)

Vor der Anwendung von Oxatomid (*Tinset* (BRD)) bei Kindern unter 6 Jahren wird gewarnt: Es kann das Bewußtsein mehrere Tage lang stören.

Allergisches Asthma

Siehe Asthma, Seite 125.

6.23.2. Die schuppende Haut (Neurodermitis)

Rote Hautausschläge, juckende Pickel und Quaddeln können eine vorübergehende Erscheinung sein bei Überempfindlichkeiten. Sie können aber auch als Ekzem erscheinen, das die Betroffenen mehr oder weniger quält. Bei manchen Kindern kündigt sich die Neigung zu solchen Hautausschlägen schon in der Wiege an: Sie bekommen Milchschorf (siehe Seite 101). Später kann sich daraus dann das Krankheitsbild einer Neurodermitis entwickeln: rote, schuppende, juckende Ekzeme in den Ellenbeugen, Kniekehlen, an Hand- und Fußgelenken. In schlimmen Fällen können sie sich auch über den ganzen Körper ausdehnen.

Die Neigung, eine Neurodermitis zu entwickeln, ist wahrscheinlich angeboren. Ausgelöst wird sie dann durch all die Faktoren, die für Allergien und auch Atemwegserkrankungen verantwortlich sind. Da diese Belastungen immer zahlreicher und unerträglicher werden, nimmt auch die Zahl der Kinder mit Neurodermitis ständig zu. In der BRD wird ihre Zahl auf eine halbe Million geschätzt[73], in Österreich sind es 4 Prozent aller Kinder. Solche Kinder sind keine Allergiker im eigentlichen Sinn, sondern sie reagieren auf bestimmte auslösende Faktoren besonders stark.

Aufmerksame Eltern können immer wieder bemerken, daß sich das Ekzem verschlimmert, wenn sich das Kind in einer schwierigen Phase befindet. Fühlt es sich nicht wohl in seiner Haut, so sieht man das meistens auch. Neurodermitis-Kinder sind oft besonders unruhig, weil sie der Juckreiz kribbelig macht. Aus dem gleichen Grund schlafen sie oft auch schlecht[74]. Das Leben mit einer Neurodermitis stellt die Geduld aller Beteiligten oft auf eine harte Probe. Da tröstet manchmal nur noch die Aussicht, daß die Beschwerden mit der Pubertät oftmals geringer werden.

Was man selbst tun kann

- Immer wieder wird versucht, mit bestimmten Diäten das Ekzem zu bessern. Sicher erfolgreich ist das nur, wenn eine bestimmte Nahrungsmittelallergie nachgewiesen wurde. Sonst bleibt es bei der allgemeinen Empfehlung, scharfe oder reizende Stoffe zu meiden. Bei manchen Kindern kann aber schon eine Besserung erzielt werden, wenn man zuckerhaltige Produkte, Schweinefleisch, Vollmilch und gesäuerte Nahrungsmittel meidet.
- Wäsche gründlich klarspülen. Keinen Weichspüler oder ähnliches verwenden. Besser sind 2 Eßlöffel Speiseessig als Zusatz zum Spülwasser.
- Möglichst Baumwollkleidung tragen. Rauhe Kleidung und synthetische Fasern verstärken den Juckreiz.
- Raumtemperaturen um 20 Grad Celsius sind für Neurodermitiker am angenehmsten. Warmfeuchtes Klima wird schlecht vertragen.
- Die Haut immer gut fetten. Körperpflegemilch reicht dafür meist nicht aus. Fetthaltiger sind Cremes wie *Nivea, Creme 21, Kamill-Glycerin*. Bei kaltem, trockenem Wetter sollten unbekleidete Hautpartien besonders stark gefettet werden.
- Möglichst nur mit klarem Wasser waschen. Wenn Zusätze nötig sind,

dann alkalifreie Seifenersatzmittel (z. B. *Eubos* (BRD, Ö), *Satina* (BRD)) verwenden.
- Nicht zu oft baden, statt dessen eher duschen. Einmal wöchentlich baden ist ausreichend. Es sollte ein fettender Badezusatz verwendet werden. Die Wassertemperatur sollte 35 Grad Celsius nicht überschreiten.
- Ein längerer Aufenthalt im Reizklima von See oder Hochgebirge kann das Ekzem abklingen lassen[75].

Behandlung

Ein Neurodermitis-Kind sollte nicht nur mit Selbsthilfemaßnahmen und Medikamenten seine Haut behandelt bekommen. Auch seine Seele und das Familienklima brauchen Pflege. Es ist darum dringend empfehlenswert, daß sich solche Familien von einem Psycho-Arzt beraten lassen (siehe Seite 38).

Arzneimittel

Naturheilmittel

Bei Krankheiten, gegen die bisher noch kein sicher wirkendes Mittel bekannt ist, werden immer wieder exotische Produkte angepriesen. 1986 waren das z. B. die sogenannten L-Peptide von Prof. Gauri. Aus einem indischen Molkegetränk entwickelte er Tropfen, mit denen er bei der Behandlung von Neurodermitis große Erfolge erzielt[76]. Inzwischen haben aber die Hamburger Gesundheitsbehörden den Vertrieb verboten, da es sich ihrer Meinung nach bei den Tropfen um ein Arzneimittel handelt, das ohne entsprechende Herstellerlizenz nicht produziert werden darf[77].

Medikamente

Zur Behandlung der Neurodermitis werden verschiedene Salben, Öle und Lotionen gebraucht, mit denen die Haut geschmeidig gehalten werden soll. In Zusammenarbeit mit dem Arzt muß dabei jeder die für das Kind geeigneten Produkte herausfinden. Was dem einen hilft, braucht dem anderen noch lange nicht gutzutun.

Sehr oft ist es notwendig, die entzündeten Hautstellen mit einer kortikoidhaltigen Salbe zu beruhigen. Zunächst helfen diese Salben hervorragend. Das darf jedoch nicht dazu verleiten, sie ständig anzuwenden. Werden kortikoidhaltige Salben lange Zeit oder auf großen Flächen aufgetragen, verwirren sie das Hormonsystem des ganzen Körpers. Uner-

wünschte Wirkungen auf den Blutdruck und den Wasserhaushalt, Knochenabbau und Fettsucht können die Folge sein. An der zu oft eingecremten Stelle verkümmert die Haut; sie sieht dann einer Narbe ähnlich.
Wenn die Erkrankung besonders stark ist, muß der Juckreiz manchmal mit innerlich einzunehmenden Mitteln gegen Allergien bekämpft werden. Präparate siehe »allergischer Schnupfen«, Seite 172.

6.24. Schlafstörungen

Rund ein Drittel der zwei- und dreijährigen Kinder wachen nachts immer wieder auf. Bei Fünfjährigen ist es immer noch jedes zehnte[78]. Nicht nur Erwachsene, auch Kinder haben ein individuell unterschiedliches Schlafbedürfnis. Daher sollten Sie sie nicht zu einer genormten Zeit ins Bett schicken. Zwingt man ein Kind, das weniger Schlaf braucht, sich zu einer bestimmten Zeit ins Bett zu legen, kann »Schlaf als Problem« geradezu anerzogen werden. Auch das zu frühe Schlafenlegen des Kindes kann die Ursache von »Schlafstörungen« sein. Das Kind wacht dann mitten in der Nacht wieder auf. Sie sollten Ihrem Kind die Möglichkeit geben, selbst seinen Wach-Schlaf-Rhythmus an die Umwelt anzupassen, und es dabei unterstützen.
Nur wenn das Kind nachts aufwacht und Angstzustände hat, gar nicht mehr einschlafen kann oder wenn es ungewöhnlich oft aufwacht, kann von Schlafstörungen gesprochen werden. Die Ursachen dazu verstecken sich meistens in der Kinderseele. Können die Kinder nicht einschlafen, liegen nach dem Gute-Nacht-Sagen noch stundenlang wach, wühlen herum, rufen nach den Eltern, so sind häufig Verlust- und Trennungsängste die Ursache. Solche Ängste werden in der Dunkelheit noch verstärkt. Sie sollten sich dann fachliche Hilfe holen bei der Aufgabe, dem Kind wieder Geborgenheit zu vermitteln. Mit Maßnahmen zu mehr Disziplin kann das Problem eher noch vergrößert werden.
Als Ursache für Schlafstörungen kommen Situationen in Frage, die das Kind beunruhigen: Spannungen im Freundeskreis, im Kindergarten, in der Familie oder Überforderung in der Schule. Damit wird das Kind dann nicht mehr allein fertig, wenn es sich auch in der Familie allein

fühlt. Aber auch beengte Wohnverhältnisse, Störungen durch Geräusche usw. stören den Schlaf.
Plötzlich auftretende Schlafstörungen von sonst unauffälligen Kindern können aber auch Anzeichen von leichten Vergiftungen sein: Eingeatmeter Haarspray-Nebel, ein Schluck Geschirrspülmittel oder Haarshampoo können Unruhe und Schlafstörungen nach sich ziehen. Wenn der Verdacht begründet ist, sollte ein Arzt oder Ambulatorium aufgesucht werden. Auch Medikamente können an Schlafstörungen beteiligt sein: Vor allem Nasentropfen gegen Schnupfen machen manchmal hellwach. (Siehe Schnupfen, Seite 114).

Was man selbst tun kann

Beschäftigung vor dem Schlafengehen: Abends sollten keine aufregenden Spiele (z. B. Verstecken im Dunkeln) mehr gespielt werden. Auch Fernseh-Filme sind keine Vorbereitung für eine gute Nacht. Sich immer wiederholende Einschlafrituale wie das Vorlesen von Geschichten, im Bett noch ein wenig plaudern oder eine Schmuseviertelstunde lassen den Tag sanft ausklingen.
Es ist sicher leichter gesagt als getan, wenn man dem Kind Sicherheit und Geborgenheit vermitteln möchte. Wer selbst belastet ist und sich unsicher fühlt, dem wird das Kind das auch anmerken. Wichtig ist, daß das Kind seinen Eltern vertrauen kann. Hat es bereits mehrfach erlebt, daß die Eltern sich an Verabredungen nicht halten oder es anlügen, kann es nachts aufwachen aus Furcht, verlassen zu werden. In Gesprächen in einer Familienberatungsstelle kann man Hilfe bekommen, wie die Familiensituation entspannt werden kann. Manchmal sind auch psychotherapeutische Maßnahmen für das Kind oder/und die Familie notwendig.

Der Kinderarzt sollte aufgesucht werden, wenn

- die Schlafstörungen lange andauern, das Kind und/oder die Eltern stark beeinträchtigen und durch einfache Maßnahmen nicht zu beheben sind.

Der Kinderarzt/eine Kinderklinik sollte ***sofort*** *aufgesucht werden, wenn*

- die Schlafstörung plötzlich auftritt und der Verdacht besteht, daß eine Vergiftung die Ursache sein könnte.

Arzneimittel

Naturheilmittel

Beruhigende Wirkstoffe sind z. B. in Baldrianwurzeln, Hopfenzapfen, Melissen- und Rosmarinblättern enthalten.

Teezubereitung (z. B. Melissentee): Ein Eßlöffel geschnittene, getrocknete Melissenblätter werden mit einem viertel Liter kochendem Wasser übergossen und nach 10 Minuten abgeseiht.

Baldriantee, der aus der getrockneten Baldrianwurzel gekocht wird, enthält kaum noch beruhigend wirkende Substanzen. Sie werden nur durch Alkohol herausgelöst. So entstehen die sogenannten Baldriantropfen. Sie sollten aber wegen ihres Alkoholgehaltes kleinen Kindern nicht eingegeben werden.

Medikamente

Ein- und Durchschlafstörungen bei Kindern sollten nicht mit Schlafmitteln behandelt werden. Die Nebenwirkungen, die diese Mittel bei Erwachsenen haben, betreffen auch Kinder: Der Schlafmittel-Schlaf ist weniger erholsam, am nächsten Tag kann man noch benommen sein, die Leistungsfähigkeit ist vermindert. Auch Kinder sind bereits durch Schlafmittel suchtgefährdet. Manchmal wirken Schlafmittel bei Kindern auch ganz gegenläufig: Statt einzuschläfern, regen sie die Kinder auf. Sie werden zappelig, verwirrt und »sehen Gespenster«, so daß sie dann gar nicht mehr schlafen können.

6.25. Kopfläuse

Wenn
- das Kind über starken Juckreiz am Kopf klagt,
- an den Schläfen, hinter den Ohren oder am Nacken rote, zerkratzte Stellen zu sehen sind,
- die Lymphknoten hinter den Ohren oder im Nacken geschwollen sind,

dann sollte das Kind auf Kopfläuse untersucht werden.

Kopfläuse sind durchaus keine Seltenheit. Sie werden zunehmend häufiger beobachtet, ohne daß man eine Ursache gefunden hätte, warum das so ist. Mit Ordnung und Sauberkeit hat es jedenfalls nichts zu tun, und es

gibt keinen Grund, einen Läusebefall schamhaft zu verschweigen. Jährlich werden in der BRD fast eine Million Packungen Läusemittel verkauft. Die Tiere breiten sich vor allem in Kindergarten und Schule durch direkten Kontakt, z. B. durch das Zusammenstecken der Köpfe beim Spielen, aber auch über Gegenstände wie Kleider oder Kämme schnell aus.
Einen halben Zentimeter vom Haarboden entfernt finden sich die Nissen. Sie sind ganz fest an den Haarschaft geheftet. Die Läuse selbst wird man nur in den seltensten Fällen entdecken. Nissen, die mehrere Zentimeter vom Haarboden entfernt sind, sind tot.

Was man selbst tun kann
Zunächst wird ein Läusemittel nach Gebrauchsanweisung angewandt. Danach sollte der Kopf gründlich gewaschen und das Haar mit Essigwasser nachgespült werden. So lassen sich die abgetöteten Nissen leichter auskämmen. Dazu benötigt man eine Kamm, dessen Zinken besonders eng stehen (Läusekamm aus der Apotheke). Haben Sie bei einem Kind Kopfläuse festgestellt, so sollten Sie bei den anderen Familienmitgliedern ebenfalls nach Kopfläusen »fahnden«. Die einmalige Behandlung mit einem Läusemittel erscheint für alle sinnvoll. Um eine Wiederansteckung zu verhindern, sollten Kämme und Bürsten ebenfalls mit dem Läusemittel gereinigt werden. Alle Kleidungsstücke, die das Kind am Kopf getragen hat, sollten gewaschen werden, ebenso die Bettwäsche. Kuscheltiere, Schmusedecken und ähnliche Gegenstände, die nicht gewaschen werden können, sollten für vier Wochen in einen dicht zugebundenen Beutel getan oder einen Tag lang bei 35 Grad Celsius aufbewahrt werden. Danach befinden sich keine lebenden Läuse oder Läuseeier mehr daran. Man kann diese Gegenstände auch in einer Desinfektionsanstalt lausfrei machen lassen. Für Autokindersitze empfiehlt sich die Verwendung von Läusemitteln in Sprayform.

Der Kinderarzt sollte aufgesucht werden, wenn
- die Bißstellen entzündet oder eitrig sind;
- sich an der Kopf- oder Gesichtshaut gelblich-rötliche Krusten ausbreiten.

Kindergarten- und Schulkinder, die Läuse haben, dürfen am Unterricht nicht teilnehmen. Sie müssen nach der Behandlung durch das Attest eines Arztes oder des Gesundheitsamtes (in Österreich auch einer Desinfektionsanstalt) nachweisen, daß sie lausfrei sind[80].

Wichtig bei Kindern bis zu einem Jahr
Besonders Säuglinge sollten mit einem Mittel behandelt werden, das Pyrethrum-Extrakte enthält. Andere Läusemittel können bei Säuglingen eher zu Vergiftungen führen.

Arzneimittel
Von Läusemitteln erwartet man, daß sie nicht nur die lebenden Tiere, sondern auch die Nissen abtöten. Am sichersten und schnellsten wirkt die Substanz Malathion (z. B. *Organoderm* (BRD)). Sie wird auch vom Bundesgesundheitsamt zur Läusebehandlung empfohlen, muß aber vom Arzt verordnet werden. Fünf Minuten nach der Behandlung sind alle Läuse und 95 Prozent der Eier tot. Die Hälfte aller verkauften Präparate enthält jedoch den Wirkstoff Lindan (z. B. *Jacutin* (BRD/Ö)). Dieses Mittel gibt es in unterschiedlichen Konzentrationen und als Gel, Flüssigkeit oder Shampoo. Das Gel enthält nur 0,3 Prozent des Wirkstoffs, muß aber drei Tage lang auf dem Kopf bleiben[81]. Das Shampoo (z. B. *Quellada* (BRD)) wirkt zwar schneller, weil es dreimal soviel Wirkstoff enthält, aber dennoch nicht besser: Viele Läuse und Nissen überleben die Behandlung. Nach der Anwendung von lindanhaltigen Mitteln kann es zu Vergiftungserscheinungen kommen, wenn der Körper zuviel von dem Stoff aufgenommen hat. Die Gefahr ist bei den konzentrierteren Zubereitungen größer. Außerdem sind inzwischen einige Läusearten gegen diesen Wirkstoff unempfindlich geworden[82].
Für den Menschen sind Läusemittel am verträglichsten, die Pyrethrum-Extrakte enthalten (z. B. *Goldgeist forte* (BRD)). Ihr Nachteil ist, daß bis zu einem Drittel der Tiere die Behandlung überleben. Darum sollte die Behandlung nach sieben bis zehn Tagen unbedingt wiederholt werden.

6.26. Würmer

Für Kinder sind von allen Wurmarten, von denen Menschen befallen sein können, Madenwürmer von besonderer Bedeutung. Sie sind davon viel häufiger betroffen als Erwachsene. Der Wurmbefall macht sich durch einen Juckreiz am After bemerkbar, der vornehmlich zur Nacht auftritt. Die weiblichen Tiere verlassen zu dieser Zeit den Darm und

legen ihre Eier am Darmausgang ab. Wenn sich das Kind dann dort kratzt, bringt es die Eier unter den Fingernägeln nach oben. Von der Hand gelangen sie in den Mund, und im Darm können sich dann aus den Eiern wieder neue Würmer entwickeln[83].
Die Eltern können einen Befall mit Madenwürmern manchmal daran erkennen, daß mit dem Stuhl die etwa 1 cm langen, weißen, fadenförmigen Würmer ausgeschieden werden.

Was man selbst tun kann
Der Afterausgang sollte jeden Abend mit einem Lappen gründlich gesäubert werden. Dazu werden Lappen benutzt, die nach jedem Gebrauch ausgekocht werden. Auf das Baden des ganzen Körpers sollte in dieser Zeit verzichtet werden. Die Fingernägel sollten möglichst kurz geschnitten werden. Das Kind sollte lernen, sich nach jedem Stuhlgang die Hände gründlich zu waschen und die Nägel zu bürsten. Nach der Behandlung mit einem der unten genannten Medikamente sollten Bettzeug und Schlafanzug gewechselt werden.

Arzneimittel
Für die Behandlung stehen drei bewährte Substanzen zur Verfügung: Pyrantel (z. B. in *Helmex* (BRD), *Combantrin* (Ö)), Mebendazol (z. B. in *Vermox (BRD), Pantelmin* (Ö)) und Parvinium (z. B. in *Molevac* (BRD)). Die Behandlung sollte nach zwei bis vier Wochen wiederholt werden[84].

7. Kinderkrankheiten

7.1. Masern

Masern sind eine Virusinfektion, die durch direkten Kontakt, nicht durch Gegenstände, übertragen wird. Von der Ansteckung bis zum Beginn der Erkrankung vergehen 8–14 Tage [1]. Gewöhnlich beginnen Masern mit Schnupfen, Husten, Bindehautentzündung und Fieber um 39 Grad Celsius. Drei bis vier Tage später zeigt sich dann der Masernausschlag, das Fieber steigt (um 40 Grad Celsius). Der typische Masernausschlag beginnt mit hellroten Flecken hinter den Ohren und breitet sich dann über den Kopf und den Oberkörper zu den Beinen hin aus. Meistens juckt er nicht. Nach drei Tagen wird er dunkler und bildet sich in der gleichen Reihenfolge wieder zurück, wie er gekommen ist. Manchmal bleiben für ein bis zwei Wochen noch bräunliche Flecken auf der Haut – sie sind kein Grund zur Beunruhigung. Die Kinder leiden besonders unter den entzündeten und lichtempfindlichen Augen, dem trockenen Husten und den Halsschmerzen. Diese Krankheitszeichen sollte man zu lindern versuchen. Gegen das Masernvirus selbst gibt es kein wirksames Mittel. Allerdings kann man vorbeugend gegen Masern impfen (siehe Impfungen, Seite 60). Masern können von bakteriellen Infektionen begleitet sein, die zu einer Mittelohr- oder Lungenentzündung führen. Diese Erkrankungen müssen vom Kinderarzt mit Antibiotika behandelt werden. Das bedeutet jedoch keineswegs, daß Masern »sicherheitshalber« gleich mit Antibiotika behandelt werden sollten. Das ist unnötig und erhöht die Gefahr einer Allergie gegen diese Medikamente.

Ansteckung
Masern gehören zu den besonders ansteckenden Kinderkrankheiten. Säuglinge unter vier Monaten sind im allgemeinen gegen Masern noch durch die Abwehrstoffe geschützt, die sie von der Mutter mitbekommen haben.
Das Kind ist vier Tage vor bis vier Tage nach Beginn des Ausschlags ansteckend. Um zu vermeiden, daß andere Kinder angesteckt werden, sollte das Kind erst eine Woche nach dem Beginn des Ausschlags wieder mit anderen Kindern Kontakt haben.

Was man selbst tun kann
Husten, Fieber, Halsschmerzen: Siehe dazu Seite 118, Seite 108 und Seite 130.

Entzündete Augen: Wenn das Kind über schmerzende Augen klagt, sollte das Zimmer verdunkelt werden. Das Kind kann auch eine Sonnenbrille tragen.

Der Kinderarzt sollte aufgesucht werden, wenn
der Verdacht besteht, es könnte sich um Masern handeln. Durch eine gründliche Untersuchung kann er dann rechtzeitig erkennen, ob eine bakterielle Infektion hinzugekommen ist, die mit Antibiotika behandelt werden muß.
Wegen der Ansteckungsgefahr sollte der Kinderarzt vorher telefonisch auf den Masernverdacht aufmerksam gemacht werden.

Der Kinderarzt/eine Kinderklinik sollte ***sofort*** *aufgesucht werden, wenn*
- starke Nackensteifigkeit auftritt (das Kinn läßt sich nicht mehr auf die Brust drücken);
- Krämpfe auftreten;
- das Kind lethargisch und kaum ansprechbar wirkt;
- es zu ungewöhnlichen Blutungen (z. B. an den Schleimhäuten) und **dunkelroten** Flecken unter der Haut kommt (Hinweis auf eine Blutveränderung, die die Blutgerinnung beeinflußt).

7.2. Windpocken (Feuchtblattern)

Windpocken sind eine Viruserkrankung, die am häufigsten im Alter zwischen zwei und sieben Jahren auftritt[2]. Die Erkrankung beginnt mit Kopfschmerzen und Fieber. Meist zwei bis drei Wochen nach der Ansteckung tritt dann am Rumpf plötzlich ein Ausschlag auf, der sich rasch ausbreitet. Die hellroten Knötchen werden innerhalb von wenigen Stunden zu kleinen, leicht platzenden Bläschen. Aus ihnen kann eine klare Flüssigkeit rinnen. Schubweise kommen immer neue Bläschen hinzu und verkrusten dann nach und nach. Sie können auch an der Kopfhaut oder an den Schleimhäuten (Mund, Genitalien) auftreten.
Die Körpertemperatur ist meistens nur wenig erhöht, andere Krankheitszeichen außer den Bläschen sind selten. Gegen Windpocken gibt es – wie gegen andere Viruserkrankungen auch – keine wirksamen Medikamente. Der Ausschlag juckt meistens sehr stark, und man sollte versuchen, ihn so gut es geht zu lindern.
Das Kind muß nicht im Bett bleiben. Beim Spielen wird es eher vom Juckreiz abgelenkt.
Auf keinen Fall sollte das Kind an den Bläschen kratzen. Wenn sich die Bläschen entzünden, heilen sie meist so ab, daß Narben zurückbleiben.

Ansteckung
Die Windpocken heißen deshalb so, weil sie praktisch »mit dem Wind« übertragen werden. Auch über einen Abstand von zehn Metern hinweg kann man sich noch mit Windpocken anstecken. Man bekommt diese Krankheit normalerweise nur einmal im Leben. Bei Kindern verläuft sie wesentlich harmloser als bei Erwachsenen. Wer als Kind Windpocken gehabt hat, kann als Erwachsener nach dem Kontakt mit demselben Virus Gürtelrose bekommen. Es ist nicht nur fast unmöglich, sondern auch nicht unbedingt sinnvoll, eine Ansteckung bei Kindern zu verhindern. Nur in Ausnahmefällen muß eine Windpocken-Infektion unbedingt verhindert werden: bei Säuglingen unter einem Monat, bei schwangeren Frauen, bei Kindern, die mit Zytostatika, Kortison oder anderen sogenannten »immunsuppressiven« Wirkstoffen behandelt werden (z. B. wegen schweren Rheumas oder bei Krebserkrankungen).
Wegen der Ansteckungsgefahr sollte der Kinderarzt/die Kinderklinik

vor dem Besuch telefonisch auf den Windpockenverdacht hingewiesen werden. Windpocken sind sicher nicht mehr ansteckend, sobald die letzten Krusten abgefallen sind.

Was man selbst tun kann

Nägel: Um zu verhindern, daß das Kind die Bläschen aufkratzt, sollten die Nägel möglichst kurz geschnitten werden. Der Infektionsgefahr kann man vorbeugen, indem man das Kind sich öfter die Hände waschen und die Nägel bürsten läßt.

Kleidung: Lockere Baumwollkleidung reizt den Ausschlag am wenigsten. Manchmal ist es notwendig, dem Kind Baumwollhandschuhe anzuziehen, damit es sich nicht kratzen kann.

Baden: Häufiges Duschen oder Abwaschen mit lauwarmem Wasser (immer einen frischen Waschlappen benützen!) lindert den Juckreiz und beugt einer Entzündung der Bläschen vor. Um den Juckreiz zu lindern, kann das Kind auch einmal täglich ein lauwarmes Bad mit einem Backpulverzusatz (eine Tasse Backpulver auf eine Wanne Wasser) nehmen[3].

Spülen: Sind auch der Mund oder die Augen vom Ausschlag befallen, so lindert das Gurgeln bzw. das Auswaschen der Augen mit Salzwasser (ein Teelöffel Salz auf ein Glas Wasser) den Juckreiz.

Der Kinderarzt sollte zunächst telefonisch befragt werden, wenn
- sich durch die oben genannten Methoden der Juckreiz nicht lindern läßt;
- der Ausschlag sich durch Kratzen entzündet hat. Das erkennt man an der stärkeren Rötung der Bläschen und daran, daß aus ihnen eine gelbliche Flüssigkeit austritt.

Der Kinderarzt/eine Kinderklinik sollte ***sofort*** *aufgesucht werden, wenn*
- das Kind unter Kopfschmerzen, Nackensteifigkeit (der Kopf läßt sich nicht mehr auf die Brust drücken) oder starkem Erbrechen leidet;
- das Kind teilnahmslos und unansprechbar wirkt.

Wichtig bei Kindern bis zu einem Jahr
Bei Säuglingen ist es besonders wichtig, durch sorgfältige Körperpflege und häufiges Wechseln der Leib- und Bettwäsche eine bakterielle Infektion der Bläschen zu verhindern.

Arzneimittel
Um den oft unerträglichen Juckreiz zu stillen, werden von Ärzten gerne Puder oder Lotionen verschrieben. Es wird jedoch bezweifelt, daß die in ihnen enthaltenen Wirkstoffe den Juckreiz wirklich beeinflussen. Wahrscheinlicher ist, daß sie die Empfindung »jucken« durch das Gefühl von »kalt« oder »warm« ersetzen. Beim Auftragen einer Lotion verdunstet das in ihr enthaltene Wasser. Das wird als angenehme Kühlung empfunden. Den gleichen Effekt erzielt man auch mit einer Lösung, die nur Stoffe ohne besondere Wirkung enthält (z. B. *Lotio alba aquosa*, aus der Apotheke). Kinder fühlen sich oft gleich weniger krank, wenn man z. B. mit einer solchen Lösung alle Windpocken betupft und sie so in einen »Fliegenpilz« verwandelt.

7.3. Röteln

Röteln sind ebenfalls eine Virusinfektion. Meistens erkranken erst Kinder ab dem Schulalter daran[5]. Man erkennt die Röteln fast immer erst am Ausschlag, der elf bis einundzwanzig Tage nach der Ansteckung auftritt. Die linsengroßen, hellroten Flecken zeigen sich zuerst im Gesicht und breiten sich dann über den Körper aus. Typisch sind auch Lymphknotenschwellungen am Hals und am Nacken, die als kleine Knötchen getastet werden können. Die Kinder haben kaum Fieber oder andere Krankheitszeichen. Meistens verläuft die Krankheit so mild, daß sie keiner Behandlung bedarf. In 25–30 Prozent der Fälle werden Röteln nicht einmal bemerkt. Zusätzliche bakterielle Entzündungen oder eine Gehirnentzündung treten ausgesprochen selten auf. Die an sich leichte Erkrankung wird dann gefährlich, wenn sich eine schwangere Frau mit Röteln ansteckt, die die Krankheit noch nicht durchgemacht hat und auch nicht dagegen geimpft ist. Dann kann die Infektion auf das werdende Kind übergehen und schwere Mißbildungen hervorrufen. Das gilt besonders für die ersten sechzehn Wochen der Schwangerschaft.

Kinder, die an Röteln erkrankt sind, müssen unbedingt von Frauen, die möglicherweise schwanger sein könnten oder schwanger sind, ferngehalten werden.
Eine überstandene Rötelninfektion schützt sicherer vor der Krankheit als eine Impfung. Da Röteln das Kind kaum beeinträchtigen, sollten kleine Mädchen sich möglichst früh anstecken und dadurch einen lebenslangen Schutz erwerben.

Ansteckung
Röteln sind schon sieben Tage vor Beginn des Ausschlags und die ersten fünf Tage danach ansteckend.
Besteht der Verdacht, daß eine schwangere Frau Kontakt mit Röteln hatte, sollte sie sich so bald wie möglich mit dem Frauenarzt ihres Vertrauens in Verbindung setzen.

Behandlung
Eine Behandlung ist meistens nicht notwendig.

Der Kinderarzt sollte aufgesucht werden, wenn
- andere Krankheitszeichen wie Husten oder Ohrenschmerzen hinzukommen.

Wegen der Ansteckungsgefahr sollte der Kinderarzt vorher telefonisch auf den Rötelnverdacht aufmerksam gemacht werden.

Der Kinderarzt/eine Kinderklinik sollte ***sofort*** *aufgesucht werden, wenn*
- das Kind Krämpfe hat;
- das Kind teilnahmslos oder unansprechbar wirkt.

7.4. Scharlach

Scharlach wird durch Bakterien (Streptokokken) hervorgerufen und tritt gehäuft in der kalten Jahreszeit auf. Zwei bis drei Tage nach der Ansteckung kommt es plötzlich zu hohem Fieber (bis 41 Grad Celsius), Kopfschmerzen, starken Halsschmerzen und Schluckbeschwerden. Häufig erbricht das Kind auch ein- oder zweimal[6]. Zwei bis drei Tage

später steigt das Fieber wieder an, und es ist der typische Scharlachausschlag zu sehen: viele stecknadelspitzengroße, dicht nebeneinanderstehende, rote, rauhe Flecken (»wie roter Samt«). Wenn man daraufdrückt, verblassen sie. Ausgehend von der Brust und Leistengegend, breitet sich der Ausschlag über den Körper aus. Das Gesicht bleibt meist davon verschont. Ein bis zwei Wochen später schuppt sich dann die Haut. An Händen und Füßen kann sich die oberste Hautschicht sogar in Fetzen ablösen.
Eine geschwollene, belegte Zunge mit leuchtend roten Punkten (als Himbeer- oder Erdbeerzunge bezeichnet) und geschwollene, schmerzhafte Lymphknoten an Hals und Kiefer sind weitere typische Zeichen des Scharlachs.
Scharlach ist nach wie vor eine häufige Kinderkrankheit. Gefürchtet war sie, weil sie sehr schwer verlaufen kann (toxischer Scharlach). Es können auch einzelne Organe besonders befallen sein (z. B. Lymphknoten, Ohr, Nebenhöhlen). Eine Folgekrankheit des Scharlachs kann das rheumatische Fieber sein. Seitdem Scharlach mit Antibiotika behandelt werden kann, hat diese Kinderkrankheit ihren Schrecken jedoch weitgehend verloren. Beim Verdacht auf Scharlach muß immer der Kinderarzt gerufen werden. Ein Kind, das Scharlach hat, sollte unbedingt mit Antibiotika behandelt werden. Trotzdem muß es weiterhin genau beobachtet und immer wieder sorgfältig vom Kinderarzt untersucht werden (Harnuntersuchungen, Rachenabstriche). Manchmal müssen auch die Personen, die mit dem Kind zusammenleben, Antibiotika einnehmen.

Ansteckung
Hat das Kind Antibiotika eingenommen, ist es nach fünf Tagen nicht mehr ansteckend. Eventuell müssen auch die Geschwister mitbehandelt werden, um die Krankheit nicht weiter fortzutragen. Bis die Ansteckungsgefahr vorüber ist, muß das Kind zu Hause bleiben. Ohne Antibiotikagabe dauert es mehrere Wochen, bis das Kind andere nicht mehr anstecken kann.

Was man selbst tun kann
Halsschmerzen, Fieber, Kopfschmerzen: Siehe dazu Halsschmerzen, Seite 130, Fieber Seite 108 und Kopfschmerzen Seite 134.

Eiskrawatte: Sind die Lymphknoten am Hals geschwollen und sehr schmerzhaft, so kann eine Eiskrawatte Erleichterung bringen. Man zerkleinert Eiswürfel in einem Tuch mit einem Hammer und füllt sie in zwei dichte Plastikbeutel, die mit einer Schnur fest verschlossen werden. Die Beutel sollten nicht zu prall gefüllt sein. Luft muß vor dem Zubinden herausgedrückt werden. Dann wird jeder Beutel in eine Windel gerollt und dem Kind um den Hals gelegt. Wenn das Eis geschmolzen ist, entfernt man die Beutel wieder[7].

Der Kinderarzt sollte aufgesucht werden, wenn
- der Verdacht auf Scharlach besteht. Wegen der Ansteckungsgefahr sollte der Kinderarzt vorher telefonisch auf den Verdacht aufmerksam gemacht werden.

Der Kinderarzt/eine Kinderklinik sollte **sofort** *aufgesucht werden, wenn*
- die Körpertemperatur trotz fiebersenkender Medikamente nicht unter 40 Grad Celsius sinkt;
- das Kind Krämpfe bekommt;
- das Kind benommen und sehr unruhig wirkt;
- sich das Kind stark erbricht und Durchfall bekommt.

7.5. Keuchhusten

Keuchhusten ist eine sehr ansteckende und sehr langwierige Krankheit. Der Volksmund weiß: »Drei Wochen kommt er, drei Wochen steht er, drei Wochen geht er.« Dabei erkrankt das Hustenzentrum des Gehirns durch die Giftstoffe aus den Bakterien. Im Gegensatz zu den meisten anderen Kinderkrankheiten können auch schon Säuglinge an Keuchhusten erkranken[8]. Von der Ansteckung bis zum Ausbruch der Erkrankung vergehen ein bis zwei Wochen. In den ersten zwei Wochen verläuft ein Keuchhusten ähnlich wie eine Erkältung. Darum wird er oft nicht gleich erkannt. Erst während der folgenden drei bis sechs Wochen treten die typischen Hustenanfälle mit ziehender Einatmung, kurzen, harten Hustenstößen und einem abschließenden »Juchzen« auf, von denen der Keuchhusten seinen Namen hat. In der Endphase der Anfälle sind das

Gesicht des Kindes gerötet und die Augen glasig. Meistens ist das Kind sehr erschöpft. Erst während der nächsten zwei bis vier Wochen werden die Anfälle seltener, und der Keuchhusten hört langsam auf. Gewöhnlich haben die Kinder kein Fieber und wirken zwischen den Hustenanfällen, die 15- bis 20mal pro Tag auftreten können, gesund.

Ansteckung

Keuchhusten ist in den ersten zwei Wochen, in denen er fast nie erkannt wird, am ansteckendsten. Darum sollten Sie jeden Kontakt von hustenden Kindern mit Säuglingen vermeiden. Bei ihnen kann die Krankheit wesentlich gefährlicher verlaufen. Kamen Säuglinge trotzdem mit keuchhustenkranken Kindern in Verbindung (z. B. Geschwister), so sollte der Säugling vom Kinderarzt zur Vorbeugung Antibiotika (Erythromycin) erhalten. Bis etwa drei Wochen nach den ersten typischen Hustenanfällen ist die Krankheit ansteckend, wenn sie nicht mit Antibiotika behandelt wird. Dann verkürzt sich diese Zeitspanne auf ca. eine Woche[9].

Was man selbst tun kann

Umgebung: Das Kind muß nicht im Bett liegen, es sollte allerdings in warmer Umgebung (bis 21 Grad Celsius) mit mindestens 40 Prozent Luftfeuchtigkeit bleiben[10]. Hier kann ein Luftbefeuchter sinnvoll sein. Das Zimmer sollte außerdem häufig gelüftet werden.

Nahrung: Da das Kind nach den Anfällen häufig erbricht, sollten Sie ihm mehrmals am Tag kleine und leichte Mahlzeiten anbieten.

Flüssigkeit: Wenn das Kind erbricht, ist es wichtig, daß es viel trinkt (z. B. Tee). Damit kann der Flüssigkeitsverlust ausgeglichen und der Husten etwas gelindert werden.

Pflege: Keuchhusten kann sechs bis zwölf Wochen lang dauern. Das wichtigste ist die geduldige Betreuung. Sie sollten das Kind nach den erschöpfenden Anfällen trösten. Werden allerdings gegen Ende der Krankheit die Anfälle seltener und leichter, so ist es besser, ihnen nicht mehr allzuviel Aufmerksamkeit zu schenken und dem Kind zu zeigen, daß »es schon besser wird«. Verwöhnte Kinder können sonst noch viele Wochen lang Hustenanfälle wie einen »Tick« beibehalten.

Der Kinderarzt sollte aufgesucht werden, wenn
- der Verdacht auf Keuchhusten besteht, z. B. wenn das Kind hustet und in seiner Umgebung andere Kinder bereits unter Keuchhusten leiden. Unter Umständen müssen kleinere Geschwister vorbeugend behandelt werden;
- das Kind zu fiebern beginnt;
- Ohrenschmerzen hinzukommen.

Wegen der Ansteckungsgefahr sollte der Kinderarzt vorher telefonisch auf den Keuchhusten-Verdacht hingewiesen werden.

Der Kinderarzt/eine Kinderklinik sollte **sofort** *aufgesucht werden, wenn*
- das Kind eine leicht bläuliche Gesichtsfarbe bekommt und die Nasenflügel beim Atmen zittern;
- Krämpfe, Lähmungen oder Bewußtlosigkeit auftreten.

Wichtig bei Kindern bis zu einem Jahr
Bei Säuglingen, die an Keuchhusten erkrankt sind, können manchmal statt der typischen Hustenanfälle Niesanfälle auftreten. Bei Säuglingen ist Keuchhusten eine ausgesprochen gefährliche Erkrankung. In der Bundesrepublik Deutschland kommt es pro Jahr noch immer zu zehn bis fünfzehn Todesfällen. Säuglinge mit Keuchhusten müssen ununterbrochen beobachtet werden, da bei ihnen während der Husten- oder Niesanfälle die Atmung aussetzen kann. Kommt es zu einem Anfall, muß man den Säugling sofort hochnehmen und schütteln bzw. beatmen, wenn seine Atmung aussetzt. Siehe dazu auch Atemnot, Seite 196.

Arzneimittel
Drei verschiedene Arten von Medikamenten werden keuchhustenkranken Kindern oft verschrieben: Mittel gegen Husten, Antibiotika und Beruhigungsmittel.
Hustenunterdrückende Medikamente haben auf die starken Hustenanfälle kaum eine Wirkung. Antibiotika sind bei Keuchhusten nur notwendig, wenn:
- das Kind z. B. durch eine andere Erkrankung besonders gefährdet ist;
- eine andere Infektion hinzugekommen ist;
- bei Kindern bis zu einem Jahr;
- damit rechtzeitig einem Keuchhusten vorgebeugt werden kann. Das

kann sinnvoll sein, wenn sich das Kind gerade erst angesteckt hat oder wenn eine Ansteckung überhaupt verhindert werden kann, beispielsweise bei den Geschwistern.

Beruhigungsmittel werden Kindern mit Keuchhusten ebenfalls häufig verschrieben. Damit wird aber nicht die Krankheit bekämpft, sondern dem Kind die Verkrampfung und die Angst während der Hustenanfälle genommen.

Nach dem Ausbruch der Krankheit darf keinesfalls mehr gegen Keuchhusten geimpft werden. Das Spritzen von Antikörper-Konzentraten, die spezifisch gegen Keuchhusten gerichtet sind (*Pertussis-Immunglobulin* (Ö), *Tussoglobin* (BRD)), kann den Krankheitsverlauf hingegen mildern.

7.6. Mumps/Ziegenpeter

Mumps ist eine Virusinfektion. Achtzehn bis einundzwanzig Tage nach der Ansteckung entzünden sich zunächst die Ohrspeicheldrüsen und schwellen an. Diese Schwellung fühlt sich teigig-weich an und ist sehr schmerzhaft. Kinder zwischen vier und zehn Jahren erkranken am häufigsten an Mumps[11]. Zuerst bekommen sie auf der einen und erst nach ein bis zwei Tagen auf der anderen Seite eine »dicke Backe«. Sie klagen über leichtere Ohrenschmerzen, Schmerzen beim Drehen des Kopfes und beim Kauen. Sie können Fieber bis zu 40 Grad Celsius bekommen oder auch ganz fieberfrei bleiben. Die Beschwerden bleiben ungefähr eine Woche lang bestehen, dann heilt die Krankheit meist folgenlos ab. Nur in seltenen Fällen kommt es durch das Mumps-Virus zu Folgekrankheiten wie z. B. Entzündung der Bauchspeicheldrüse oder der Gehirnhäute. Bei Jungen ist die Hodenentzündung eine gefürchtete Folgeerkrankung, weil sie zu Sterilität führen kann. Wie bei anderen Viruserkrankungen auch haben Antibiotika *keinen* Einfluß auf die Krankheit. Es genügt, Ohren und Wangen warm zu halten, und wenn nötig, das Fieber zu senken.

Ansteckung
Mumps ist vier Tage vor bis sieben Tage nach Beginn der Erkrankung ansteckend. Wer die Krankheit einmal durchgestanden hat, ist immun dagegen.

Was man selbst tun kann
Wärme: Wärme über den Drüsen mildert die Beschwerden. Für einen Wärmewickel taucht man zwei Tücher in warmes Wasser, wringt sie aus und befestigt sie mit einem Kopftuch oder einem Schal auf Wangen und Ohren des Kindes. Der Schal wird unter dem Kinn entlang geführt und auf dem Scheitel geknotet. Die Wärme hält wesentlich länger an, wenn man eine Alu- oder Plastikfolie zwischen die feuchten, warmen Tücher und den Schal legt.

Fieber: Siehe Fieber, Seite 108.

Der Kinderarzt sollte aufgesucht werden, wenn
- sich die Schmerzen bei Wärmeanwendung verstärken;
- das Kind über sehr starke Ohrenschmerzen klagt, sehr starke Ohrenschmerzen plötzlich aufhören und das Ohr zu »laufen« beginnt;
- die Temperatur trotz fiebersenkender Medikamente nicht unter 40 Grad Celsius sinkt.

Der Kinderarzt/eine Kinderklinik sollte **sofort** *aufgesucht werden, wenn*
- Kopfschmerzen und Nackensteifigkeit (das Kinn läßt sich nicht mehr auf die Brust drücken) auftreten oder das Kind nicht ansprechbar wirkt;
- Erbrechen oder starke Bauchschmerzen hinzukommen;
- Jungen nach der Pubertät über Hodenschmerzen klagen.

8. Notfälle

Das allerwichtigste bei jedem Notfall ist: Ruhe bewahren. Nur wer überlegt handelt, kann helfen. Wer kleine Kinder im Haushalt hat, sollte beim Telefon die Liste mit allen Telefonnummern für den Notfall griffbereit haben:
- Feuerwehr
- Polizei
- Kinderkrankenhaus
- Vergiftungszentrale
- Kinderarzt

Für die Fragen, die Ihnen am Telefon gestellt werden, sollten Sie sich die Antworten vorher auf einem Zettel notieren:
- Was ist geschehen?
- Wann ist es geschehen?
- Wie alt ist das Kind?
- Welche Krankheitszeichen hat das Kind?

Bei Vergiftungen kommt hinzu:
- Name des Mittels?
- Wie hat sich das Kind vergiftet? Durch Schlucken, Einatmen, Einreiben in die Haut usw.?
- Wieviel hat das Kind zu sich genommen? (Anzahl der Tabletten, Beeren oder ähnliches: Mengen einer verschluckten Flüssigkeit abschätzen)

Zur Krankenhauseinlieferung sollten Sie das Mittel, von dem Sie annehmen, daß sich das Kind damit vergiftet hat, möglichst mit seiner Verpakkung mitnehmen.
Wenn Sie selbst das Kind ins Krankenhaus bringen:

- Fahren Sie vorsichtig. Fahren Sie langsam. Nur wenn Sie heil ankommen, kann dem Kind schnell geholfen werden.
- Fahren Sie nicht allein. Nehmen Sie möglichst jemanden zur Begleitung mit, der bei dem Kind sitzt.

8.1. Atemnot

Schwere Atemnot ist ein bedrohliches Krankheitszeichen, das sofort von einem Arzt oder in einer Klinik behandelt werden muß.

Ein Kind, das unter schwerer Atemnot leidet, hat einen sehr ängstlichen Gesichtsausdruck, eine blasse oder bläuliche Gesichtsfarbe und eine schweißige Stirn. Man sieht, daß ihm jeder Atemzug größte Anstrengung bereitet. Manchmal sind auch röchelnde Geräusche zu hören.

Atemnot kann entstehen durch:
- bestimmte Infektionen des Kehlkopfs und der Stimmbänder
- Asthma
- giftige Gase
- Schockreaktionen bei Allergien, z. B. nach Insektenstichen, Arzneimitteln usw.
- eingeatmete Fremdkörper
- bestimmte Verletzungen des Brustkorbes.

Was tun?
Das Kind sofort in die nächste Klinik bringen.

Jede Aufregung der Eltern wird das an sich schon ängstliche Kind in noch größere Angst versetzen und die Atemnot verschlimmern. Es ist also wichtig, das Kind während des Transportes zum Arzt oder ins Krankenhaus zu beruhigen.

Lagerung: Beengende Kleidungsstücke sollten geöffnet werden. Frischluft ist wichtig! Im allgemeinen sollte der Oberkörper des Kindes möglichst hoch gelagert werden. Ist die Atemnot jedoch das Zeichen einer Schockreaktion, dann muß der Kopf im Gegenteil möglichst tief liegen.

Beatmung: Verzögert sich der Transport oder die Ankunft des Notarztes und hat das Kind eine blaue Gesichtsfarbe oder hat die Atmung ganz aufgehört, so sollte Mund-zu-Mund-Beatmung versucht werden. Dazu legt man das Kind auf den Rücken und beugt den Kopf des Kindes möglichst weit nach hinten. Der Betreuer kniet neben dem Kopf des Kindes. Mit der einen Hand schiebt er das Kinn nach vorne oben, die andere Hand wird bei Kleinkindern und Säuglingen auf den Schädel gelegt; bei größeren Kindern wird damit während des Lufteinblasens die Nase zugehalten. Der Helfer atmet tief ein und bläst die Luft bei Kleinkindern und Säuglingen gleichzeitig in Mund und Nase, bei größeren Kindern nur in den Mund, während er die Nase zuhält. Der Brustkorb des Kindes muß sich dabei heben. Dann läßt man Mund und Nase frei, damit die Luft wieder ausströmen kann. Säuglinge sollten auf diese Weise 35, Kleinkinder 30 und Schulkinder 20 Atemstöße pro Minute bekommen.

Wenn das Kind einen Fremdkörper eingeatmet / verschluckt hat:
Ein Helfer hält das Kind an den Füßen mit dem Kopf nach unten, während der zweite von vorne und hinten kurz und fest auf den unteren Rand des Brustkorbes drückt.

8.2. Krämpfe

Krampfanfälle sehen gefährlich aus: Aus dem Stehen oder Sitzen stürzt das Kind plötzlich zu Boden, wird am ganzen Körper steif und beginnt zu zucken. Meist rinnt Speichel aus dem Mundwinkel, die Lippen färben sich blau, das Kind röchelt, manchmal steht der Atem vorübergehend still. Nach spätestens vier Minuten hört der Anfall von alleine auf.
Krampfanfälle können die unterschiedlichsten Ursachen haben. Sie können entweder nur einmal auftreten oder sich in bestimmten Situationen manchmal wiederholen, wie beim Fieberkrampf. Sie können aber auch immer wieder auftreten, wenn sie nicht behandelt werden, wie bei der Epilepsie.

Was tun?
- Das Kind in Seitenlage auf den Boden legen.
- Beengende Kleidungsstücke am Hals lockern.
- Auf die Uhr schauen, um später dem Arzt die Anfallsdauer angeben zu können.
- Das Kind beobachten. Wie verläuft der Anfall?
- Nach dem Anfall: Fieber messen.

Wichtig: Den Notarzt oder eine Klinik anrufen. Das Kind sollte so rasch wie möglich ins Krankenhaus gebracht werden.

Was man nicht tun sollte:
- Die zuckenden Gliedmaßen festhalten.
- Die verkrampften Gliedmaßen oder zusammengepreßten Kiefer mit Gewalt zu öffnen versuchen.
- Den Anfall mit Schockmaßnahmen wie z. B. dem Übergießen mit kaltem Wasser zu unterbrechen versuchen.

8.3. Vergiftungen

Was tun?

Sofort im Krankenhaus oder bei der Vergiftungszentrale anrufen
Tel.-Nr. siehe innere Umschlagseite).
Hat das Kind Medikamente, Reinigungsmittel oder ähnliches geschluckt, sollte das Behältnis (Flasche, Medikamentenschachtel etc.) gleich mit zum Telefon genommen werden, um auf Nachfragen möglichst schnell antworten zu können.
Folgende Mitteilungen sind notwendig:
- Was wurde eingenommen? (Vorlesen)
- Wieviel davon?
- Wann?
- Wie alt bzw. schwer ist das Kind?
- Wie verhält sich das Kind, bzw. welche Krankheitszeichen hat es?

Wenn das Kind *bewußtlos* ist:
- darf es *nicht zum Erbrechen* gebracht werden. Das Kind muß *sofort*

ins Krankenhaus transportiert werden. Auf dem Weg dorthin sollte es unbedingt auf der Seite liegen.

Bei Stoffen, die nach Lösungsmittel riechen, z. B. Fleckenentferner, Möbelpolitur, Terpentin darf das Kind *nicht zum Erbrechen* gebracht werden. Wenn vorhanden, flößt man dem Kind ein Glas Paraffin ein. Sonst sollte man es viel Wasser trinken lassen, jedoch keine Milch, kein Speiseöl.

Bei Stoffen, die ätzend sind,
z. B. Säuren, WC-, Herdreiniger, Batterieinhalt, darf das Kind *nicht zum Erbrechen* gebracht werden. Es sollte statt dessen viel Tee oder Wasser trinken.

Bei Waschmitteln
darf das Kind *nicht zum Erbrechen* gebracht werden. Es soll viel Milch oder Fruchtsaft trinken und – wenn vorhanden – zwanzig Tropfen Dimethylpolysiloxan (z. B. in *Sab simplex* (BRD/Ö)) einnehmen, um die Schaumbildung zu unterdrücken.

Bei Medikamenten oder anderen Stoffen
muß das Kind hingegen *so schnell wie möglich erbrechen.* Erbrechen kann durch die Berührung des hinteren Gaumens ausgelöst werden. Dazu legt man sich das Kind mit dem Bauch über das Knie und steckt ihm einen Finger tief in den Mund. Allerdings wird so nur ein geringer Teil des Mageninhalts erbrochen. Besser klappt das, wenn man das Kind vorher ein bis zwei Gläser mit Wasser verdünnten Fruchtsaft trinken ließ. *Geben Sie dem Kind niemals Salzwasser zu trinken!* Es gilt zwar als Hausmittel, um Erbrechen auszulösen, doch damit kann das Kind zusätzlich vergiftet werden.
Nehmen Sie das Erbrochene mit zum Arzt!

Bei Vergiftungen durch die Haut:
Kleider ausziehen, die Haut mit viel Wasser und Seife waschen. Bei Schleimhäuten nur viel Wasser verwenden.

In folgenden Fällen sollte das Kind ***unbedingt*** *in ein Krankenhaus gebracht werden:*

– wenn Krankheitszeichen auftreten;

- wenn es sich um einen ätzenden Stoff handelt;
- wenn es sich um ein Lösungsmittel handelt; hier können die Vergiftungserscheinungen erst nach 12 bis 24 Stunden auftreten. Das heißt, das Kind muß länger beobachtet werden.

Wenn Säuglinge sich erbrechen, müssen sie auf der Seite liegend transportiert werden. Kleinkinder legt man sich am besten mit dem Bauch quer über seine Knie.

Vorbeugung:
Sämtliche Medikamente, Haushaltsprodukte, Kosmetika, Alkoholika, Rauchwaren müssen für Kinder unerreichbar aufbewahrt werden. Auch sogenannte »kindersichere Verschlüsse« schützen das Kind nicht zuverlässig.
Anschriften und Telefonnummern der Vergiftungszentren in der BRD und Österreich siehe innere Umschlagseite.

8.4. Verbrennungen

Was tun?

Abkühlen: Die verbrühte Hautfläche muß sofort abgekühlt werden. Dazu taucht man sie in kaltes Wasser oder läßt so lange kaltes Wasser darüberfließen, bis der Schmerz nachläßt. Ist das Kind bekleidet, lassen Sie das Wasser die Kleidung durchnässen. Versuchen Sie nicht, zuerst die Kleidung auszuziehen!

Abdecken: Anschließend muß die Wundfläche mit Verbandsmull oder – wenn kein Mull zur Verfügung steht – mit sauberen Tüchern abgedeckt werden. Danach sollte das Kind **sofort** in eine Klinik gebracht werden, wenn

- mehr als fünf Prozent der Körperoberfläche verbrannt sind. Das ist bei Säuglingen und Kleinkindern z. B. ein Unterarm oder ein Viertel des Kopfes. Das gilt **auch** für Verbrennungen, bei denen zunächst nur eine Rötung zu sehen ist. Verzögert sich der Transport, dann sollten Kinder, die bei Bewußtsein sind, so viel Tee oder Saft wie möglich trinken.

Kleine Verbrennungen
Sie werden wie oben beschrieben behandelt. Auch hier sollte innerhalb des nächsten Tages ein Arzt aufgesucht werden. Manchmal muß die Wundfläche mit antibiotikahaltiger Salbe behandelt werden.

Wichtig: Hausmittel wie Mehl, Zahnpasta, Puder- oder Salbenverbände dürfen **auf keinen Fall** angewendet werden. Auch sogenannte »Brandsalben« sind ungeeignet. Möglich ist dagegen das Bestreichen mit einem Brandgel, z. B. *Wund- und Brandgel* Medice (BRD).

8.5. Kopfverletzungen

Was tun?

In folgenden Fällen muß das Kind in ein Krankenhaus gebracht werden:
- bei Bewußtlosigkeit;
- wenn es erbricht;
- wenn es nicht ansprechbar ist;
- wenn es aus Mund oder Ohren blutet, ohne daß dort eine Verletzung zu sehen wäre;
- wenn sich die Haut um beide Augen herum verfärbt;
- wenn es nur schwer aufzuwecken ist. Viele Kinder schlafen nach einer Kopfverletzung, sie sollten dann jedoch alle ein bis zwei Stunden geweckt werden.

Beobachten Sie das Kind nach einer Kopfverletzung. Manchmal treten die beschriebenen Krankheitszeichen erst ein bis zwei Tage nach der Verletzung auf. Dann sollte das Kind sofort in ein Krankenhaus gebracht werden.

Die »Beule«
Eine begrenzte Schwellung (Beule) ohne die oben angegebenen Krankheitszeichen braucht nicht zu beunruhigen. Sie kann mit Eiskompressen behandelt werden. Für einige Tage wird sich die Haut blau-grün verfärben. Eine »Beule« sollte jedoch gut beobachtet werden, ob sie sich verändert oder Krankheitszeichen auftreten, wie sie unter »Kopfverletzungen« angegeben sind.

Wichtig: Tritt bei Kindern unter einem Jahr eine weiche, schwammige Schwellung auf, die sich innerhalb von zwölf Stunden nicht zurückbildet, dann sollte ein Arzt aufgesucht werden.

8.6. Offene Wunden

Was tun?

Druckverband: Bei *starker, langanhaltender Blutung* muß ein Druckverband angelegt werden. Ein sauberes Tuch wird zu einem Päckchen gefaltet, auf die Wunde gelegt und dann mit einem Verband befestigt. Dann sollte ein Arzt aufgesucht werden.

Versorgung kleinerer Wunden: Die Umgebung der Verletzung wird sorgfältig mit warmem Wasser gereinigt und danach eventuell mit einem Desinfektionsmittel (z. B. *Betaisodona* (BRD), *Merfen* (BRD/Ö)) behandelt. Dann kann die Verletzung mit einem *luftdurchlässigen* Pflaster abgedeckt werden.

Wichtig: Wenn Sie nicht sicher sind, ob das Kind innerhalb der letzten fünf Jahre gegen Tetanus geimpft wurde, oder wenn es sich bei der Verletzung um einen Tierbiß handelt, dann muß der Arzt noch am gleichen Tag aufgesucht werden. Eine Tetanusimpfung ist dann dringend erforderlich, um Wundstarrkrampf zu verhindern.

8.7. Knochenbrüche

Ein Knochenbruch ist wahrscheinlich:
- bei Knickung oder unnatürlicher Stellung von Gliedmaßen;
- wenn das Körperteil vor Schmerzen nicht mehr bewegt werden kann;
- wenn das Körperteil kalt, blau oder gefühllos ist;
- wenn die Verletzung durch starke Gewalteinwirkung zustande kam (Sturz aus großer Höhe, Autounfall);

– wenn sich starke Beschwerden innerhalb von drei Tagen nicht bessern.

Was tun?
Das Kind muß vorsichtig in ein Krankenhaus gebracht werden.
Das verletzte Glied muß beim Transport ruhiggestellt werden.
Es darf **nie** mit Gewalt versucht werden, das verletzte Teil zu bewegen oder »einzurenken«.
Mit kalten Umschlägen kann vorsichtig versucht werden, die Schwellung zu lindern.

8.8. Bienen-/Wespenstiche

Solche Insektenstiche können dann gefährlich sein, wenn das Kind in den Mund oder in den Rachen gestochen wurde (z. B. beim Essen, Trinken) oder wenn es auf die Giftstoffe überempfindlich reagiert.

Was tun?
Das Kind muß sofort in ein Krankenhaus gebracht werden.
Während des Transportes kann mit Eisbeuteln oder Kühlaggregaten (Kühltasche) versucht werden, die Schwellung möglichst gering zu halten.
Wenn bekannt ist, daß jemand auf Bienen- oder Wespenstiche allergisch reagiert, sollten mit dem Arzt Maßnahmen für den Notfall abgesprochen sein. Normalerweise ist das bei Kindern:
- Sofortiges Einnehmen einer Tablette gegen Allergien (z. B. *Hismanal* (BRD/Ö)).
- Sofortiges Inhalieren eines Mittels, das u. a. die Blutgefäße verengt (z. B. *Adrenalin Medihaler* (BRD)).
- Kortikoidgabe, entweder als Flüssigkeit zum Trinken oder als Zäpfchen (z. B. *Betnesol WL* Tabl. (BRD), *Betnesol* Brausetbl. (Ö), *Rectodelt* Zäpfchen (BRD))[2].

Bedrohliche Krankheitszeichen

Eine Insektengiftallergie erkennt man daran, daß sich auch die Haut abseits der Stichstelle rötet, sich am ganzen Körper Quaddeln oder Ausschlag bildet, das Kind röchelnd atmet oder gar bewußtlos wird. In einem solchen Fall oder wenn das Kind früher schon einmal mit solchen Krankheitszeichen auf einen Insektenstich reagiert hat, muß **sofort** ein Krankenhaus aufgesucht werden.

Versorgung eines Bienen- oder Wespenstiches

Der Stachel muß möglichst schnell entfernt werden. Am besten kratzt man ihn mit dem Fingernagel weg. Bei anderen Methoden, ihn zu entfernen, besteht die Gefahr, daß der Inhalt in das Gewebe hineingedrückt wird[3].

Wenn die Stichstelle schmerzt, kann man das mit feucht-kühlen Umschlägen lindern. Auch stark verdünntes Essigwasser hilft. Schnelle Erleichterung verschafft ein altes Hausmittel: auf etwas Speisesalz spucken und die Stichstelle damit einreiben. Besteht die Gefahr, daß das Kind den Stich immer wieder aufkratzt, kann ein Gelee gegen Juckreiz (z. B. *Soventol* (BRD / Ö), *Systral* (BRD / Ö)) aufgetragen werden.

Verhütung von Wespen- und Bienenstichen:

- Vorsicht beim Essen oder Trinken von süßen Speisen (Limonade, Obst) im Freien.
- Vorsicht beim Obst- oder Blumenpflücken. Wespen fliegen gerne auf überreife Früchte.
- Müll- oder Abfalleimer im Freien meiden.
- Im Freien nur mit geschlossenem Schuhwerk laufen.
- Intensive Gerüche vermeiden (Parfum, Sonnencreme).
- In Insektennähe keine hastigen, schlagenden Bewegungen machen. Hat sich das Tier auf einen Menschen gesetzt, ruhig abstreifen oder abschütteln.
- Insektenschutzmittel schützen vor Bienen und Wespen nicht sicher. Rauch kann diese Tiere eher vertreiben[4].

9. Operationen – das Kind im Krankenhaus

9.1. Trennung macht krank

Kinder werden liebevoll umsorgt. Kranken Kindern wendet man sich noch intensiver zu. Doch wenn ein Kind so krank ist, daß es im Krankenhaus bleiben muß, dann wurde bis vor wenigen Jahren das Kind unerbittlich von seinen Eltern und Geschwistern getrennt. Aufmerksame Beobachter brauchen keine psychologischen Gutachten, um zu bemerken, daß besonders kleine Kinder darunter furchtbar leiden und geschädigt aus der Klinik zurückkommen. Das in der BRD 1968 und 1972 in Österreich gegründete Aktionskomitee »Kind im Krankenhaus« ist ein Beispiel dafür, was Betroffene bewirken können, wenn sie aktiv werden: Nach und nach wurden in vielen Kinderkrankenhäusern die Besuchszeiten verlängert und manchmal für Eltern auch ganz aufgehoben. In vielen Abteilungen besteht inzwischen die Möglichkeit, mit dem Kind gemeinsam ein Elternteil als Begleitung aufzunehmen.

Wenn feststeht, daß das Kind ins Krankenhaus muß, sollten Sie vorher abklären:

- Muß das Kind im Krankenhaus bleiben? Manche Krankenhäuser führen heute »kleine Eingriffe« ambulant durch, andere bestehen auf einem Klinikaufenthalt.
- Muß das Kind den ganzen Tag im Krankenhaus bleiben? Es gibt sogenannte Tageskliniken, in der die Kinder tagsüber zur Behandlung bleiben, wo sie aber die Nacht im heimischen Bett verbringen können.

Wenn das Kind im Krankenhaus bleiben muß:

- Kann ein Elternteil mit dem Kind im Krankenhaus aufgenommen werden?

- Kann das Kind von den Eltern ganztägig besucht werden?
- Dürfen die Eltern das Kind mit pflegen?

So gut es ist, die Möglichkeit zu haben, das Kind ins Krankenhaus begleiten oder dort ganztägig besuchen zu können – manche Menschen belastet die Qual der Wahl. Sie fühlen sich zur intensiven Pflege verpflichtet, können sie jedoch nicht unbelastet leisten. Bevor Sie sich entscheiden, ob Sie mit dem Kind ins Krankenhaus umziehen oder es dort ganztägig pflegen, sollten Sie folgendes bedenken:

- Wie organisieren Sie Ihre Arbeit (Beruf, Haushalt, weitere Kinder)?
- Wie steht Ihr/e Partner/in zu Ihrer Absicht, mit ins Krankenhaus zu gehen?
- Können Sie sich mit ihm/ihr im Krankenhaus abwechseln?
- Können Sie es ertragen, das Kind leiden zu sehen? Sie sollten sehr genau abwägen, ob es für Sie belastender ist, das Kind zu begleiten oder zu Hause zu bleiben. Ihre Anwesenheit hilft dem Kind nur dann, wenn Sie Ruhe und Sicherheit vermitteln können. Wenn Schuldgefühle oder die Meinung anderer Ihre Entscheidung bestimmt haben, dann wird das Kind diese Belastung spüren.

Wenn Sie sich entschlossen haben, das Kind in dieser Ausnahmesituation zu begleiten, dann ist es trotz verbesserter Bedingungen oftmals immer noch notwendig, seine berechtigten Forderungen gegen das Klinikpersonal durchzusetzen. Eltern sind jedoch kein »Besuch«, sie gehören vielmehr zum Kind. Was vom Klinikpersonal gerne als notwendiger, aber vorübergehender »Eingewöhnungsprozeß« bezeichnet wurde, ist eine Beschädigung der kindlichen Psyche, die in drei Phasen abläuft.
Zunächst protestiert das Kind durch Weinen und Schreien dagegen, so verlassen zu werden. Es kann Stunden oder auch Tage dauern, bis das Kind dann aufgibt. In seiner Verzweiflung wird es dann ruhig. Bei längeren Krankenhausaufenthalten bricht das Kind später das Schweigen, es beginnt, mit anderen Kindern zu spielen und sich dem Klinikpersonal zuzuwenden. Für oberflächliche Betrachter hat sich das Kind »eingewöhnt«. Kommen dann jedoch die Eltern zu Besuch oder wird das Kind entlassen, wendet es sich von seiner Familie ab. Sehr wahrscheinlich ist in dieser Zeit in dem Kind etwas zerbrochen, so daß es die Familie so lange ablehnt, bis diese Beschädigung wieder geheilt ist.

Immer noch führt das Klinikpersonal sachliche Gründe dafür an, warum die Eltern besser vom Kind ferngehalten werden sollten. Sie sind jedoch von denjenigen, die Kinder und Eltern gemeinsam aufgenommen haben, allesamt widerlegt worden. Lassen Sie sich nicht entmutigen, wenn man Ihnen folgendes sagt:

- »Es werden Infektionen eingeschleppt.« Tatsächlich treten nicht mehr Infektionen auf als sonst. Das gilt auch für Frühgeborenen- und Isolierstationen.
- »Eltern stören die Ordnung in der Klinik.« Wenn Klinikpersonal und Eltern zusammenarbeiten, lassen sich Probleme im Gespräch klären. Schwierigkeiten sind eher ein Zeichen dafür, daß etwas (noch) nicht verstanden wurde, als für Böswilligkeit.
- »Kranke Kinder brauchen Ruhe.« Die Eltern respektieren es, wenn ein Kind selbst Ruhe sucht. Will das Kind aber nicht mehr den ganzen Tag lang schlafen, tun die Eltern gut daran, sich mit dem Kind zu beschäftigen.
- »Die nicht ständig von ihren Eltern umgebenen Kinder leiden unter dem Vorteil der anderen.« Ein Nachteil wird nicht dadurch beseitigt, daß man alle darunter leiden läßt. Nur wenn man allen die Möglichkeit gibt, die Kinder zu begleiten, kann sie auch genutzt werden.
- »Besuch verhindert die Eingewöhnung.« Was hier als Eingewöhnung bezeichnet wird, ist die Stille der Verzweiflung.

Wie unsinnig all diese Argumente gegen eine Begleitung der Kinder durch die Eltern sind, zeigt sich daran, daß es sie für Privatpatienten nie gegeben hat: Wer zahlt, hat immer schon freien Zutritt zu seinem Kind im Krankenhaus gehabt[1].

Wer beim Klinikpersonal durchsetzen konnte, sein Kind auch im Krankenhaus zu betreuen, der scheitert oftmals an der Hürde der Finanzen. Ob und was Eltern für ihren Aufenthalt im Krankenhaus zahlen müssen, ist für jede Klinik verschieden. In der BRD übernehmen die gesetzlichen Krankenkassen die damit verbundenen Kosten, wenn der Krankenhausarzt bestätigt, daß die Mitaufnahme von Mutter oder Vater aus medizinischen Gründen notwendig ist. Es ist jedoch nirgendwo verbindlich festgelegt, wie die »medizinische Notwendigkeit« festgestellt wird.

Es ist nachgewiesen, daß begleitete Kinder schneller wieder gesund werden und damit das Krankenhaus schneller wieder verlassen. Das kann der Spitalsverwaltung jedoch nicht immer recht sein. Im Jahresdurch-

schnitt gerechnet, senkt das die Belegzeiten im Krankenhaus. Möglicherweise wird es damit »unrentabel«, und es besteht die Gefahr, daß es geschlossen wird. Die Rentabilität eines Krankenhauses darf jedoch niemals ein Grund dafür sein, Menschen länger als unbedingt notwendig ihrer täglichen Umgebung zu entfremden!
Wenn Sie Ihr Kind ins Krankenhaus begleiten möchten und Schwierigkeiten befürchten,

- erkundigen Sie sich bei der zuständigen Krankenkasse, unter welchen Bedingungen sie die Begleitung Ihres Kindes ins Krankenhaus bezahlt[2];
- erkundigen Sie sich bei dem Krankenhaus, was eine Mitaufnahme der Betreuer kostet;
- wenden Sie sich an eine der unten angegebenen Adressen mit der Bitte um Hilfe.

Für Österreich gilt zwar das gleiche wie für die BRD, doch ist eine »medizinische Indikation« praktisch nicht zu bekommen. Noch 1984 mußte ein Vertreter der Initiative »Kind im Krankenhaus« bekennen: Wir wurden in der Nähe von Terroristen angesiedelt und bei unserer Bitte um Mitaufnahme dementsprechend behandelt[3]. Mütter von Säuglingen haben in Österreich ein gesetzlich verankertes Recht, mit ihren kranken Kindern ohne zusätzliche Kosten im Krankenhaus aufgenommen zu werden. In der Praxis wird das jedoch an die Voraussetzung gebunden, daß das Kind jünger ist als ein Jahr und noch gestillt wird.

In Österreich kommen auf die Betreuer enorme Kosten zu, wenn sie ihr Kind ins Krankenhaus begleiten. Im Wiener allgemeinen Krankenhaus z. B. muß für die Begleitperson 25 Prozent des regulären Tagessatzes bezahlt werden[4]. Das sind derzeit mehr als 800,– öS pro Tag. Dieses muß beim Eintritt ins Spital als à-Konto-Zahlung in Höhe von 10000,– öS im voraus entrichtet werden. Ähnliches gilt auch für andere Krankenhäuser. Eine rühmliche Ausnahme macht da jenes in Mistelbach (NÖ), wo nur 250,– öS pro Tag zu zahlen sind, wenn die Eltern die komplette Pflege des Kindes übernehmen (statt 890,– öS ohne Pflegehilfe).

Wenn der Krankenhausaufenthalt geplant werden kann, sollten Sie in jedem Fall das Kind rechtzeitig mit dem Kommenden vertraut machen. Kinderbücher zum Thema und Arzt-Patienten-Spiele bereiten das Kind spielerisch vor. Erklären Sie dem Kind mit Worten, die es versteht, aber immer wahrheitsgetreu, was mit ihm geschieht. Sie ersparen dem Kind nichts, wenn Sie das Kranksein beschönigen. Aber Sie können sein Vertrauen erschüttern, wenn es merkt, daß Ihr »Gleich tut es nicht mehr weh« nicht stimmt.

Im Krankenhaus:
- Begleiten sie das Kind bei allen Voruntersuchungen.
- Bringen Sie das Kind selbst ins Bett.
- Versuchen Sie bei der Narkosevorbereitung so lange wie möglich bei dem Kind zu bleiben.
- Seien Sie bei dem Kind, wenn es aus einer Narkose aufwacht.

Wenn Sie das Kind im Krankenhaus besuchen:
- Informieren Sie das Klinikpersonal über besondere Eigenarten des Kindes[5].
- Lieber regelmäßig kürzere Besuche machen als lange mit großen Abständen dazwischen.
- Sagen Sie dem Kind, wann sie wiederkommen, und halten Sie diese Verabredung unbedingt ein.
- Bereiten Sie das Kind während Ihres Besuches langsam auf Ihren Weggang vor, dann können Sie die Abschiedstränen noch selber trocknen.

Auch nach der Rückkehr aus dem Krankenhaus sollten Sie dem Kind noch Gelegenheit geben, mit Ihnen im Spiel das Erlebte zu verarbeiten. Wenn bisher ungewohntes Verhalten wie Schlafstörungen, Bettnässen, Aggressivität oder besondere Anhänglichkeit jedoch über längere Zeit anhalten, sollten Sie mit Ihrem Kinderarzt darüber sprechen. Vielleicht ist die kurzzeitige Hilfe einer psychologischen Beratung notwendig.
Wer Hilfe braucht zu dem Thema »Kind im Krankenhaus« kann sich an die folgenden Adressen wenden:

BRD:
Aktionskomitee Kind im Krankenhaus
Bundesgeschäftsstelle:
Kirchstr. 34
D-6370 Oberursel
06171/303600

Christine Grotensohn
Vor dem Kirchforst 1
D-6204 Taunusstein 4
06128/1357

Österreich:
Silvia Egger
Stoß im Himmel 3/1/14
1010 Wien
Tel.: 0222/6330502

9.2. Gaumenmandeln

Lange Zeit führten viele Ärzte die »Mandeloperation« (Tonsillektomie) durch, als sei sie eine Voraussetzung für die Einschulung. Es wurde angenommen, daß mit der Entfernung der Mandeln die Zahl der Erkältungen abnehme. Das Gegenteil ist der Fall. Rachen-, Gaumen- und Zungenmandeln bilden bei Kindern bis zum Schulalter einen Schutzwall vor Infektionen[6]. Später spielen sie kaum noch eine Rolle.
Heute werden nur noch zwei Indikationen für die Entfernung der Gaumenmandeln anerkannt:
- Häufige Rachen-Infektionen (öfter als viermal pro Jahr), die durch eine Behandlung mit Antibiotika nicht unter Kontrolle gebracht werden können.
- Eine derartige Vergrößerung des Organs, daß die Atmung behindert wird.

Selbst bei asthmatischen Kindern sollten die Gaumenmandeln so lange wie irgend möglich belassen werden[7].

Durchführung
In Vollnarkose oder bei örtlicher Betäubung werden die Mandeln abgeschnürt und so aus ihrem Bett herausgelöst. Das Risiko dieser Operation liegt – neben dem allgemeinen Narkoserisiko – in der Gefahr von Nachblutungen. Um die Gefäße, aus denen es bluten könnte, zusammenzuziehen und die Gewebeschwellung abklingen zu lassen, sollen die

Kinder nach der Operation Eis schlecken. Manchmal verlieren die Kinder infolge der Operation für einige Zeit das Geschmacksempfinden. Das früher übliche »Kappen« der Mandeln (Tonsillotomie) sollte nicht mehr praktiziert werden, weil die narbigen Reste bevorzugte Erregerherde sind[8]. Die Entfernung der Gaumenmandeln kann ambulant durchgeführt werden. Wenn keine Komplikationen auftreten, kann das Kind am Nachmittag das Krankenhaus verlassen.

9.3. Rachenmandeln (Polypen)

Wie die Gaumenmandeln gehören auch die Rachenmandeln zu dem Schutzwall gegen Infektionen, den Kinder im Nasen-Rachen-Raum haben. Sie liegen in jenem Teil des Rachens, der zur Nase gehört.
Der Volksmund nennt sie auch »Polypen« oder einfach »Wucherungen«. Im Gegensatz zu den Gaumenmandeln werden die »Polypen« heute viel zu selten entfernt[9].

Sinnvoll ist eine solche Operation, wenn die Rachenmandeln vergrößert sind.
Vergrößerte Rachenmandeln behindern die Atmung durch die Nase, infolgedessen atmet das Kind durch den Mund. Dadurch trocknen die Schleimhäute aus, und Erkältungen werden häufiger. Schnupfen, der dann nur schwer abfließen kann, wird chronisch. Mittelohrentzündungen sind eine weitere Folge der schlechten Belüftung im Nasen-Rachen-Raum. Weil Atmen jetzt zur Arbeit wird, schläft das Kind schlecht und ist unausgeglichen.

Durchführung
Der geeignetste Zeitpunkt für die Operation liegt um das dritte Lebensjahr herum. In einer Kurznarkose werden die Polypen gekappt. Diese Operation wird ambulant durchgeführt. Nachblutungen sind selten. Es kann allerdings notwendig werden, die Prozedur nach einiger Zeit zu wiederholen, da das Gewebe nachwachsen kann.
In manchen Krankenhäusern scheint es »Mode« zu sein, gleichzeitig sogenannte Paukenröhrchen einzulegen. Mit ihnen sollen die Belüftungswege zum Ohr freigehalten werden. Das ist jedoch nur in den seltensten

Fällen notwendig. Fragen Sie vor der Operation, ob das Einlegen von Paukenröhrchen geplant ist, und wehren Sie sich dagegen, wenn Ihnen der Arzt die medizinische Notwendigkeit nicht vollkommen plausibel machen kann.

9.4. Brüche (Hernien)

Die Eingeweide liegen im Bauchraum, der von der Bauchwand umschlossen wird. Diese hat jedoch kleine Lücken. Immer wenn sich der Druck im Bauchraum erhöht, etwa durch »Drücken« beim Stuhlgang oder beim Schreien, werden die Eingeweide gegen diese Öffnungen gepreßt. Sind diese Stellen besonders weit oder schwach, so können durch sie Teile der Eingeweide hinausgedrückt werden. Je öfter das geschieht, desto weiter wird der Kanal. Wenn der Druck nachläßt, läßt sich der Inhalt eines Bruches meistens leicht wieder zurückdrücken. Gefürchtet sind jedoch die eingeklemmten Brüche, bei denen zunächst Teile des Inneren nach außen gedrängt werden, dann aber nicht mehr zurückgleiten können, weil sich der Kanal wieder verengt hat. Das eingeklemmte Gewebe stirbt innerhalb von Stunden ab. Es besteht Lebensgefahr. Hier muß sofort operiert werden.

9.4.1. Leistenbruch

Ungefähr jeder 50. Junge und jedes 500. Mädchen haben einen Leistenbruch[10]. Der Grund dafür, daß die Jungen häufiger betroffen sind, liegt in ihrem Körperbau: Die Hoden entstehen und entwickeln sich im Bauchraum des Kindes. Normalerweise wandern sie vor der Geburt durch den Leistenkanal in den Hodensack. Dieser Kanal bleibt eine »schwache Stelle« in der Bauchdecke der Jungen, da durch ihn auch die Blutversorgung der Hoden verläuft. Die einmal geöffnete Pforte für einen Leistenbruch verschließt sich nicht wieder von selbst. Die Gefahr, daß ein Leistenbruch eingeklemmt wird, beträgt 10–20 Prozent. Jüngere Kinder sind stärker gefährdet als ältere[11].

Einen Leistenbruch werden die Eltern erst dann bemerken, wenn sie in der Leistenbeuge eine Vorwölbung sehen. Durch Schreien hat das Kleinkind dann bereits kundgetan, daß es Schmerzen hat. Manchmal kommen auch Erbrechen und Verstopfung hinzu.

Was man selbst tun kann:

- Ein warmes Bad beruhigt das Kind. Meist läßt sich der Bruch dann vorsichtig zurückdrücken.

In jedem Fall sollte der Arzt von der Beobachtung unterrichtet werden. Da er jedoch keine Möglichkeit hat, einen Leistenbruch festzustellen, dessen Inhalt wieder zurückgeglitten ist, muß er sich ganz auf die Angaben der Eltern verlassen.
Leistenbruchoperationen gefährden das Kind heute kaum noch. Eingeklemmte Leistenbrüche sind dagegen bei etwa 1 Prozent der Jungen tödlich[12]. Darum werden heute auch Säuglinge jeden Alters operiert.

Ein Leistenbruch sollte operiert werden, nachdem er diagnostiziert worden ist.

Die Operation sollte noch hinausgeschoben werden, wenn

- das Kind schwer erkrankt ist;
- das Kind eine Entzündung der oberen Luftwege hat;
- das Kind eine Rachitis hat;
- Impfungen noch nicht länger als sechs Wochen zurückliegen.

Durchführung

Bei der Operation wird die Pforte, durch die der Bruch austritt, so weit zugenäht, daß beim Jungen Samenleiter und Blutgefäße noch hindurchführen; beim Mädchen wird sie ganz verschlossen. Die Operation kann ambulant durchgeführt werden[13]. Das Anlegen eines Bruchbandes ist beim Kind vollkommen unsinnig.

9.4.2. Nabelbruch

Der Nabel war die Verbindungsleitung zwischen Mutter und Kind. Nach der Geburt kann sich dieses Loch in der Bauchwand wieder schließen. Es dauert ca. eineinhalb Jahre, bis die Narbe so fest geworden ist, daß sie dem Druck der »Bauchpresse« widersteht. Eltern erkennen einen Nabelbruch daran, daß sich aus dem Nabel etwas hervorwölbt, wenn das Kind schreit oder drückt. Teile des Darms werden bei einem Nabelbruch praktisch nie eingeklemmt. Das Kind hat meistens auch keine Schmerzen. Ist die Vorwölbung kleiner als etwa ein Kirschkern, kann man damit rechnen, daß der Bruch von alleine zuheilt[14]. Ein Nabelpflaster ist dabei vollkommen überflüssig. Es reizt die Haut und bewirkt sonst nichts.

Ein Nabelbruch sollte operiert werden, wenn er nach dem zweiten Lebensjahr noch besteht.

Bei der Operation, die in Vollnarkose durchgeführt wird, näht der Chirurg Teile der Bauchwand so zusammen, daß das Loch geschlossen wird. Diese Operation kann ambulant durchgeführt werden.

9.5. Vorhautverengung (Phimose)

Beim Säugling sind Vorhaut und Eichel oft noch miteinander verklebt. Die Trennung vollzieht sich meist im Laufe der kommenden Jahre von selbst. Es darf keinesfalls versucht werden, durch häufiges Zurückziehen der Vorhaut diese zu »dehnen«. Dabei entstehen winzige Einrisse, die nicht sichtbar sind, dem Kind aber Schmerzen verursachen und die durch Narbenbildung tatsächlich verhindern, daß die Vorhaut später beweglich wird. Nur in ca. 5 Prozent der Fälle muß eine Vorhautverengung wirklich operiert werden[15].

Eine Vorhautverengung muß operiert werden, wenn
- der Harn nicht ungestört abfließen kann. Die Vorhaut bläht sich dann beim Wasserlassen ballonartig auf;
- Vorhaut oder Eichel häufig entzündet sind;
- der Arzt nach mehreren Kontrolluntersuchungen nach dem vierten Lebensjahr feststellt, daß sich die Verengung von selbst nicht mehr lösen wird. In diesem Fall sollte operiert werden, damit die Erektion nicht durch Schmerzen behindert wird. Außerdem vergrößert sich die Gefahr, an einem Peniskrebs zu erkranken, wenn nicht die Möglichkeit geschaffen wird, das Glied regelmäßig von allen Sekreten zu säubern.

Durchführung
Die Beschneidung sollte so vorgenommen werden, daß ein Teil der Eichel noch bedeckt bleibt. Trotz der Vollnarkose kann die Operation ambulant durchgeführt werden. Bei ein bis zwei Prozent der Kinder tritt eine Nachblutung auf. Sehr häufig sind Wundinfektionen durch den abfließenden Harn. Kamillenumschläge lindern die Schmerzen.

Anmerkungen

Einleitung

1 Kosenow, W., Arzneimittelverordnung in der Kritik, pädiatr. prax. 30/1, 1984, S. 1
2 pädiatr. prax. 31/4, 1985, S. 796
3 Koch, E. R., Klopfleisch, R., Maywald, A., Die Gesundheit der Nation, Köln 1986, S. 179

Kapitel 1

1 Gädeke, R., Voraussetzungen für eine Gesprächsführung des Arztes mit Kind und Eltern, pädiatr. prax. 29/3, 1984, S. 369
2 Müller, H., Erkrankungen des Kindesalters, München/Wien/Baltimore, 1985, S. 251
3 Antwortschreiben der AOK vom 16. 6. 1987

Kapitel 2

1 Schubert, C., Einstellung zur Medikamenteneinnahme von nicht akut erkrankten Kindern und Jugendlichen, Bundesgesundheitsblatt 30 Nr. 5, 5. 5. 1987, S. 161
2 Schwabe, U., Paffrath, G., Arzneiverordnungs Report 86, Stuttgart/New York, 1986, S. 109
3 transparenz-telegramm 87/88, Berlin 1987, S. 553
4 Guggenbichler, J. P., Infektionen im Kindesalter und ihre Behandlung, Österr. Apoth. Zeitg. 39/13, 1985, S. 253
5 Schweier, P., Pharmakotherapie im Kindesalter, München 1982, S. 53
6 Herhan, J., Antibiotika-Therapie in der Praxis, pädiatr. prax. 34/2, 1986, S. 339

7 Luckhaupt, H., Rose, K. G., Antibiotikabehandlung von Kindern mit Infektionen im Hals-Nasen-Ohrenbereich, pädiatr. prax. 30/3, 1984, S. 431
8 Forfar, J. O., Arneil, G. C. (Hrsg.), Textbook of Paediatrics, Edinburgh/London etc., 1984, S. 1869
9 Daschner, F., Dosierung von Antibiotika, pädiatr. prax. 32/4, 1986, S. 620
10 Daschner, F., Wie lange Antibiotikatherapie, pädiatr. prax. 31/4, 1985, S. 793
11 Daschner, F., Sinnvolle und sinnlose Antibiotikaprophylaxe in der Pädiatrie, pädiatr. prax. 31/1, 1985, S. 187
12 Lampert, F., Pädiatrie in der Praxis, 1986, S. 68
13 arznei-telegramm, 8/1986, S. 70
14 Reinhard, E., Pflanzliche Immunstimulanzien, Dtsch. Apoth. Zeitg. 127/43, 1987, S. 2204
15 Wettengel, R., Zur Anwendung von Immunglobulinen, pädiatr. prax. 29/3, 1984, S. 368
16 Platz, W., arznei-telegramm 5/84, S. 43
17 arznei-telegramm 4/84, S. 29
19 Oepen, I., Homöopathie, in: Dölle, W., Müller-Oerlinghausen, B., Schwabe, U. (Hrsg.), Grundlagen der Arzneimitteltherapie, Mannheim/Wien/Zürich, 1986, S. 246

Kapitel 3

1 Weiß, R., Leistungsschule und Schulleistung, in: Zimprich, H. (Hrsg.), Kind und Umwelt, Wien/New York, 1980
2 Beese, F., Was ist Psychotherapie, Göttingen 1984

Kapitel 4

1 Münch. med. Wschr., 129/11, 1987, S. 185
2 Möse, J. R., Umwelt und Gesundheit, Graz/Wien/Köln, 1985
3 Bellinger, D. et al, New Engl. J. Med., 316/17, 1987, S. 1037
4 Frankfurter Rundschau vom 23.1.1988, S. 24
5 Forth, W., Formaldehyd – ein Dauerbrenner?, Münchn. med. Wschr., 129/41, 1987, S. 720
6 Dtsch. Apoth. Zeitg. 127/38, 1987, S. 1906
7 Rose, W. D., Wohnkrankheiten – wie man ihre Ursache im Wohnbereich finden und vermeiden kann, Therapiebericht Allergieprophylaxe, Klinische Ökologie, 1986
8 Langbein, K., Martin, H. P., Weiss, H., Tägliches Gift, Wien 1985

9 Der Falter 2, 15. 1. 1988
10 Öko-Test Sonderheft Kleinkinder, 1988
11 Richtig essen – Werbung vergessen, Unterrichtsmaterialien der Verbraucherzentrale Hamburg vom März 1986
12 Fehlernährung im Kindesalter: Zuviel Fettes, zuviel Süßes, zuviel Salziges, Apotheker Zeitung, 21. 9. 1987, S. 6
13 Holtmeier, H. J., Gesunde Ernährung von Kindern und Jugendlichen, Stuttgart/New York, 1980, S. 41
14 Wie Anm. 4, S. 35
15 Butter oder Margarine? Test 22/12, 1987, S. 69
16 Gröbler, A., Kotwas, A., Alkoholvergiftungen im Kindesalter, Dtsch. Apoth. Zeitg., 122/2, 1982, S. 65
17 Schreier, K., Gefahren und Ursachen der alternativen Ernährung, pädiatr. prax. 32/4, 1986, S. 709
18 Droese, W., Alternative Ernährung, pädiatr. prax. 29/3, 1984, S. 377
19 Österr. Apoth. Zeitung, 40/12, 1986
20 DM 1, 1986, S. 75
21 Girndt, C., Mit dem täglichen Brot schlucken die Bürger noch viel Strahlung, Frankfurter Rundschau vom 24. 8. 1987
22 Katalyse, Kinderernährung, Köln, 1987, S. 155
23 BGA/dpa: Frankfurt. Allgemeine Zeitung vom 8. 1. 1986
24 Haschke, F., Eisenmangel – verhindern oder behandeln?, pädiatr. prax. 33/1, 1986, S. 25
25 Spegg, H., Ernährungslehre und Diätetik, Stuttgart, 4. Aufl. 1985, S. 175
26 Goll, M., Hövels, O., Der Vitamin-D-Gehalt der Muttermilch, pädiatr. prax. 30/2, 1984, S. 307
27 Forfar, J. O., Arneil, G. C. (Hrsg.), Textbook of Paediatrics, Edinburgh/London etc., 3. Ausg. 1984, S. 1305
28 Grundler, E., Vitamin-D- und Fluorgabe, pädiatr. prax. 29/4, 1984, S. 633
29 Grüne Liste 1986, Verzeichnis diätetischer und diätgeeigneter Lebensmittel, Aulendorf 1986
30 Obreschkow, C., Zähne fürs Leben, Berlin/Chicago etc., 1984
31 Federspiel, K., Zahn um Zahn, Köln 1986
32 Klaiber, B., Fluoridüberdosierung, pädiatr. prax. 32/4, 1986, S. 616
33 Oberdisse, U., Fluorhaltige Zahnpasten, pädiatr. prax. 33/3, 1986, S. 415
34 Büttner, M., Fluoridprophylaxe, pädiatr. prax. 29/1, 1983, S. 84
35 Stickl, H. A., Impfungen in der Praxis, München 1985
36 Stickl, H., Haftung bei Impfungen, pädiatr. prax. 32/1, 1986, S. 14
37 Spiess, H., Zeitabstände im Impfplan, pädiatr. prax. 29/3, 1984, S. 385
38 Stickl, H., Risikogruppen bei Impfung gegen Keuchhusten, pädiatr. prax. 33/1, 1986, S. 16

39 Stickl. H., Karenzzeiten zwischen Schutzimpfungen, pädiatr. prax. 32/4, 1986, S. 624
40 Enders, G., Die Masern-, Mumps- und Rötelnschutzimpfung, pädiatr. prax. 29/2, 1984, S. 183
41 Rezepte für die Reise, Münch. med. Wschr., 129/14, 1987, S. 23
42 Verbreitungskarte der FSME, Stand 1. 1. 1987
43 Kunz, Ch., FSME-Immunprophylaxe bei Kleinkindern, pädiatr. prax. 29/3, 1984, S. 383
44 Lajosi, F., Allhoff, P., Wie früh werden Gesundheitsstörungen im gesetzlichen Früherkennungsprogramm für Kinder erkannt?, Öff. Gesundh. Wes. 47, 1985, S. 72, und Statistisches Bundesamt (Hrsg.), Statistisches Jahrbuch 1984 für die Bundesrepublik Deutschland, Stuttgart-Mainz
45 Czermak, in: Bachmann, K. et al., Pädiatrie in Praxis und Klinik, Stuttgart/New York, 1978
46 Lampert, F. (Hrsg.), Pädiatrie in der Praxis, Weinstein 1986, S. 116
47 Kiss, W., Dickerhoff, R., Butenandt, O., Gesetzliche Kindervorsorgeuntersuchungen (U1–U8), pädiatr. prax. 30/2, 1984, S. 205
48 Melzer, Ch., Carl, Ch., Sonographische Diagnostik des Säuglingshüftgelenkes, Münch. med. Wschr. 129/44, 1987, S. 793
49 Enders, E., Hüftsonographie und Vorsorgeuntersuchung, pädiatr. prax. 31/4, 1985, S. 699
50 Krämer, J., Hüftdysplasie, pädiatr. prax. 33/1, 1986, S. 91
51 Sinios, A., Bauchlage und Spreizhose, pädiatr. prax. 32/4, 1986, S. 632
52 Graf. R., Tschauner, Ch., Schuler, P., Ist die Hüftsonographie notwendig und unter welchen Voraussetzungen kann sie eingesetzt werden?, pädiatr. prax. 34/1, 1986, S. 129
53 Menardi, G., Der kindliche Hodenhochstand, Dtsch. med. Wschr. 111, 1986, S. 1890
54 Schärli, F. A., Kinderchirurgie im Alltag, Bern/Stuttgart/Wien, 1981, S. 82
55 Blunck, W., Wie effektiv ist die Behandlung des Hodenhochstandes?, pädiatr. prax. 30/1, 1984, S. 122
56 Bachmann, K. et al., Pädiatr. in Praxis und Klinik, Stuttgart/New York, 1978, Band II
57 Bierich, J., Wie effektiv ist die hormonelle Behandlung des Hodenhochstandes, pädiatr. prax. 30/1, 1984, S. 122
58 Butenandt, O., Maldescensus testiculorum im Kindesalter, pädiatr. prax. 31/3, 1985, S. 492
59 Radü, H. J., Diagnostische Wege zur Früherkennung von Hörstörungen im Kindesalter, pädiatr. prax. 29/3, 1984, S. 457
60 Uttenweiler, V., Früherfassung kindlicher Hörstörungen und erste pädaudiologische Maßnahmen, Kongreßband der 41. Van-Swieten-Tagung 1987, Wien

61 Benachteiligung von gehörlosen Kindern, Frankfurter Rundschau vom 4.12.87, S. 17
62 Federspiel, K., Herbst, V., Zirm, M., Mit anderen Augen, Köln 1987

Kapitel 5

1 Medical Tribune vom 6.11.87, S. 2
2 Persönliche Mitteilung, Prof. A. Sinios, 25.11.87
3 Sinios, A., Bauchlage im Neugeborenen- und Säuglingsalter, pädiatr. prax. 31/3, 1985, S. 546
4 Adam, M., Daimler, R., Korbei, V., Kinder kriegen, Köln 1986, S. 158
5 Grüttner, R., Säuglingsernährung heute, Heidelberg/New York, 1982, S. 18
6 Schubiger, G., Mundsoor und Stillen, pädiatr. prax. 33/1, 1986, S. 10
7 Schubiger, G., Ernährung des Säuglings durch Stillen, pädiatr. prax. 32/1, 1985, S. 47
8 Apotheker Zeitung Nr. 45, 2.11.1987, S. 3
9 Gesunde Ernährung von Anfang an, Verbraucherzentrale Hamburg
10 Weißenbacher, G., Wegbegleiter durch die ersten Jahre (Manuskript), S. 48
11 Apotheker Zeitung, Nr. 41, 1987, S. 4
12 Grüne Liste 1986, Aulendorf
13 Gesunde Ernährung von Anfang an, Broschüre der Verbraucherzentrale Hamburg, S. 14
14 Daschner, F., Hygiene von Säuglingsflaschen und -saugern in deutschen Haushalten, pädiatr. prax. 29/3, 1984, S. 480
15 Bundesgesundheitsblatt 29, Nr. 6, Juni 1986
16 Holtmeier, H. J., Gesunde Ernährung von Kindern und Jugendlichen, Stuttgart/New York, 1980, S. 37
17 Verlangsamte Entwicklung, Apotheker Zeitung, Nr. 30, 1984, S. 6
18 Wasserleitungen aus Kupfer – ein Säugling starb daran; Medical Tribune 1987
19 Frankfurter Rundschau vom 27.2.87, S. 14
20 Kingma, R., Genug genuckelt, Die Zeit
21 Lampert, F., Pädiatrie in der Praxis, Weinstein 1986, S. 413
22 Öko-Test Nr. 4, 1986
23 Öko-Test Sonderheft Kleinkinder 1988
24 Schulte, F. J., Spranger, J., Lehrbuch der Kinderheilkunde, Stuttgart/New York, 1985, S. 214
25 Schubiger, G., Säuglingskoliken, pharmakritik 78, 1985, S. 29
26 Wohlmann, H., Die sog. Dentitio difficilis, pädiatr. prax. 31/2, 1985, S. 265

27 Telefon. Auskunft Fa. Dentinox, Dezember 1987
28 Daschner, F., Mundsoor, pädiatr. prax. 31/3, 1985, S. 414
29 Öko-Test Magazin Nr. 10, 1987, S. 29
30 Keuth, U., Behandlung der hefebedingten Windeldermatitis, pädiatr. prax. 32/2, 1985, S. 294

Kapitel 6

1 Umfrage: Rezidivierende Infekte des Respirationstraktes bei Kleinkindern, tägliche Praxis, Jg. 23, München 1982, S. 623–627
2 Ernst, H. J., Erkältungskrankheiten, tägliche Praxis, München, 22/1987, S. 731–738
3 Keseberg, A., Welchen therapeutischen Wert haben sogenannte Grippemittel, Arzneiverordnung in der Praxis, 8/1981, S. 58–63
4 arznei-telegramm 4/86, S. 32
5 Österr. Apotheker Zeitung 38/12, 1984, S. 223
6 Martindale, The extra Pharmacopoeia, London 1982, S. 352ff.
7 Brown, J. L., Telefon-Sprechstunde, Stuttgart/New York, 1983, S. 16
8 Langbein, K., Martin, H. P., Weiss, H., Bittere Pillen 1986/87, Köln 1985, S. 235
9 Dickerhoff, R., Fieber – Freund oder Feind?, pädiatr. prax. 32/4, 1986, S. 557
10 Aspirin or Paracetamol? Editorial, The Lancet, August 8, 1981, S. 289
11 arznei-telegramm, Berlin 2/1985, S. 16
12 Daschner, F., Dtsch. Apoth. Zeitg. 127/26, 1987, S. 1383
13 Handbook of Nonprescription Drugs, Washington 1982, S. 135
14 Reijnders, L. u. a., Geneesmiddelen in Nederland, Amsterdam 1981, S. 224
15 arznei-telegramm, Berlin 10/83, S. 96
16 Villioz, Akute Halluzinose und Nasentropfen, tägliche Praxis, 25/1, 1984, S. 167
17 Wie Anm. 16
18 arznei-telegramm 8/85, S. 63
19 Schulte-Spranger, Kinderheilkunde, S. 631
20 Lampert, F., Naturheilkunde, pädiatr. prax. 30/1, 1984, S. 117
21 arznei-telegramm 9/78, S. 81
22 Kehr, S., Lebensbedrohliche Nebenwirkung durch Hustenzäpfchen bei Säuglingen, pädiatr. prax. 29/2, 1984, S. 331
23 Palm, D., Meier-Sydow, Erkrankungen der Atmungsorgane; in: Füllgraff, G. u. a. (Hrsg.), Pharmakotherapie, klinische Pharmakologie, Stuttgart 1982, S. 159

24 Harnack, G.-A., Kinderheilkunde, Berlin/Heidelberg/New York/Tokio, 1984, 6. Aufl., S. 241

25 »Pseudokrupp und Luftverunreinigungen«, Bericht des Länderausschusses für Immissionsschutz, Bundesgesundheitsamt und Umweltbundesamt, erarbeitet vom Med. Inst. f. Umwelthygiene a. d. Univ. Düsseldorf, Leiter: Prof. Schlipköter, März 1985

26 Münch. med. Wschr. 129/43, 1987, S. 19

27 Apotheker Zeitung 4/5, 1988

28 Mühlendahl, K. E., Steroidbehandlung beim Croup-Syndrom, pädiatr. prax. 29/2, 1984, S. 203

29 arznei-telegramm 2/85, S. 14

30 arznei-telegramm 2/87, S. 46

31 Wie Anm. 24, S. 252

32 Schulte-Spranger, Kinderheilkunde, S. 645

33 Wie Anm. 31, S. 647

34 Transparenz-Telegramm 1987/88, S. 1003

35 Transparenz-Telegramm 1985/85, S. 920

36 arznei-telegramm 5/87, S. 45

37 Götz, M., Erkrankung der Atmungsorgane im Kindesalter und ihre Therapie, Österr. Apoth. Zeitg. 38/42, 1984, S. 825

38 Niggemann, B., Seidenberg, J., Prakt. Hinweise für die ambulante Asthmatherapie in der pädiatrischen Praxis, pädiatr. prax. 32/1, 1985, S. 35

39 Ärzte-Woche I/24, 26. 8. 87, S. 10

40 tägliche Praxis 23/3, 1982, S. 574

41 Nurses guide to telephone triage and health care, Pacific Palisades, 1984, S. 402

42 transparenz-telegramm, Berlin 1987, S. 996

43 arznei-telegramm 7/87, S. 39

44 NEJM, Dec. 10, 1983, S. 1344

45 Federspiel, K., Zahn um Zahn, Köln 1986

46 Münker, G., Nasenbluten bei Kindern, pädiatr. prax. 30/3, 1984, S. 458

47 Federspiel, K., Herbst, V., Zirm, M., Mit anderen Augen, Köln 1987

48 Nissen, G., Kopf- und Bauchschmerzen, Münch. med. Wschr., 129/31, 1987, S. 565

49 transparenz-telegramm, Berlin 1983/1984, S. 802ff.

50 Hertl, M., Hertl, R., Das kranke Kind, Stuttgart/New York, 1981, S. 144

51 arznei-telegramm 6, 1987, S. 54

52 Handbook of Nonprescription Drugs, Washington 1979, S. 25

53 Shmerling, D. H., Gastroenteritis, pädiatr. prax. 30/2, 1984, S. 322

54 Engelhardt, K. u. a., Kommentare zur Arzneimittelauswahl, pädiatr. prax. 31/2, 1985, S. 347

55 Forfar, J. O., Arneil, G. C. (Hrsg.), Textbook of Paediatrics, Edinburgh/London etc., 9. Ausg. 1984, S. 1376
56 Schulte-Spranger, Kinderheilkunde, S. 321
57 drug and therapeutics bulletin, Vol., 21, No. 26, December 1983, S. 101–103
58 Schulte-Spranger, Kinderheilkunde, S. 321
59 Holtmeier, H. J., Gesunde Ernährung von Kindern und Jugendlichen, Stuttgart/New York, 1980, S. 99
60 Wie Anm. 24, S. 18
61 Wie Anm. 24, S. 19
62 Holm, G., Herbst, V., Botanik und Drogenkunde, Stuttgart, 4. Auflg. 1987, S. 161
63 Schweier, P. (Hrsg.), Pharmakotherapie im Kindesalter, München, 3. Auflg. 1982, S. 384
64 Gronemeyer, W., tägliche Praxis 21/3, 980, S. 580
65 Horak, F., Pathogenese der Inhalationsallergie, Vortrag auf der 41. Van-Swieten-Tagung vom 27. 10. 87 in Wien
66 Fabel, H., Marghescu, S., Wissenschaftler berichten von Zunahme der Allergien – Medizinische Hochschule Hannover, dpa-Meldung 219, Mai 1983
67 Giertz, H., Pharmakotherapie der Allergie, Arzneimittelallergie; in: Forth, W., Henschler, D., Rummel, W. (Hrsg.), Allgemeine und spezielle Pharmakologie, 4. Aufl., Mannheim, Wien, Zürich 1983, S. 187
68 Kurz, H., Neumann, H. G. u. a., Allgemeine Pharmakologie; wie Anm. 67, S. 7
69 Habermann, E., Arzneimittelallergie, in: Fülgraff, G., Palm, D. (Hrsg.), Pharmakotherapie, Klinische Pharmakologie, Stuttgart, New York 1982, S. 340
70 Schriftl. Auskunft des Deutschen Wetterdienstes, Wetteramt Frankfurt v. 27. 8. 87
71 Telefonische Auskunft des Gesundheitsamtes der Stadt Wien
72 Transparenz-telegramm 87/88, Berlin 1987, S. 1053
73 Frankfurter Rundschau vom 29. 12. 1987
74 Lampert, F., Pädiatrie in der Praxis, Weinstein 1986, S. 431
75 Wie Anm. 68
76 Schönemann, Ch., L-Peptide versprechen Erfolg bei Neurodermitis, Der Apotheker vom 9. 2. 87
77 Abgabeverbot für die L-Peptide, Der Apotheker Nr. 26 vom 22. 6. 87
78 Langbein, K., Schlaflos, Bittere-Pillen-Patientenreihe, Köln 1986
79 Sichrovsky, P., Krankheit auf Rezept, Köln 1984, S. 90
80 Schreiben des BGA vom 12. 10. 87
81 arznei-telegramm 8/86, S. 76
82 arznei-telegramm 9/84, S. 73
83 Potel, J., Klinische Mikrobiologie, Stuttgart/New York 1982, S. 276

84 Forth, W., Henschler, D., Rummel, W., Pharmakologie und Toxikologie, Mannheim/Wien/Zürich, 4. Aufl., 1984, S. 610

Kapitel 7

1 Forfar, J. O., Arneil, G. C. (Hrsg.), Textbook of Paediatrics, Edinburgh/London etc., 9. Ausg. 1984, S. 1419
2 Wie Anm. 1, S. 1425
3 Nurses Guide to telephone triage and health care, Pacific Palisades, 1984, S. 435
4 Langbein, K., Martin, H. P., Weiss, H., Bittere Pillen 86/87, Köln 1985, S. 345
5 Harnack, G. A., Kinderheilkunde, Berlin/Heidelberg/New York/Tokio, 6. Aufl. 1984, S. 137
6 Wie Anm. 1, S. 1353
7 Hertl, M., Hertl, R., Das kranke Kind, Stuttgart/New York, 1981, S. 79
8 Wie Anm. 5, S. 153
9 Sitzmann, F. C., Keuchhustenerkrankung, pädiatr. prax. 34/1, 1986, S. 100
10 Wie Anm. 1, S. 1380
11 Wie Anm. 5, S. 144

Kapitel 8

1 Squibb-Liste 1987/88, München 1987, S. 32
2 Bauer, C. P., Welche Maßnahmen sind beim Insektenstich eines Insektenallergikers sinnvoll?, pädiatr. prax. 32/1, 1985, S. 86
3 Braun-Falco, O., Wespenplage, Münch. med. Wschr. 129/40, 1987, S. 85
4 Merkblatt für Patienten mit Wespen- bzw. Bienengiftallergie der Dermatolog. Klinik der Universität München

Kapitel 9

1 Keuth, U., Das Kind im Krankenhaus, pädiatr. prax. 18/1987, S. 3
2 Schriftliche Auskunft der AOK Braunschweig vom 16. 10. 87
3 Jahresbericht 1984, Aktionskomitee »Kind im Krankenhaus e. V.«, S. 4
4 Telefon. Auskunft, Frau Silvia Egger: Aktion Kind im Krankenhaus vom 22. 10. 87
5. Bieselt-Hubral, D., Das Krankenhaus macht Kinder krank, Psychologie heute, 2, 1978, S. 25

6 Forfar, J. O., Arneil, G. C. (Hrsg.), Textbook of Paediatrics, Edinburgh/London etc., 1984, S. 1702
7 Müller, H. (Hrsg.), Erkrankungen des Kindesalters, München/Wien/Baltimore, 1985, S. 122
8 Lippert, H., Von Kopf bis Fuß, Köln 1986, S. 703
9 Wie Anm. 7
10 Holschneider, A. M., Diagnose und Therapie der kindlichen Leistenhernie, pädiatr. prax. 30/4, 1984, S. 665
11 Schulte, F. J., Spranger, J., Lehrbuch der Kinderheilkunde, Stuttgart/New York, 1985, S. 346
12 Hecker, Ch., Operationsindikation kindlicher Leistenhernien, pädiatr. prax. 34/2, 1986, S. 278
13 Berg, Th. et al., Tageschirurgie und Verweildauer, Münch. med. Wschr. 129/7, 1987, S. 85
14 Wie Anm. 7, S. 161
15 Höpner, F., Phimoseoperation, pädiatr. prax. 29/4, 1987, S. 663

Stichwortverzeichnis

Aarane 129
Abduktionshemmung 75
Abführmittel 158
Abmagerungskur 162
Abwehrkraft 27
Abwehrschwäche 27
Abwehrsystem 60, 170
Acetylin 112
Acetylosal 112
Acetylsalicylsäure 111, 112, 129, 138, 171
Actifed 117
Adaptierte Fertigmilchnahrung 90
Adolorin 112
Adrenalin Medihaler 203
Aerosolbehandlung 128
Afonilum 129
Afpred 129
Aletemil 1, 92
Aletemil 2, 92
Alka-Seltzer 112
Alkohol 50, 90
Alkoholvergiftung 51
Allergien 26, 37, 42, 91, 170
Allergene 125, 172
Allergospasmin 129
Allergischer Schnupfen 172
Aludrin 128
Alupent 128
Ambroxol 121
Aminopenicilline 27
Ampicillin 166
Anaphylaktischer Schock 171
Angina 130
Anis 120
Anorexia nervosa 160
Antibiotika 25, 52
Antihistaminika 173
Antikörper 193
APA 112
Apacet 111
Apfelschalen 156
Aponti 1, 92
Aponti 2, 92
Appetitmangel 159
Appetitzügler 163
Aptamil 92
Arantil 112
Arbid 117
Arterienverkalkung 161
Ascorbisal 112
Aspecton 122
Aspirin 111, 112, 129, 138
Aspirin junior 112
Aspirin plus C 112
Aspro 111, 112
ASS 112
ASS-Ratiopharm 111
Asthma 37, 42, 125, 170
Asthma 23D 129
Asthma Bisolvon 129
Asthmaanfall 126
Atemnot 196
Atemwegserkrankungen 42
Atmung 19
Atosil 29

Atrovent 128
Attenuvax 69
Auffrischungs-Impfungen 60
Aufklärung 35
Augen 78
Augenbindehautentzündung 170
Augenschmerzen 142
Autoimmunkrankheiten 11
Autogenes Training 127
Avil 174
Azetonämisches Erbrechen 148

Baby-Luuf 108
Baby-Liberol 108
Babycremes 97
Babykost 95
Babylax 159
Bactrim 166
Baldrianwurzeln 179
Balkis 117
Bärentraubenblätter 165
Bauchlage 84
Bauchschmerzen 144
Bauchwickel 145
BCG-Impfstoff 65
Beatmung 197
Beba 1, 92
Beba 2, 92
Beconase 173
Becotide 128
Beikost 94
Ben-u-ron 111
Benadryl expectorans 122
Benadryl infant 122
Berberil 144
Berodual 128
Berotec 128
Betaisodona 202
Betnesol WL 203
Betnesol 203
Bettnässen 29, 164, 166
Beule 201
Bewußtlosigkeit 201
Biciron 143
Bienenstiche 203
Bifiteral 159
Bindehautentzündung 141
Binotal 166
Bio 53
Birkenblätter 165
Bisolvon 121
Blähungen 98, 144, 147
Blasentee 165
Blasentraining 167
Blei 43, 53, 94
Blinddarm 145
Bluthochdruck 47, 50, 161
Bodenstrahlung 54
Bonamid 174
Boxazin 112
Brandgel 201
Brandsalben 201
Brechreiz 149
Bricanyl comp. 129
Bricanyl 128, 129
Brille 79
Brombeerblätter 156
Bromhexin 121
Bronchicum 122
Bronchicum mit Codein 122
Broncho-Euphyllin 122
Bronchoforton Salbe 108
Broncho-Vaxom 28
Bronchoretard 129
Brondiletten 129
Bruchband 215
Brüche 214
Brustdrüsenentzündung 86
Brustkinder 85
Buccapol 68
Butter 49

Carminativum Babynos 148
Carminativum Hetterich 148
Celestamine 174
Ceolat 148
Chemotherapeutika 25
Chinaspin 107
Chinavit 107
Chinin 107
Chlorierte Kohlenwasserstoffe 86
Chronische Bronchitis 119
Chronischer Husten 125
Cibalen 112

Cleer 143
Cod(einum) phos(phoricum) 120
Codein 120
Codicaps 122
Codipertussin 120
Codipront 122
Codipront cum Expectorans 122
Coldan 117, 143
Coldargan 117
Coldastop 117
Coldistan 117
Coldistop 118
Combantrin 182
Contac 700 118
Contradol 112
Contramutan 28
Copyronilum 174
Cotrimoxazol 27, 166
Creme 21, 175
Cromoglicinsäure 128, 173
Croup 122
Cyproheptadin 161

D-Fluoretten 57
Dacrin 144
Daktar 102
Daktarin 102
Darminfektionen 153
Dentinox 101
Desinfektionsmittel 202
Dexa-Rhinospray 118
Di-Te-Anatoxal 66
Di-Te-Per 66
Di-Te-Per-Pol 66
Diabetes 47, 69, 161
Diät 175
Diazepam Desitin rectal tube 114
Dilution 31
Dimenhydrinat 151
Dimenhydrinat comp. 151
Dimethylpolysiloxan 100, 148
Dioxin 45
Diphtherie 66
Diphtherie-Adsorbat-Impfstoff 66
Diphtherie-Tetanus-Adsorbat-Impfstoff 66
Diplompsychologen 39
Ditenate 129
Doktorspiele 35
Dolo-Neurobion 112
Dolomo 112
Dolonerv 112
Dolviran 112
Doppel-Spalt 112
DPTC 66
Dramamine 151
Drei-Monats-Koliken 98
Drei-Tage-Fieber 110
Dreifach-Impfung 66
Drüsen 139
Duan 112
Durchfall 153

Eierstockentzündung 69
Einreibemittel 107
Eisbeutel 110
Eisen 86, 96
Eisenmangel 27, 52, 55
Eiskrawatte 140, 190
Eiweiß 48
Ekzem 170, 174
Elektrolyt-Tabletten 149
Elotrans 154
Elugan 148
Emedyl 151
Emser Salzpastillen 119, 132
Endrine 117
Endrine mild 117
Enelfa 111
Epha-retard 151
Erbanlagen 32
Erbrechen 148
Erkältung 105
Ernährung 48, 85
Ervevax 70
Erythema migrans 71
Erythromycin 27, 66, 191
Esberitox N 28
Essenszeitplan 48
Eu-med 112
Eubos 176
Eudur 129
Eupatal 122
Euphyllin retard 128
Euphyllin 129

Expectal 122
Expectorans Solucampher 122

Familientherapeut 127
Faulbaumrinde 158
Fenchel 120, 147
Fenistil 174
Fentrinol 117
Fett 48
Feuchtblattern 185
Fieber 108
Fieberkrampf 113
Fieberthermometer 108
Fingerfarben 46
Flaschenkinder 86
Fluimucil 23, 121, 122
Fluodont 59
Fluor-Vigantoletten 57
Fluoretten 59
Fluoride 57
Flüssigkeit 48
Folgemilch 91
Föllingsche Krankheit 73
Formaldehyd 44
Fremdkörper 118, 197
Frühgeborene 56
Frühkarotten 156
Frühsommer-Meningoenzephalitis 70
FSME 62, 70
FSME-Immun 71
Furadantin 166

Gaumenmandeln 212
Geburtenbeihilfe 72
Gehör 77
Gelborange S 23
Gelbsucht 86, 98
Gelomyrtol 122
Gelonida 112
Gemüsebrei 95
Genitalien 35
Gerbstoffe 156
Germapect 121
Gewadal 112
Gewürznelken 137
Gicht 161
Gleichgewichtsorgan 152
Gliederschmerzen 138
Glukokortikoide 124, 128, 143, 173, 176, 203
Glycerin-Einlauf 159
Glycilax 159
Godamed 112
Goldgeist forte 181
Grippaler Infekt 105
Grippe 111
Grippemittel 107
Gruppentherapie 39
Gurgeln 131
Gürtelrose 185

H-Milch 49
Halsschmerzen 130
Harndrang 164
Harnwegsinfektion 26, 27, 164
Hausbesuche 17
Haut 19
Hautausschlag 169
Hauterkrankungen 168
Hefepilze 101
Heidelbeeren 156
Heilnahrung 155
Heimpflege 21
Helmex 182
Hernien 214
Heuschnupfen 42, 170, 172
Himbeerzunge 189
Hippon 1 92
Hippon 2 92
Hippon A 92
Hismanal 174, 203
Hodenentzündung 69
Hodenhochstand 76
Hodenschmerzen 194
Holzschutzmittel 45
Homöopathie 30
Hopfenzapfen 179
Hören 77
Hörgerät 78
Hörschäden 77
Höschenwindeln 103
Huflattichblätter 120
Hüftdysplasie 74
Hüftgelenke 74

Hüftluxation 74
Humana 92
Humana 2 92
Humana baby-fit 92
Husten 118
Hygiene 93, 97
Hyperkinetisches Syndrom 30
Hypoallergene Babynahrung 91
Hyposensibilisierung 127, 171
Hypostamin 174

Immunglobuline 28
Immunisierung 60
Impfpläne 62
Impfungen 60
Inalgon 112
Influex 28
Inhalation 128
Inhibostamin 174
Insektenschutzmittel 204
Insulin 171
Intal 128, 129, 173
Iromin 112
Isophyllen 129
Ivalol 112

Jacutin 181
Juckreiz 170

Kadmium 44, 53
Kaffee 50, 90
Kalorienbedarf 48
Kaltwasservernebler 119
Kalzium 49
Kamill-Glycerin 175
Kampfer 107
Kaopectate N 156
Kaoprompt 156
Kapseln 24
Karies 96
Kariesvorbeugung 58
Karottensuppe 154
Keuchhusten 27, 66, 118, 190
Kinder-Luuf 108
Kinder-Tylenol 112
Kinderarzt 15
Kinderkrankheiten 183
Kinderlähmung 68
Kindertherapie 40
Klingelmatratzen 167
Knochenbruch 202
Koffein 151
Kohle 156
Kohle-Compretten 156
Kohle-Granulat 156
Kohlenhydrate 48
Kohlenmonoxid 43
Konjunktivits 170
Kontaktlinsen 80
Kopfläuse 179
Kopfschmerzen 37, 134
Kopfschmerzmittel 136
Körpergröße 74
Körpertemperatur 108
Krämpfe 197
Krankenhaus 207
Kreislauf 149
Kuhmilch 91
Kümmel 147
Kummerspeck 162
Kupfer 94

L-Peptide 176
Lactana A 92
Lactana B 92
Lactulose 159
Laevolac 159
Laevovit D3 56
Larylin 122
Laufendes Ohr 132
Laufstall 33
Läuse 180
Lefax 148
Leinsamen 159
Leistenbruch 214
Leitungswasser 93
Liberol Salbe 108
Liegen 83
Linctifed 122
Lindan 181
Lomupren 173
Lonarid N 112
Lösungsmittel 199
Lotio alba aquosa 187

Luftbefeuchter 191
Lungenentzündung 26
Lutschtabletten 130, 131
Luuf Balsam 108
Lymphknoten 139
Lymphknotenschwellungen 187
Lymphozil 28

M-M-Vax 69
M-M-R-Vax 69
Macostatin 102
Madenwürmer 181
Magen-Darm-Beschwerden 144
Magen-Darm-Infektionen 148
Magersucht 160
Makatussin 122
Malathion 181
Malinert N 112
Mandelentzündungen 130
Mandeloperation 212
Margarine 49
Masern 68, 141, 183
Masern-Röteln Vaccine 69
Masernimpfstoff 69
Mastitis 86
Mebendazol 182
Mekoniumtest 73
Melisse 179
Melrosum 120
Menthol 107
Merckoquant Sulfittest 126
Mereprine 174
Merfen 117, 202
Meruvax 70
Metaplexan 174
Metoclopramid 151
Metodril Napa 112
Mexalen 112
Miconazol 102
Migränin 112
Mikroklist 159
Milch 49
Milchschorf 101, 174
Milchzucker 159
Milton 93
Milumil 92
Mineralstoffe 48
Mittelohrentzündung 27, 115
Modelliermasse 46
Molevac 182
Momentum 112
Moraten 69
Moronal 102
Mucolytisches Expectorans 122
Mucomyst 122
Mucosolvan 121
Mucret 122
Mukoviszidose 67, 73
Multival 1 92
Multival 2 92
Multival-Nova 92
Mumps 193
Mumps-Vaccine «Sero» 69
Mumpsvax 69
Mund-zu-Mund-Beatmung 197
Mundiphyllin 129
Mundsoor 86, 101
Musiktherapie 127
Muskelkater 138
Mutter-Kind-Paß 36
Muttermilch 85, 155, 158
Muttermilch-Untersuchungen 86, 88

N-Acetylcystein 121
Nabelbruch 215
Nabelpflaster 215
Naflurid 59
Nahrungspause 149
Naphazolin 143
Nasenbluten 140
Nasenspray 117
Nasentropfen 116, 134, 141, 178
Nasivin 117
Natriumfluorid «Baer» 59
Nausex 151
Nebenhöhlenentzündung 115, 135
Nektarmil 92
Neo-Emedyl 151
Neobiphyllin 129
Neonata 92
Nesselsucht 170
Neugeborenen-Ikterus 98
Neuralgin N 112
Neurodermitis 37, 42, 44, 101, 168, 174

Nikotinvergiftung 51
Nissen 180
Nitrat 93
Nitrit 93
Nitrofurantoin 166
Nitrosamine 43
Nivea 175
Normolyt 154
Notfall 195
Notmütterdienst 21
Noventerol 156
Noviform 143
Novomina 151
Nuran 161
Nutella 47
Nystatin 102

Obstruktive Atemwegserkrankungen 125
Obstsaft 95
Octadon 112
Oculosan 144
Ohrenschmalz 133
Ohrenschmerzen 132
Ohrentropfen 134
Oleovit D3 56
Olfano 112
Olynth 117
Omeril 174
Onanie 35
Operationen 207
Ophthopur 144
Opium 156
Optalidon 112
Optimine 174
Optipect mit Codein 122
Optipect 122
Oralpädon 149, 154
Oral-Virelon 68
Organoderm 181
Ornatos 117
Orthosiphonblätter 165
Otitis 115
Otriven 117, 141, 143
Oxatomid 174
Ozothin 122

Pantelmin 182
Paracetamol 111
Paracodin 120
Paractol 148
Parvinium 182
Paspertin 151
Pausenbrot 48
Pe-Ce Salbe 108
Pendelhoden 76
Penicillin V 27
Penicilline 171
Periactin 161
Periactinol 161
Perphyllon 129
Perspiran 129
Pertussin 120
Pertussis 66
Pertussis-Immunglobulin 193
Pflanzenschutzmittel 53
Pflege 97
Pflegefreistellung 21
Phenergan 29
Phenylketonurie 73
Phimose 216
Phosphatkinder 30
Phototherapie 98
Phyllotemp 129
Pilka 122
Pinimenthol Salbe 108
Piniol Balsam 108
PKU 73
Pluserix 69, 70
Pocken 60
Polarmin 174
Polio Immun 68
Polio Sabin 68
Polio 68
Pollenwarndienst 173
Polypen 213
Praxisorganisation 15
Pre-Aletemil 92
Pre Aponti S.M. 92
Pre Aptamil 91, 92
Pre-Beba 92
Pre Humana 1 92
Pre-Milumil 92
Priatan 129

Primelwurzeln 120
Privin 117
Pro Actidil 174
Promethazin 29
Prontopyrin 112
Prospan 120
Prospirol 129
Pruritus 170
Pseudokrupp 42, 122
Psoriasis 168
Psychagogen 39
Psychoanalytiker 39
Psychopharmaka 29
Psychosomatik 37
Psychotherapie 38, 167
Psychotherapeut 39, 144
Pubertät 34, 149
Pulmi Dur 129
Pulmicort 128, 173
Pyralvex Gel 100
Pyrantel 182
Pyrethrum 181

Quadronal 112
Quecksilber 20
Quellada 181
Quellstoffe 156

Rachenabstrich 189
Rachenmandeln 130, 212, 213
Rachitis 56
Radioaktivitätswerte 54
Rauchen 118
Rectodelt 125, 203
Reisegold depot 151
Reisekrankheit 152
Reisschleim 155
Remedacen 120
Resol Salbe 108
Resyl 122
Resyl mit Codein 122
Reye-Syndrom 111
Rhabarber 158
Rhinon 117
Rhinopront 117
Rhinospray 117
Rhinotussal 122
Rhinotussal Balsam 108
Rhinotussal S-Balsam 108
Rimevax 69
Rimparix 69
Rosmarinblätter 179
Rote Augen 141
Röteln 69, 187
Röteln-Antikörper 70
Rötelnimpfstoff 70
Rubeatan 70
Rubellovac 70
Rückenlage 84

Sab 148
Säfte 24
Salbei 131
Salvysat 131
Salz 50
Sanasthmyl 128
Saridon 112
Satina 176
Sauberkeitserziehung 34
Saugen 33, 34
Säuglingsmilch 57
Schadstoffe 86, 168
Schadstoffbelastung 123
Schadstoffkonzentrationen 141
Schadstoffrückstände 52
Schamgefühl 35
Scharlach 130, 188
Schielen 79
Schiffsreise 152
Schlafen 83
Schlafmittel 179
Schlafstörungen 29, 177
Schleim 120
Schmerzen 136
Schnupfen 114
Schnupfenmittel 116
Schockreaktionen 171
Schreien 82
Schuppenflechte 168
Schüttelfrost 109
Schwämmchen 101
Schwefeldioxid 43, 118, 123
Schwermetalle 53
Schwindsucht 65

Scopoderm TTS 153
Scopolamin 153
Scottopect Gelee 108
Seda-Toximer 112
Sedotussin 121
Sedotussin Expectorans 121
Sehen 78
Selbstbefriedigung 35
Selvigon 122
Sennesblätter 158
Sexualität 34
Silberblick 79
Silentan 112
Silomat 121
Sinpro 112
Sinusitis 115
Snup 117
Solan 144
Soledum Balsam 108
Soledum N 122
Solosin 128, 129
Solubitrat 165
Somatogramm 74
Soventol 204
Spalt 112
Spastische Bronchitis 42, 125
Spieltherapie 39
Spielzeug 45
Spinat 55
Spirbon 122
Spiropent 129
Spreizhose 75
Spucken 151
Stas Salbe 108
Stas-Salbe mild 108
Status asthmaticus 126
Stickoxide 43
Stillen 85
Stirnkopfschmerz 135
Strahlung 54
Streptokokken 106, 188
Stringan 117
Stuhlgang 157
Sulfite 125
Sultanol 128, 129
Superpep 153
Symbioflor 28
Systral 204

Tabak 50
Tabletten 24
Tannalbin 156
Tavegil 174
Tavegyl 174
Td-Impfstoff 66
Te-Anatoxal 66
Teeflasche 96
Teepause 154
Teiladaptierte Fertigmilchnahrung 91
Teldane 174
Temagin 112
Tet-Aktiv 66
Tetanol 66
Tetanus 65, 202
Tetanus-Adsorbat 66
Tetanus-Impfstoff 66
Tetrazyklin 27
Theophyllin 128
Theralene 174
Thermometer 20
Thomapyrin 112
Thymian 120
Thymipin 120
Tierbiß 202
T-Immun 66
Tinset 174
Tofranil 168
Togal 112
Tonsilgon 28
Tonsillektomie 212
Tonsillotomie 213
Toxiloges 28
Tragegestelle 84
Tragen 83
Tränenkanal 143
Tränennasengang 143
Transbronchin 121
Transpulmin Balsam 108
Transpulmin Kinderbalsam 108
Travel Gum 153
Treupel 112
Triludan 174
Trineral 112

Trinkwasser 58
Tritoqualin 174
Trockenreisschleim Bessau 155
Trommelfell 132
Trotzphase 33
Tuberkulintest 65
Tuberkulose 65
Tussa-Tablinen 121
Tussamag 120
Tussipect mit Codein 122
Tussipect 122
Tussoglobin 193
Tussoretard 122
Tussoretardin 121, 122
Tyzine 117

Übelkeit 148
Übergewicht 48, 161
Unfruchtbarkeit 76
Uniphyllin 129
Unruhe 29

Vasopos 144
Vater-Mutter-Kind-Spiele 35
Vegetarische Kost 52
Verbrennungen 200
Vergiftungen 149, 151, 178, 195, 198
Verhaltensprobleme 37
Vermox 182
Verstopfung 34, 37, 157
Vertigo-Vomex 151
Vertirosan B6 151
Vi-D3-mite 56
Vibrocil 118
Vigantoletten 56
Virelon 68
Visadron 143
Vitamin-B-6 151
Vitamin-D-Mangel 56
Vitamin-D-Stoß 57
Vitamine 48, 55, 96
Vividrin 173
Vivimed 112
Vollkorn-Säuglingsnahrung 92
Vollnarkose 137
Vollwerternährung 53
Vomex A 151
Vorhautverengung 216
Vorsorgeuntersuchung 36, 71

Wachstum 74
Wachstumsschmerzen 138
Wadenwickel 109
Wärmewickel 194
Waschmittel 199
Wasserlassen 164
Weizenkleie 159
Wespenstiche 203
Wick Formel 44 122
Wick Medinait 122
Wick Vapo Rub Salbe 108
Wick Nasenspray 118
Wick-S Husten-Stiller 122
Windeldermatitis 102, 103
Windpocken 111, 185
Wucherungen 213
Wund- und Brandgel 201
Wunden 202
Wundstarrkrampf 65
Würmer 181

Yxin 143

Zaditen 129
Zahnschmerzen 133, 136
Zahnungsbeschwerden 100
Zäpfchen 24
Ziegenpeter 193
Zigaretten 90
Zöliakie 92
Zucker 49
Zuckerkrankheit 161
Zungenmandeln 212
Zymafluor 59

Die Autorin

Vera Herbst, Pharmazeutin, Jahrgang 1949, Studium der Pharmazie in Braunschweig (BRD). 13 Jahre Arbeit in öffentlichen Apotheken, gleichzeitig in Aus- und Fortbildung von pharmazeutischem Personal tätig. Beiträge in verschiedenen Fachzeitschriften und populärwissenschaftliche Veröffentlichungen. Mitherausgeberin des Lehrbuchs »Der pharmazeutisch-technische Assistent«. Veröffentlichungen: Botanik und Drogenkunde (Mitautorin, 1983); Mit anderen Augen. Vom Umgang mit Augenproblemen (Mitautorin, 1987). Seit 1986 als freie Journalistin in Wien tätig.

BITTERE PILLEN PATIENTENREIHE
Herausgeber: K. Langbein, H.-P. Martin, H. Weiss

KRISTA FEDERSPIEL
ZAHN UM ZAHN
Vom Umgang mit Zahnproblemen und Zahnärzten

KURT LANGBEIN
SCHLAFLOS
Vom Umgang mit Schlafproblemen

HANS WEISS
MIT HOCHDRUCK LEBEN
Was tun bei Bluthochdruck?

MICHAEL ADAM / RENATE DAIMLER /
VOLKER KORBEI
KINDER KRIEGEN
Schwangerschaft, Geburt und Stillen ohne Angst und Zwang

LISA LANGBEIN / ERIKA TRAPPL
KOPFWEH
Was tun bei Kopfschmerzen und Migräne?

KIEPENHEUER&WITSCH

Bittere Pillen Patientenreihe
Herausgeber: K. Langbein, H.-P. Martin, H. Weiss

Krista Federspiel / Vera Herbst / Mathias Zirm
Mit anderen Augen
Vom Umgamg mit Augenproblemen

Krista Federspiel
Der Krampf mit dem Magen
Was tun bei Gastritis und Geschwüren?

Verena Corazza / Andrea Ernst
In der Regel
Wenn die Menstruation Probleme macht

Barbara Huemer-Drobil / Gerhard Kletter / Lisa Langbein
Leben nach dem Schlaganfall
Ein Ratgeber für Kranke, ihre Familien und Betreuer

Renate Daimler / Gerd Glaeske
Altern ist keine Krankheit
Ein Ratgeber für die zweite Lebenshälfte

Kiepenheuer&Witsch

Vergiftungszentren in der BRD[1]

Baden-Württemberg:
Universitäts-Kinderklinik Freiburg
Informationszentrale für Vergiftungen
Mathildenstr. 1
7800 Freiburg
0761/2704361

Bayern:
Giftnotruf München
Toxikologische Abteilung der II. Med. Klinik
rechts der Isar der Techn. Univ.
Ismaningerstr. 22
8000 München 80
089/4140-2211

II. Med. Klinik des Städtischen Klinikums
Toxikologische Intensivstation
Flurstr. 17
8500 Nürnberg 90
0911/398-2451

Berlin:
Beratungsstelle für Vergiftungserscheinungen
an der Universitäts-Kinderklinik
Pulsstr. 3–7
1000 Berlin 19
030/302-3022

Reanimationszentrum der Freien Univ. Berlin
im Klinikum Charlottenburg
Spandauer Damm 130
1000 Berlin 19
030/3035-466/2215/436 oder **3035-1** (Zentrale)

Bremen:
Kliniken der Freien Hansestadt Bremen
Zentralkrankenhaus St. Jürgen-Straße
Klinikum für Innere Medizin – Intensivstation
St.-Jürgen-Str. 1
2800 Bremen 1
0421/497-5268 oder **497-3688**

Hamburg
Giftinformationszentrale Hamburg
I. Med. Abt. des Krankenhauses Barmbek
Rübenkamp 148
2000 Hamburg 60
040/6385-3345/3346

Niedersachsen
Marienhospital, Kinderabteilung
Hauptkanal rechts 75
2900 Papenburg
04961/830 (Zentrale)

Med. Klinik II des Städtischen Klinikums
Salzdahlumer Str. 90
3300 Braunschweig
0531/62290 oder **6880** (Zentrale)

Universitäts-Kinderklinik und Poliklinik
Humboldtallee 38
3400 Göttingen
0551/3962-39/41 oder **3962-10/11** (Zentrale)